书院深深·紫阳书院

城有书香
气自华

杭州市人民政府地方志办公室 编著

浙江大学出版社

·杭州·

图书在版编目（CIP）数据

紫阳书院：城有书香气自华/杭州市人民政府地方
志办公室编著 .—杭州：浙江大学出版社，2023.11
　（书院深深）
　ISBN 978-7-308-24340-7

　Ⅰ.①紫… Ⅱ.①杭… Ⅲ.①书院—传统文化—杭州
Ⅳ.①G649.299.551

中国国家版本馆CIP数据核字（2023）第203173号

目　录

◎ 紫阳小学

引 言

百年弦歌贯古今

　　菊花黄，入紫阳。吾六岁，进学堂。
　　古书院，翰墨香。景怡情，蕴涵养。
　　勤学习，健身体。知礼仪，善劳动。
　　书益智，才相长。理通达，志存刚。
　　欲成材，当自强。德高尚，成栋梁。

　　这是杭州紫阳小学的《紫阳入泮三字经》。每年 9 月，紫阳小学都会举行一场"古色古香"的新生入学仪式，小学生们身穿古装，在悠扬的古乐声中，边齐声诵读上面的"紫阳三字经"，边向老师、学长和家长鞠躬。他们念诵的"紫阳三字经"易学易懂、朗朗上口，是紫阳小学语文老师们的集体原创作品。

　　紫阳小学是一所有着书院历史底蕴的学校，前身为杭州"四大书院"之一的紫阳书院，因清末书院改制，才演变成了如今的紫阳小学。"紫阳三字经"浓缩了紫阳书院的文化精髓，传递了紫阳小学的办学理念和培养目标。

　　说到书院，大家脑海中常会想象重峦叠嶂、碧波荡漾的画面，仿佛书院只能在那样的地方出现。确实，早期的书院受到禅林制度的影响，往往具有明显的反城市化传统，多建在远离城市、山清水秀、景色如画之处，或依偎于葱茏森郁的青山，或静静倚于碧波微澜的水边。书院在远尘俗之嚣、聆听幽静之胜的意境中，体现着文人寄居山水的淡泊情怀，表达着书院独立于官方主流文化、崇尚自由讲学的学术追求。历史上著名的岳麓书院便是位于岳麓山风景区中,森林茂密,漫山红枫;白鹿洞书院则直接建在了庐山五老峰上,林壑幽深,溪流潺潺。杭州的四大书院中,万松书院(敷文书院)、崇文书院和诂经精舍亦是如此。三书院皆建在杭州城外,敷文书院占凤凰山之巅,崇文书院、诂经精舍则居西湖之湄,唯紫阳书院却意外地坐落在闹市中。

俗语道:"失之东隅,收之桑榆。"紫阳书院远离了西湖的一池春水,却与城市有了更多的亲密接触。这种优势,足以弥补与其他书院的差距。始建于康熙年间的紫阳书院,历史显然不如敷文、崇文书院久远,也不像敷文、崇文书院那样,得到皇帝的青睐,享受御书题额的待遇,但人才蔚起,负笈求学之士更多,以自己独特的姿态为杭州书院文化的繁荣与丰富增添了生动的个案。

在近 200 年的办学历史中,紫阳书院的书院文化早已与城市生活完美融合。多少故事演绎成了经典,多少名震史册的历史人物从这里持续而密集地喷涌而出,化为杭州的城市记忆。幸运的是,这种记忆如此鲜活,当很多传统书院只存在于文字记载中,保留下来的遗址,大多没有了体温,没有了动态时,紫阳书院不仅遗迹尚存,遗风亦在,数百年的浓郁书韵和严谨学风,依然在紫阳小学流传。

太庙巷内,飘自紫阳书院的琅琅书声,在新时代仍声声入耳,句句传情,令人感觉,紫阳书院从未走远。且让我们跟随这百年弦歌,去触摸跨越了几个世纪的书院脉搏,还原紫阳书院那应有的面目。

第一章
紫阳山麓辟讲舍

襟江带湖，藏于市井
处士山居，闻有弦歌
贾而好儒，捐资助学
景仰前贤，题额紫阳
迭经兴废，逆而不坠

紫阳书院，建于清康熙四十二年（1703）。关于书院的创设，文献记载："西湖既建崇文书院，前盐使高熊征以去城稍远，诸生往返为艰，遂买宅于凤山门内，割俸经营。盐商等踊跃捐资，助其成事。以其地当紫阳山麓，适与新安之紫阳同名，遂以别墅别之。"[1]从这段资料看，紫阳书院的设立，与崇文书院、盐官、盐商都有着一定的关系。创建于明万历二十七年（1599）的崇文书院，位于西湖跨虹桥西（今曲院风荷一带），是专为在杭州的徽州商籍子弟参加科举而设立的。到了康熙年间，崇文书院早已声名远播，前往求学的学子络绎不绝，然而当时的徽商，尤其是盐商子弟，多居住在城南一带，距离崇文书院较远，往来极不便利。时值朝廷开始倡导在城市中设立书院，以加强政府对书院的管理和控制，于是两浙都转运使高熊征在盐商的赞助下，在杭州城内的紫阳山麓太庙巷置地创设了书院，作为杭州盐商子弟会文之地与祭祀朱熹之所。紫阳书院因其独特的地理位置很快成了杭州书院城市化运动中的代表。

1 王同：《杭州三书院纪略》，见王国平主编：《西湖文献集成》第 20 册，杭州出版社，2004 年，第 417 页。

襟江带湖，藏于市井

紫阳书院的地理位置十分特殊，它居于杭州城中太庙巷内，周边既是杭城最繁华的闹市，却又地处吴山第一峰——紫阳山的东南麓，可以说是据湖山之胜，倚市井繁华，坐拥襟江带湖的秀丽风景，地处居民密集的市井之地。师生进书院即可幽赏湖山美景，读书养性，走出院门又可领略市井民风，感受杭州的繁华气象。

襟江带湖紫阳山

在很多人心里，杭州已经浓缩成"淡妆浓抹总相宜"的秀丽西湖，然而西湖的美景，离了那三面环湖的青翠山色，定会黯淡不少。西湖的山与水是相得益彰的，若以湖山的幽寂冷艳而论，周边的山林也许比湖上更具风情，难怪著名经学大师俞樾在《春在堂随笔》中说："西湖之胜，不在湖而在山。"在西湖群山中最具特色的，恐怕非吴山莫属了，紫阳山就居吴山最胜之地，天然名胜又为吴山之冠。

吴山位于钱塘江北岸，西湖的东南面，由紫阳、云居、七宝等十多个大小山头组成，山势绵亘起伏。作为杭州唯一突兀城中的山峦，吴山好像是一只梭镖楔入杭州城内，其东、南、北三面俯临街市巷陌，西面与万松岭相接，被人形容为"三面云山"。别具一格的环境风貌使吴山凝聚了天、地、人的共同造化，山林景观、历史文化和民俗风情在这里水乳交融，雅俗共赏。这样的吴山，自然成了与杭州人最亲近的一座小山。事实上，很长一段时间，杭州人出游不是去西湖，而常常是登吴山以览古迹赏风景。

吴山林木葱郁，奇石纵横交错，名胜古迹随处可见，自古深受文人雅士的偏爱。"吴山青，越山青，两岸青山相对迎……"大隐士林逋笔下的吴山是含情脉脉的；而苏轼眼中的吴山是多姿多彩的，"朝见吴山横，暮见吴山纵。吴山故多态，转侧为君容"。吴山也是明朝大才子徐渭的寄居之所，是清朝文艺全才李渔的归隐地，是郁达夫"心中不快的时候，闲散无聊的时候，大家热闹的时候，风雨晦冥的时候"唯一的逃难之所。

吴山最负盛名的，自然是被评为西湖新十景的"吴山天风"，它就在吴山第一峰紫阳山顶。其实，想要领略观湖、看江、望城之胜景，在吴山随便哪个山头都可以达到目的，但以紫阳山效果最佳。

紫阳山原名瑞石山，紫阳名字最早的出现，据说可追溯到元代全真南宗道师徐弘道在山上设立的一处道观——紫阳庵。南宋嘉定年间，乡人胡杰在翠微峰下建起集庆堂，作为自己的休闲养生之处。元至元年间，徐弘道买下胡杰雅舍，在此修行。一日，徐弘道梦见全真南宗创始人张伯端（号紫阳）向他传授真诀，于是将修炼之处改名为紫阳庵，瑞石山也因此改称为紫阳山。

紫阳庵内最出名的自然是丁仙阁了，这是为纪念徐弘道的弟子丁野鹤而建。关于丁野鹤，流传着这样一则故事：钱塘人丁野鹤弃俗拜入徐弘道门下后，在紫阳山修炼了20年。某日，丁野鹤预感自己大限将至，就喊妻子王守素进山，弥留之际留下一段偈语："懒散六十年，妙用无人识。顺逆俱两忘，虚空镇长寂。"说完就抱膝而逝。丁野鹤去世后，王守素用金粉给他的尸体上漆，供奉起来，使其肉身不腐，端坐如生。王守素此后也束发出家，20年间不曾下山。丁野鹤夫妻潜心修道的故事为百姓津津乐道，文人墨客也题咏纷纷，或咏记湖山之胜，或记仙人故事，尤其是元代著名诗人萨天锡吟咏"天风吹我登鳌峰，大山小山石玲珑"之语，更让紫阳庵声名远播，故而聂大年在《重创紫阳道院记》中说"杭之人士与四方宾客游观者不至紫阳，必以为歉"。

明清以来，紫阳庵几经缮废，在许多热心道观建设的道士与社会贤达的帮助下，成为杭州的著名道观，可惜咸丰年间毁于兵火。今还有遗址、遗迹可寻。

紫阳山是吴山东南最高的一个山头，左挹钱江，右揽西湖。登上紫阳山顶远眺，有凌空超越之感。东南钱江曲折如带；西北西湖宁静如镜；山南秀岭蜿蜒如屏，苍翠欲滴；北街市纵横栉比，烟火万家。北宋词人柳永《望海潮》一词所咏叹的江、山、湖、城之胜景一览无遗。此词传到金国，引得金主完颜亮密遣画工，将西湖山水描绘成图，并在图上题诗："提兵百万西湖上，立马吴山第一峰。"据说紫阳山就是从那时起被称为"吴山第一峰"的。

紫阳山襟江带湖的美景在北宋就已颇具盛名。北宋嘉祐二年（1057），龙图阁直学士、尚书吏部郎中梅挚出任杭州知州，宋仁宗赐诗为他送行，诗起始两句曰"地有湖山美，东南第一州"。梅挚到杭州后，就将紫阳山顶一处五代时的"江湖亭"改建为"有美堂"以报皇恩，他还专门请当时的文坛泰斗欧阳修撰写了《有美堂记》。欧阳修对此处风景极尽称颂：

独所谓有美堂者，山水登临之美，人物邑居之繁，一寓目而尽得之。盖钱塘兼有天下之美，而斯堂者，又尽得钱塘之美焉……

后来，著名书法家蔡襄挥毫泼墨，把《有美堂记》写成一幅书法作品，并刻碑置于堂中。

有美堂建成后，文人墨客纷至沓来，登临紫阳山，幽赏四时美景以赋诗会友。紫阳山激发着他们无限的创作灵感。熙宁七年（1074），苏轼在有美堂设宴送别离任的杭州太守陈襄，应陈襄之请，

◎ 吴山第一峰摩崖题刻

写下了《虞美人·有美堂赠述古》一词：

> 湖山信是东南美，一望弥千里。使君能得几回来，便使樽前醉倒、且徘徊。　　沙河塘里灯初上，水调谁家唱。夜阑风静欲归时，惟有一江明月、碧琉璃。

苏轼借有美堂的美景，表露了对友人依依不舍之情，而华灯初上的杭州繁华夜景，江上传来的流行曲调，又让苏轼暂时忘掉了与友人分别的感伤，进入人与自然融为一体的美妙境界。

雨中在有美堂赏景，又别有意境。苏轼曾在有美堂游宴时遇大雨，写下了千古传诵的名篇《有美堂暴雨》：

> 游人脚底一声雷，满座顽云拨不开。天外黑风吹海立，浙东飞雨过江来。十分潋滟金樽凸，千杖敲铿羯鼓催。唤起谪仙泉洒面，倒倾鲛室泻琼瑰。

苏轼用具动感而又形象之笔，描绘了钱塘江暴雨由远而近、呼啸奔来的壮观景象，也展现了他的乐观与豁达。

南宋时，有美堂改名为江湖伟观堂。遗憾的是，这样一处绝佳的赏景地，元时被毁了。

雍正年间，浙江总督李卫把云居山顶濒临倒塌的"大观台"迁建于此，这里成了清朝西湖十八景之一的"吴山天风"所在地。如今，紫阳山巅有江湖汇观亭，悬挂着明朝著名文学家徐渭的题联："八百里湖山，知是何年图画；十万家烟火，尽归此处楼台。"徐渭不愧是江南大才子，寥寥数语勾勒出景观特征，与康熙帝登临紫阳山后所写的"左控长江右控湖，万家烟火接康衢"有异曲同工之妙。在这里，可观赏钱塘江与西湖的江湖交融风景，更有杭州自五代以来，成为繁华都会的历史。

◎ 紫阳山有美堂遗址，石碑上刻有欧阳修《有美堂记》

　　除了可登顶尽览江、湖、城之胜景，紫阳山还有一个好处，就是并不高，即便脚力不济的人，走走也不费力，便于百姓游玩。在紫阳山，随处可见郁郁葱葱的古木和鬼斧神工的奇石，南宋著名诗人陆游晚年曾多次游览紫阳山，在《阅古泉记》一文中对紫阳山的山岩作如下描述："五步一磴，十步一磴，崖如伏鼋，径如惊蛇。大石礧礧，或如地踊以立，或如翔空而下，或翩如将奋，或森如欲搏。"[1]千奇百怪的岩壑形成了巫山十二峰、飞来石、感花岩等颇具意趣的景观。

　　紫阳山自南宋以来颇多胜迹，成为文人必去之地，文人骚客寄情山水，不忘挥毫泼墨。宝成寺附近的感花岩上，镌刻着苏轼的咏牡丹诗，还有明朝吴东升写的"岁寒松竹"四字，字迹依稀可认。

1　张春林主编：《陆游全集》下册，中国文史出版社，1999年，第1476页。

◎ 紫阳山顶重建的江湖汇观亭

从感花岩东南沿山径走去，可以看到一块岩壁镌有"第一山"的刻石，字大如斗，气势雄爽，乃是北宋大书法家米芾的手迹，字径达三尺，款字径二寸。此处摩崖行书是由明万历年间钱塘知县姜召命人仿刻的。紫阳山西端石壁上还有"吴山第一峰"五个大字，相传为南宋朱熹手迹。

感谢城里的吴山，感谢城里的紫阳山，让紫阳书院需要在闹市落脚时，有钟灵毓秀、人文荟萃的山峦可以栖居。紫阳书院开办后，师生读书之余，流连山水，吟风咏月，俨然把紫阳山，甚至整座吴山变成了书院的后花园。据说钱振伦司业掌教紫阳书院时，和陈其泰监院每日必策杖登山，日落才归，几乎从不间断。紫阳书院虽处繁华闹市，却有林泉之胜而无市喧之声，自然就成了读书养性的上佳之所。

◎ "第一山"摩崖题刻

太庙巷里话古今

柳永《望海潮》中的"参差十万人家"就散落在杭州市肆交错、星罗棋布的坊巷里。从"雨巷诗人"戴望舒青年时代生活的大塔儿巷、爱国诗人陆游在"小楼听一夜春雨"的孩儿巷、被胡适誉为"中国第一才女"林徽因出生的蔡官巷,到"清末巨商第一宅"胡雪岩宅邸所在的元宝街、曾扇子作坊集中的扇子巷、酒肆店铺林立的清河坊,与百姓生活息息相关的柴火巷、米市巷、肉市巷,杭州的古坊小巷里有着叙说不完的故事,蕴藏着百姓生活无穷无尽的味道,尽显杭州城市的美好与繁华。杭州的坊巷,据钟毓龙《说杭州》所述,曾多达 735 条,其名称多从南宋沿用而来。紫阳书院所在的太庙巷,就是杭州众多坊巷里的一条小巷。

太庙巷位于中山南路西侧,呈"L"形,东起中山南路,西折北接大马弄,长 280 米,宽 5 米。这条一眼可望到头的小巷,因是南宋时太庙所在,故俗称太庙巷。南宋时,太庙巷里有掌管皇室宗派属籍的大宗正司,管理帝王封禅、郊祀的玉简文书的玉牒所、宗正寺、熟药惠民南局,巷西首还有宰相韩侂胄的南园(阅古堂)。据宋人吴自牧在《梦粱录》中的记载,那时太庙前的尹家文字铺、陈妈妈泥面具风药铺、大佛寺疳药铺、保和大师乌梅药铺都很出名。太庙南边是皇宫、东边是御街。御街两侧的商业活动异常发达。御街南端的宫城北门附近,也是热闹得很。

南宋灭亡后,太庙自然就没有了,但太庙巷这个巷名,却一直保留了下来。元朝的时候,政府在巷子里设有管理榷茶的机构榷茶提举司。到了明清时期,太庙巷中的民居开始多了起来,巷中的林壑之美很快被世人追捧,在此后数百年间,太庙巷成了文人荟萃之地。孙延钊在《浙江紫阳书院掌故征存录》中记录,清时孙宗博的"寒山旧庐"、陆文模的"来风书屋"、高士奇的"选宜楼"、汪氏兄弟的"朴树庐"、张旸的"瑞石山房"、刘氏的"叠翠山房"、孙晋宁的"近云山舍"、费辰的"寒山草堂"、余庭训的"淑园",

可能均在太庙巷南园遗址。及至康熙年间紫阳书院栖居于巷中，太庙巷里更是书声琅琅，学风浩荡。

如今，这条叠积着好几个朝代记忆的小巷，依旧别有乾坤。建于 20 世纪 50 年代的"太庙巷 58 号建筑"，是杭州市第六批历史建筑之一，也是杭州仅存的三处砖拱薄壳建筑之一。由紫阳书院演变而成的紫阳小学，更是在巷中经历风雨沧桑，校址不变，弦歌不绝。

◎　原太庙巷 18 号"廉泉"井，现安置于河坊街

处士山居，闻有弦歌

紫阳书院院址，在太庙巷 7 号，南宋时期是通玄观所在地。到了清朝，此处为凤山门内馨如坊（后改为丰下坊），建有周雯故居。当年高熊征不仅买下了周雯旧宅，还在原通玄观所在地增屋扩建，才有了初具规模的紫阳书院。

史观通玄造像存

紫阳书院旧址，是南宋时杭州著名的道观——通玄观。说起通玄观，可是大有来历。它是南宋杭州道教崇拜的重要历史见证。宋朝皇帝历来十分尊崇道教，宋徽宗曾自称"道君皇帝"。南宋定都临安以后，高宗赵构继承乃父遗风，在都城营建了 40 余座不同规制的宏丽道观，甚至给告老的朝廷大员、要员授予"提举某宫观使"的虚衔，以示优宠。这些做法，把道观的地位提到了前所未有的高度，让灵隐、天竺等佛教名寺都自叹不如。

通玄观与当时的皇家道观三茅宁寿观颇有渊源，与深受高宗宠信的宦官刘敖有直接关系。据现存摩崖石刻刘敖《创建通玄观碑》和《两浙金石志》卷九中的记载，内侍刘敖崇道，虽锦衣玉食，却向高宗恳乞解职出家。绍兴二十年（1150），高宗封刘敖为都道录少师，赐法名"能真"，希望他能修成道教"真人"之位，并命他主管三茅宁寿观从汴京迁杭之事。绍兴二十九年（1159）腊月初二，刘敖夜梦三茅真君驾鹤盘旋在紫阳山上，次日，刘敖根据梦中情景，在山上找到三鹤栖止之所，果见三鹤飞翔，与梦中一致。更神奇的是，第二年的同一天，三只仙鹤又飞来此处。于是刘敖"乃卜其地，筑坛为宇"，建造了通玄观。高宗专门御书"通玄"二字，加盖玉玺于书左，又御书《度人经》赐予道观，赐刘敖御制诗三首以褒之。

通玄观在全盛时期规模宏大，有三茅殿、玉清殿、谒斗坛、望鹤亭、经房丹屋、钵室山门等建筑。南宋灭亡后，通玄观日渐衰败，元道士俞行简曾筹资重建。至明嘉靖年间，经法师徐道彰修复，通玄观又增加寿域楼、万玉轩及白鹤泉、鹿泉等。徐道彰与弟子开创了明朝通玄观的再兴，据说徐道彰弟子郁存方在观时，常祷雨祈晴，十分灵验，观中修竹荫庭，赤日无暑，成为当时杭城著名的避暑胜地，故又称"通玄避暑"。清康熙年间，为避讳，通玄观改为通元观，道士朱闳绪重建了三清殿。至咸丰年间，通玄观最终遭太平军兵火，彻底毁去，遗址也渐渐隐于紫阳书院，没于荒草，唯独观内造像在今紫阳小学校园的崖壁上有幸留存。通玄观南宋至明朝造像，是杭州市内仅存的道教石刻造像，在全国亦不多见，是极为珍贵的道教文化遗存。如今，造像已经成了浙江省重点文物保护单位，并被盖在了一个开敞式屋宇之下。

◎ 南宋通玄观三茅真君造像

处士山居书院立

紫阳书院的前身，是周雯故宅。周雯，字雨文，明末清初浙江钱塘处士。其宅名"山居"，也称"山响园"。园中奇石玲珑，微径幽折，江光隐树如雪，是读书养性、诗文酬唱的理想场所。

杭州历史上，文人雅士徜徉山水之间，吟诗作赋之风一向蔚然，尤其是明清之际，山河易主，许多文人遭遇国变家难而绝意仕途，自我放逐于主流价值之外，诗友雅集自然成了他们精神避难和感情诉求的重要形式。隐于"山居"的周雯，广交宾客，常邀朱彭、毛先舒、林云铭、王晫、沈丰垣等地方精英交游酬唱。《两浙輶轩录》记载，周雯曾自刊《自携集》八卷，想来其一生所创作品不少，可惜诗集早已不存。佟世南的《东白堂词选》倒是收录了几首周雯的作品，如《沈遹声偕登吴峰》《闺情》《苦雨》《秋感》，多是周雯与友人游赏山水的感怀之作，见证了他与友人间的交游与情谊。毛先舒曾评价周雯的作品"逸气涛涌，藻思云蒸，吟之数过，清风洒然"。

晚年的周雯，家道中落，曾经衣食无忧的优越生活早已荡然无存，取而代之的是经济拮据，不得已变卖家中产业庭园。时逢高征熊和盐商们为筹办中的书院选址，周雯的"山居"地处城南繁华之地，盐商子弟往来就读便利，园内清幽雅静，建筑也极具人文底蕴，只需稍加扩建即可投入使用，是办书院的绝佳之所。于是高征熊等毫不犹豫地买下此宅，随即将其改建成了紫阳书院。

早年周雯和友人创作了大量既鲜活生动又风神摇曳的诗歌作品，其中多有吟咏"山居"的作品。如毛先舒的《同汪舟次太史饮周雨文宅诗》中有"孤峰真直友，老树象高僧。风景佳堪眺，栏杆醉且凭"之句描绘山居美景与意境。王丹麓《过周雨文丈山居并序》中也写道：

第一章 紫阳山麓辟讲舍

春风扇池草，葱郁接乔林。
钓矶看鱼戏，荇藻任浮沉。
灵根发石蕊，霜雪永不侵。
仄径容安步，散发事行吟。
蟾蜍相清辉，鹦鹉怀好音。
怪石成异象，晤对足赏心。
笔架峰崒嵂，螺泉清且深。
欢此别有天，片月涵古今。
⋯⋯⋯

　　"春草池""垂钓矶""石芷峰""寻诗径""蟾蜍石""笔架峰""螺泉""别有天""片月庵"，皆为"山居"园中景观。"山居"改建为书院后，这些景观也被紫阳书院继承，成为书院师生诗词创作的重要素材和灵感来源。

◎　别有天

周雯曾有五言律诗刻于"山居"石壁。紫阳书院设立后，此诗应尚能看到，书院师生及到访的文人雅士，还留下多首和韵诗作。但经历岁月侵袭，石壁自然风化，周雯摩崖诗逐渐模糊不清，到紫阳书院最后一任山长王同掌教时，已无迹可寻，原诗内容也不得而知。也许是考虑到书院与周雯故居的渊源关系，王同在闲暇之余，曾多次在书院内寻访周雯摩崖诗痕迹，甚至不顾劝阻，强行令人带他前往早已废弃的小径，因颓石挡路，只得作罢。王同怅然之下，写下五言诗以作纪念：

今日弦歌地，当年处士家。
题诗五言律，刻石数行斜。
竹径空磨藓，萍踪溯感花。
我来访遗墨，搔首隔烟霞。

　　此时周雯旧居已改为书院多年，昔日处士也早已归去，但在胜景天成的"山居"进行诗文酬唱之风却被书院继承了下来。在弥漫的书香里，紫阳书院成了名师鸿儒传道授业之所，士子们专注读书之地，而文人墨客，依旧在这里吟风弄月。

贾而好儒，捐资助学

紫阳书院的创办得益于盐商与盐官的联合推动，书院建成后，也以招收商籍子弟为主，是"武林商籍绅士会文讲学之地"。

在中国传统社会观念中，商为四民之末，政治地位处于社会底层，想来应是远离文化教育事业的。但事实上，商人捐资兴建书院，推动书院发展的情况在书院发展史上颇为常见。据宋人徐度《却扫编》记载，宋大中祥符年间就已经出现商贾富民捐建书院的情形，富商曹诚出资"金三百万"，"捐书院城中，前庙后堂，旁列斋舍，凡百余区……四方之士争趋之。曹氏益复买田市书，以待来者"。明清时期，随着商品经济的发展，商人在经济实力上进一步增强，政治地位也有了上升趋势，于是他们更加热衷于为书院捐资助学，以换取子弟入学书院，进而参与科考，取得功名的机会。其中，以"贾而好儒"著称的徽商是最具代表性的。

贾而好儒商亦雅

徽商是"徽州商帮"的简称，系古代徽州府所属歙县、休宁、婺源、祁门、黟县和绩溪六县商人所组成的地域性商人群体的总称，因六县皆在新安江流域，隋、唐年间曾在此置新安郡，故亦称新安商人。不同于其他商人，徽商"虽为贾者，咸近士风"，他们重儒，大多有儒风，也好儒业，重视自己和子弟的科举入仕，"贾而好儒"是他们最大的特色。

"一生痴绝处，无梦到徽州"，今天读汤显祖的这两句诗，更多体味的是徽州山水的诗意氤氲，但在当时，却蕴含着徽州人沉甸甸的无奈与悲辛。徽州自古"七山半水半分田"，山多田少，土地瘠薄，徽州人无法靠种地生存，不得不弃农从商，远走他乡，形成"人十三在邑，十七在天下"的局面。明末清初杰出思想家顾炎武曾说过："徽州中家以下皆无田可业。徽人多商贾，盖其势然也。"可以说，"寄命于商"是徽州人不得已的生活道路选择，大自然没有给徽人良田沃土，却也赐予了山林土产之利，他们以此入手，外出经商，凭借吃苦耐劳的精神和以诚待人、以信接物、以义取利等原则，不仅称雄国内商界，富甲一方，足迹甚至遍及海外诸国，赢得了"徽商之名闻天下"的美誉。

◎ 河坊街的徽商
　　老字号胡庆余堂

◎ 南宋御街的徽字号

　　杭州自古繁华，明清时期更是与苏州并称江南两大都会，为"人物之都会，财赋之奥区"，与全国各地都有工商业贸易往来，四方商贾所集，百货充牣。商业的繁盛，使杭州城出现了大量从事工商业的人口，"杭俗之务，十农五商"，也吸引了各地商人云集杭州从事贸易。历史上有无数的徽州人通过新安江水运，溪流一线，小舟如叶，鱼贯相连，抵杭经商。徽州黟县人张小泉逃难至杭，揉淬了浙江龙泉钢的刀、剪获得大发展；著名的红顶商人胡雪岩，便是在杭州开启了他的政商传奇。

　　植根"程朱故里""东南邹鲁"之地的徽商，由于备受儒风熏陶，成为中国商业史上独具特色的"儒商"群体。他们虽擅长经商，却有儒家风范，喜欢用儒家教化指导自己的言行，念念不忘"修身、齐家、治国、平天下"，有着浓郁的文化情结。徽商大贾中能诗善文的几乎比比皆是。他们在经商之余，或研书习画，或吟诗撰联，或浸淫音律，或游弈纹枰。少了"铜臭"而多了"书香"的徽商，在振兴文教上总是毫不吝啬地输金资助，常刊刻典籍，兴建藏书楼，举行诗文之会，资助家乡士子参加科举。他们慷慨捐资兴修书院，不惜重金聘请名师执掌或讲学书院，旨在使徽商子弟能接受良好教育，进而有机会踏入仕途，或继承祖业成为一名合格的儒商。因此，明清时期，全国出现了一大批有徽商背景的书院，如：汉口紫阳书院，扬州梅花书院、安定书院，仪征乐仪书院，等等。地方志等史料中记载，梅花书院，雍正十二年（1734）由祁门徽商马曰琯出资兴修，他"独任其事，减衣节食，鸠材命工，……不期月而落成"。乾隆三十三年（1768），仪征兴建乐仪书院，书院所需经费多由徽商首领张东冈等捐助。汉口紫阳书院，不仅资金主要由徽商筹募，其兴建款项乃至日常经费、教学活动的管理工作等也主要由徽商负责。

捐资助学，兴建和推动书院发展，徽商中以盐商倾注心血最多。杭州四大书院中的崇文书院和紫阳书院，即由盐商斥资创办，诂经精舍成立时，最初的经费也在很大程度上仰赖于盐商捐助。盐商热衷于捐助书院，与商籍的出现有着千丝万缕的关系。

盐商、商籍与书院

盐商，是一个特殊的群体，他们将咸味从盐场送到了千家万户，将盐之利呈于国库之中。在杭州、在扬州、在天津、在广州，在每一个与盐有关的城市里，总能看到盐商们活跃的身影。在盐业发展最兴旺的时代，他们创造了巨额的财富，不遗余力地捐资助学，培养子弟读书入仕，把徽商亦儒亦商、贾而好儒的特色发挥得淋漓尽致。杭州在历史上是两浙盐场盐运司所在地，既是重要的盐产地也是全国最为重要的盐业集散地之一，两浙盐商聚集于此。南宋时，杭州盐业交易已十分繁荣，《梦粱录》"铺席"中就有"自五间楼北，至官巷南街，两行多是金银盐钞引交易……客贩往来，旁午于道，曾无虚日"的记载。随着明朝盐业政策的变革，徽州盐商因地利之便，得专盐利，成为两浙盐商的主导群体。

明初，盐属于国家专卖范围，在政府管理的盐场生产，再由盐商运送到政府指定区域贩卖。政府为了筹备边储，一般将盐引颁发给那些愿意运送粮食到边境的商人，给予他们专卖食盐的权利，此称为"开中法"。但明朝中叶，朝廷变革盐法制度，实行运司纳银制，商人在盐场直接向盐运司纳银，即可取得盐引从事盐业贸易，这给商人经营盐业大开方便之门，吸引无数盐商移居各盐场的中心之地，逐利于盐业贸易。杭州作为两浙盐场盐运司所在地，聚集了大批山西、陕西和安徽的盐商。他们在行商发达后，往往客居或举家迁居杭州。其中，尤以徽州盐商人数为多。明朝著名徽商汪道昆就直言："吾乡贾者，首者鱼盐，次布帛，贩缯则中贾耳。"从《两浙盐法志》和一些方志的记载中，可以见到为数众多的在杭徽州盐商身影：休宁人吴敏惠"业盐来杭"；歙县人汪文魁"寓钱塘……子孙相继业盐"；休宁人叶尔章"弱冠即携其妻程安人至杭，创业盐策"；婺县人汪廷俊"以业盐侨寓钱塘"。

随着定居于杭州的徽州盐商人数急剧增加，其子弟的科举考试问题也随之产生。明朝科举考试时，朝廷要求应试者在每一级考试时必须填报籍贯，而且规定不得异籍、异贯参加考试，否则即以冒籍论处。在杭徽州盐商子弟，家中虽有钱财，却因户籍问题而不能进入杭州府学读书，更无法参加杭州的乡试；若返乡参加科举考试，路途遥远确属不便。而在乡人眼中，盐商长期侨寓杭州，与杭城土著已无区别，故当子弟返乡应试时，乡人常指责他们抢占学籍，竟以言语不相通，面貌不相习，又无产业可考等理由，群起攻之。

嘉靖年间，朝廷开始用寄籍（或称占籍）的方式解决盐商子弟的科举问题，允许他们通过寄籍的方式附入侨寓地州县儒学入学就

◎　庆春路与中河北路口的盐桥和庆余亭（附近原有徽商聚居的徽州弄，现已不存）

读，但条件十分苛刻，规定须在当地置有田产、建有坟庐；同时又因挤占学额，引发当地士子的不满，故寄籍制度仍难以真正解决盐商子弟的异地科考问题。

这一难题，直到商籍的出现才得以解决。万历十三年（1585），朝廷开始尝试在两淮盐区设立"商籍"，规定十四名商籍，六名灶籍，附于扬州府学。这样，在原有儒、官、民、军、医、匠等籍之外，又新设商籍，额定人数，准许商人子弟，准附于行商省份。商籍的设立，从表面上看，似乎凡是经商之人的子弟，均可从原先的"民籍"登记为"商籍"，而实际情形却是，这项制度乃是朝廷专为盐商子弟应考而设，与其他行业商人无涉。商籍使盐商子弟不需要田庐、坟墓等限制条件就可附入侨寓州县儒学就读，而且拥有朝廷单独划拨额外生员录取名额，在科举上获得了较其他流动人口优先的特权。

继两淮地区之后，徽州盐商积极倡言，并力请盐运使与朝廷沟通，在两浙地区也建立起了商籍制度。据嘉庆《两浙盐法志》记载，两浙商籍在嘉靖年间已有雏形。嘉靖四十年（1561），两浙纲商蒋恩等，呈请商人子以民籍参加科考，但无人数定额。关于蒋恩其人，史籍中未见明文记载，但从当时参加科举考试人员均为徽人推断，蒋恩极有可能是业盐于杭的徽州大盐商。万历二十八年（1600），徽州盐商家族出身的吴宪，以"初试额未有商籍，业盐之家艰于原籍应试"为由，与同乡汪文演一起向两浙盐场巡盐御史叶永盛上书，提出了设置商籍的要求，获叶永盛鼎力支持。于是叶永盛向朝廷上奏《广开商籍以弘乐育事》一疏，请求朝廷在两浙地区特置商籍，在州县儒学的正考之外，额定八名盐商子弟入学名额，此建议得到了朝廷允准，两浙商籍由此正式设立，在杭盐商子弟自此可凭借商籍在杭城科举应试。

明清鼎革，清廷保留了商籍制度，顺治十六年（1659），在杭嘉绍温台松六地确立两浙商籍名额，其中杭州为各商聚集之处，拨入杭州学20名、仁和县学15名、钱塘县学15名，共50名。这在全国所有商籍学额中位居首位。

盐商一直将"经商维持生计，科考以求显达"作为人生信条。培养子弟读书做官，本是他们最大的愿望，两浙商籍的设立，不仅解决了在杭盐商子弟科举的籍贯问题，也增加了录取名额，于是盐商们更加不遗余力地出资建设书院，为书院提供经费，以方便子弟在杭接受教育。杭州崇文书院，与两浙商籍同年设立，是盐商在侨寓之地最早兴办的书院，书院创办的经费来自盐商自筹，明确规定就读者必须为徽州盐商子弟。

紫阳书院创建和维护过程中，盐商们付出了巨大的精力，甚至可以说发挥了决定性的作用。孙延钊在《浙江紫阳书院掌故征存录》中说："大抵盐商多来自徽郡，为朱子故乡，子弟别编商籍，得一体就近考试，即以斯院为会文及祀朱子处。故其父兄对于院款，皆自愿输将。"[1]卢文弨在《乾隆五十九年重修紫阳书院碑记》中也提到："盖鹾商多来自徽郡，实古之新安。其子弟又许其别编商籍，与土著者一体考试，故皆乐于顺上之指，而不由于勉强也。"[2]在为紫阳书院捐资助学的徽州盐商中，汪鸣瑞是值得特别记述的典型人物。

亦商亦儒的汪鸣瑞

汪鸣瑞，字旆来，号白史，又号黄山白叟，安徽歙县岩镇人。汪氏可以说是徽州第一大姓，自唐代伊始，该家族逐渐发展壮大，

1　王国平主编：《西湖文献集成》第 20 册，杭州出版社，2004年，第 738 页。

2　王国平主编：《西湖文献集成》第 20 册，杭州出版社，2004年，第 462—463 页。

他们秉承徽人外出经商的传统，因商而迁徙各地。明清时期，汪氏因商陆续由徽迁杭，定居杭州后，其业无所不居，成为杭州商界一大劲旅。汪鸣瑞家族在杭世代业盐，积累了相当可观的家产，万历年间已是杭城显赫的盐商家族，其曾祖汪文演，是两浙商籍的倡立者，亦是崇文书院的重要捐资者。

汪鸣瑞的幼年时期是在家乡度过的。岩镇虽是商业市镇，商贾之家汇集，却以"人文之盛，甲于乡邦"闻名，读书之风甚浓，科举上颇有佳绩，中举的"贤良节孝，足以当一郡"，从唐朝到清朝，一镇便出了 4 名状元，36 名进士，81 名举人。身处这种浓郁的文化氛围中，镇上子弟多崇尚读书。汪鸣瑞少时好学，幼能作诗，然而，汪鸣瑞也摆脱不了徽商子弟幼年便要离乡的无奈，9 岁那年，被在外业盐的父亲携至杭州学习经商。

明清时期的徽商为了求得生意亨通，往往喜欢结交当地官员以谋求庇护，汪氏家族与当时的浙江官员多有交往。汪鸣瑞的父亲与光禄大夫徐二采私交甚密。顺治初，汪鸣瑞曾在徐二采家中住过一段时间。一日，总兵方国安来访，徐二采让汪鸣瑞上前拜见，汪鸣瑞置之不理。不久，镇婺将军朱大典到来，汪鸣瑞却诚心叩拜。方国安官职高于朱大典，方、朱两人又一直有嫌隙，汪鸣瑞的举动，自然让徐二采十分尴尬，只好呵斥汪鸣瑞不知礼数。一直以来，汪鸣瑞熟知应对进退的礼节，那日的表现让徐二采十分不解，于是客人离去后，徐二采将他唤至跟前询问缘由，汪鸣瑞义正词严地回答："忠邪两途，不敢妄拜。"

故事中的方国安与朱大典，都曾是明末抗清将领，在朝代更替之际，却选择了不同命运。方国安（？—1646），浙江诸暨人，曾任明朝总兵，南明小王朝时，又被封为镇东侯，但方国安治军不严，常纵容手下兵将劫掠，拥兵入浙后，更是纵暴无状，百姓深受其害。朱大典（1581—1646），字延之，号未孩，浙江金华人，万历进士，曾任兵部右侍郎、总督漕运等职。顺治三年（1646）清军南下，方国安降清后被杀；朱大典退守金华府城，撕毁劝降书，与城内将士弹尽粮绝仍誓死不降，城破后，又带亲信、子孙及存活家属32人点燃火药库，以身殉国。

汪鸣瑞不拜总兵而拜将军之事，发生在顺治三年（1646）之前，时方国安尚未降清，朱大典也未殉国，但年仅9岁的汪鸣瑞，却能通晓经史大义，忠邪两途之语令人大为惊叹。这也许是一个征兆，预示着这位蒙童少年终将成长为一代儒商。

果然，12岁时，汪鸣瑞借助商籍成为仁和诸生，此后沉浸在诗书礼乐之中，在同辈中颇具声名，与其叔汪用嘉被时人称为"大小汪"。成年后继承家业，经营盐业之余，汪鸣瑞仍不忘诵读经史，著有《然石草》16卷，其中多有与学人雅士结交吟诵之作，如《读书孤山喜周鄮山袁向若见访》：

> 小轩清昼永，云树共徘徊。
> 自到孤山后，曾无双鹤来。
> 与君连袂坐，酌酒待梅开。
> 送别归斋晚，春风锁碧苔。

诗中汪鸣瑞以平静淡泊的语句，歌咏与友人把酒言欢、读书自适的快乐心态。汪鸣瑞的诗作虽未有惊天动人的佳句，但作为专业盐商，此等水平，亦可算是佳作了。汪鸣瑞也写得一手好字，善书蔡邕开创的"飞白体"。陆绍曾《飞白录》中所列擅书飞白者，汪鸣瑞也赫然在列，想来水平应当不俗。

汪鸣瑞一生秉承儒家礼仪，尤其重孝。《两浙盐法志》记载其"事亲孝，色养七十年"。能和颜悦色地奉养父母，70年不改孺慕之情，汪鸣瑞可以说是徽商孝子的典型。浙江巡抚陈秉直曾举荐其为宏博，金鋐也试图推举其为贤良，汪鸣瑞均以亲老推辞。汪鸣瑞不仅自己恪守儒家礼仪，也要求子孙将儒家礼仪作为立身处世的准则。他手书格言八则，训诫家族子弟要尊师重道。饶有趣味的是，《两浙盐法志》"商籍"中关于商籍人物的记载，较少见徽州盐商经营能力的记述，连篇累牍的倒是有关商人儒学修养的文字。关于汪鸣瑞的几百字描述，都是儒孝义行之举，只字未提其盐业经营方面之实。也许，作为儒商，人们更看重的是他重儒的一面。

两浙商籍和崇文书院设立后，汪鸣瑞家族一直是重要捐资者。汪鸣瑞继承家业后，也乐于绳其祖武，关注徽商子弟的教育问题。清初，虽承明朝商籍制度，但无定额，于是汪鸣瑞向学政陈请，才确定了数额。发现盐商子弟就读的崇文书院因朝代更替祭祀之礼逐渐废弛，汪鸣瑞即与同乡吴观陛力请书院予以恢复。未几，书院不但重兴祭祀大典，连舫课也得以重开。当听说两浙盐运使高熊征，有意在城内另设书院，解决盐商子弟到崇文书院就读往返不便的问题时，汪鸣瑞便鼎力支持，"与同业者，醵财以襄厥成"。估计当时汪鸣瑞也没有预料到，紫阳书院后来会成为杭州四大书院之一。斥资创建紫阳书院并捐助经费维持书院运转，也许是汪鸣瑞一生敬儒崇学最大的成果了。

崇学重教的高熊征

讲紫阳书院，还要说说它的创建人高熊征。虽然兴建书院是徽州盐商发迹后贡献教育事业的典型修为，然而在官本位的古代社会，身份低微的商人要设立为子弟就学的书院，没有政府官员，特别是接触最为频繁的盐官的认可与庇护，无疑是难以成功的。紫阳书院的兴建就是典型的盐官主导，官商合作。时任两浙盐运使的高熊征亲自操办书院兴建事宜，并"割俸购地，增筑斯院"，紫阳书院才得以创设。

高熊征（1636—1706），字渭南，原籍广西庆远，出生于今岑溪市归义镇谢村，其父曾任广东信宜知县，后弃职携全家定居岑溪。高熊征年少丧父，贫不能就学，后由岳父资助，得以到广东南海西樵山的四峰书院就读。顺治十六年（1659），高熊征乡试得中副贡，却因家中困境而弃学，先后在岑溪、苍梧等地教书谋生。如果没有吴三桂叛乱事件，也许高熊征会在授徒自给中度过平淡的一生。但他的人生注定是不平凡的，从参与平叛到广行惠政，从兴学劝士到著书立说，高熊征始终心系百姓，清白自矢，终成名宦之臣和知名学者。

康熙十三年（1674）正月，吴三桂在云南起兵，叛军占领广西，生灵涂炭。目睹百姓流离失所，高熊征写下《平滇三策》《讨吴三桂檄文》二文呈送给苍梧知县张若械，文中历数吴三桂之罪，断言吴氏必败，壮人士气的慷慨之言令张若械大为惊叹。于是，张若械召见了高熊征，不解地问："现在人人都想跟从吴三桂，你却说他肯定失败，就不怕留下祸患吗？"高熊征则答："吴三桂师出无名，必然失败，你我都没有必要惧怕他。"听闻叛军攻破家乡岑溪，一介书生的高熊征毅然返乡招募乡勇力守县城，虽"几死贼手"，却屡败叛军，甚至斩杀叛军总兵陈士龙及孙云客、林万胜等叛将。高熊征展现的军事才能让当地官员十分欣喜，在此后的平叛中对他多有倚重，两广总督金光祖聘其为幕宾，协助筹划封川一带平叛战守大计。

平叛之余，高熊征常调查探访，了解民情风俗，在担任官职期间多行惠政。叛军攻占岑溪时，曾掳去 3000 多名百姓，他们中的大部分无法返回家乡，在外流落长达五年。高熊征让人开列难民名册，多次请求抚院行文，帮助难民返乡安居。平定三藩之乱未几，高熊征就向当局上书《粤西三大政》，请求政府豁免荒田粮、罢钱局、革盐政，以推动广西经济发展。这些请求被时任广西巡抚郝浴一一采纳。巡抚还亲自书写"砥柱仪型"牌匾以示褒奖。康熙三十九年（1700），经广西巡抚彭鹏举荐，高熊征得以出任河北真定府井陉知县。彭鹏在呈给皇帝的荐疏中，用"舌有风雷""节义尤堪表异""忠贞有矢，御侮多方"等语力赞高熊征，这引起了康熙帝的关注。高熊征到井陉任职仅月余，就受到康熙的召见。康熙还逐篇翻阅了其《平滇三策》《讨吴三桂檄文》等五个手折并颇为欣赏，不久将高熊征从七品超擢从三品，就任两浙盐运使。

受此殊遇，已过花甲之年的高熊征觉得粉身莫报，更以清白自矢自励。在两浙盐运使任上的五年，高熊征多施善政，拒绝吃请、勒索盐商等官商仪节中的潜规则。高熊征还两次代理浙江提刑按察使一职，他"直谅素著"，审理案件必反复辨析，避免冤假错案。康熙四十二年（1703）春，康熙巡视河工、驻跸武林，发现高熊征政声甚佳，赐下手书朱子诗"群峰相接连，断处秋云起。云起山更深，咫尺愁千里"作为奖赏。

虽被重用，但高熊征志不在"官场"而在"观场"，他曾说自己身为一介儒生，"教职是所愿也"。出任井陉知县之前，高熊征相继在浔州府、桂林府和思明府担任府学教授达十余年，其间兴办学校、创建书院，提倡文教，使当地文风丕变。上任桂林府教授伊始，他就积极修复因战乱荒废的桂林府学，收还被满洲旗员占住的明伦堂和学署，并筹建了临桂县学以及华掌书院。思明府原无学馆和书院，高熊征到任时连栖止之所都无从谈起，只好借宿到廪生郑榆的家里。在高熊征的努力下，思明府的学宫、学署以及明江书院（南坡书院）很快设立，学政陆祚藩赞其"虽教授寒儒，能留心造士如此，可不谓举其职者也"，肯定高熊征白手起家在思明的兴学之举。高熊征积极兴学，旨在鼓励学子读书成才，报效朝廷，在《思明书院祀解先生记》一文中，他追忆流放广西的明朝先贤解缙，认为"思明僻隅，名贤罕至，文教之兴，始于先生……诸生肄业于斯，诚能尊崇而效法焉"，号召当地士子学习解缙，做有用之才。就任井陉知县、两浙盐运使之后，高熊征宦迹所至，仍以兴办教育为急。康熙四十年（1701），高熊征在井陉捐金五十镪，资助文昌书院修建，并为书院作《重修文昌书院记》；康熙四十二年（1703），在杭州和盐商汪鸣瑞等人捐钱购地，为盐商子弟读书科考建紫阳别墅，延请名师，甚至亲自充当兼职教授，士林无不感激。

康熙四十五年（1706），高熊征病逝于任上。康熙《钱塘志》总结了他两浙盐运使任上的政绩，称他"超擢莅浙，恤商爱民，暇即优接生徒，特建书院以为课士会文之所，延师给饩，月必躬率校艺，汲引造就成材者，指不胜屈，士林戴德"[1]。

高熊征清廉自律，重教兴学，得以在杭州名宦祠作为前贤奉祀。

高熊征不只是一位颇有政绩的名宦，也是一位学者。公务之余，高氏亦著书立说，且致力于方志的编撰。他受命督造《通省赋役全书》；主持或参编了康熙《广西通志》《桂林府志》《临桂县志》《思明府志》《岑溪县志》等多部广西地方史志，无不区划周详，考据精确；所编《安南志纪要》更是研究越南历史的重要史料。高熊征著有《小学分节》2卷，他将朱熹《小学》中艰深难懂之处逐一摘出，引文解释，以便生徒领悟《小学》要义。此书可以说是科考《小学》一门的专业辅导书，《四库全书总目提要》评价其"随章案节，略为分解，特使童子读之，易于明晓而已"。高熊征呈请广西巡抚将《小学分节》"印成卷帙"，然后颁行至各府学、书院，使各郡邑都得以"训课童子"。高熊征还撰写了《孝经刊误》等作品，多收入《郢雪斋纂稿》。纂稿分前、后两集：前集6卷，收录高氏任桂林府教授前作品，由其子高轼于康熙二十三年（1684）编成；后集4卷，收录高氏任职桂林府教授后所作诸文，由高辑等于康熙四十四年（1705）编成。

高熊征也善作诗文词赋，其诗富丽典雅，崇尚古训，其文记事生动，抒情自然。《韩泉记并颂》是其较有代表性的山水散文，文中他这样描述初秋傍晚的景色：

1　丁丙：《武林坊巷志》第4册，浙江古籍出版社，2018年，第1230页。

明月在天，山空树静，四望如画，水声潺潺然。而独峻岭悬崖，无从取汲，久而乐之，已而叹曰，清溪在望，而取汲无从，岂非憾乎？

书舍附近秋夜清静秀美，俨然一幅山水画，加上水声潺潺，画面就更加灵动起来，而清溪在望，无法汲取，又引发了大家的探索之心。高熊征还在文中提到了文公书舍、韩泉，这些都是以韩愈名字命名的。高熊征希望以景抒怀和赞颂先贤劝教兴学，激励后进。

作为清前期的名宦和学者，高熊征为后人所景仰与崇敬，清朝广西诗人、"粤西十四家"之一的苏学时曾作有《读高渭南先生〈雪斋集〉敬题八首》，其中一诗云：

> 浙水清风远，宣称教泽长。
> 遗书留学校，宦绩记循复。
> 到处栽桃李，频年卫梓桑。
> 后贤谁继起，掩卷立苍茫。

这可以说是高熊征一生的真实写照。

景仰前贤，题额紫阳

　　书院为什么以紫阳命名，山长王同在《杭州三书院纪略》中说，因书院所在地为紫阳山麓，适与朱氏（朱熹）的别号紫阳同名，初定名为"紫阳别墅"，又称"紫阳祠"或"朱子祠"。在书院史话语体系中，"紫阳"一般指南宋时期理学集大成者朱熹。杭州紫阳书院，建于紫阳山麓，祀紫阳夫子朱熹，又由"朱子阙里"的盐商捐资兴建，冠以"紫阳"之名，更在情理之中。而以别墅命名，是高熊征和盐商们担心"紫阳书院"之名，容易与新安（徽州）的紫阳书院混淆，于是用"别墅"别之。值得一提的是，四大书院中的崇文书院，成立后一直名"紫阳崇文会"，自紫阳别墅建立后，亦是为了有所区别，不再以"紫阳"二字冠名了。

紫阳问学当千古

　　朱熹（1130—1200），字元晦，又字仲晦，号晦庵，晚称晦翁，又号遁翁、云谷老人、沧州病叟，别号考亭、紫阳，祖籍徽州婺源，生于福建尤溪，侨居建阳。朱熹是南宋著名的理学家、思想家、教育家、诗人，世尊称为朱子。朱熹是儒学集大成者，中国学术界尊之为"一代宗师"的钱穆，称朱熹"集北宋以来理学之大成，并亦可谓其乃集孔子以下学术思想之大成"。朱熹的理学思想是元、明、清三朝的官方哲学，他本人也享祀孔庙，是大成殿十二哲中唯一非孔子亲传弟子。朱熹一生著述逾2500万字，集120卷，语录140卷，可以说是古代学者中，著述最勤奋、最多产的作家了。他的《四书章句集注》，更是被钦定为教科书和科举考试的标准，成了读书人心目中的"圣经"。

朱熹的别号"紫阳夫子"，是为了纪念他的父亲朱松。

◎ 朱熹像

◎ 朱松像

朱松（1097—1143），字乔年，号韦斋，世称韦斋先生，也是一位知名的理学家。他曾在宋高宗建炎时期为官吏部郎，因奏疏极力反对秦桧与金人议和被罢官，遂寓居于南剑州尤溪城外的毓秀峰下，以教书授徒为业。朱松年少时曾就读于徽州州学，在城南五里处建堂为居，读书其中。此地为紫阳山，"其山丰郁秀丽，端凝若堂，东向而峙。每将晓日未出，紫气照耀，山光显烁，类赤城霞，故曰紫阳"[1]。也是在这里，朱松受到祝确的器重，以女妻之。进士及第之后，朱松被朝廷遣往福建为官，但他对紫阳山仍十分怀念，于是亲刻了一枚"紫阳书堂"印章，以为寄托。绍兴十三年（1143），朱松去世，那一年朱熹才 14 岁。朱松弥留之际，将朱熹托付给了挚友崇安县五夫里的刘子羽。朱熹遵父遗言，拜刘子羽为义父，并与母亲跟随刘子羽回到武夷山，在刘氏家塾屏山书院就读，由三位理学宿儒胡宪、刘勉之、刘子翚亲自授业。三先生都是程门（程颢、程颐）再传弟子，在他们的悉心教诲下，朱熹刻苦攻读，19 岁便

1　施璜：《紫阳书院建置序》，见陈谷嘉、邓洪波主编：《中国书院史资料》中册，浙江教育出版社，1998 年，第 1335 页。

中了进士。从朱熹一生不慕荣华、不事权贵的处世准则中，依稀可以看到这三位先生的高洁情操和精神风韵对他的熏陶。朱熹31岁时，又正式拜程颐的三传弟子，福建南剑州的"延平先生"李侗为师，专心儒学，终于成为程颢、程颐之后儒学的重要人物。

朱熹一生取得的成就，与其父朱松生前的苦心安排是分不开的。乾道七年（1171），朱熹为缅怀父亲，将其住宅内的听事堂命名为"紫阳书堂"，以朱松的号"韦斋"名东偏室，定燕居之堂为"晦堂"，东斋名"敬斋"，西斋名"义斋"，这座五间的旧宅总称为"紫阳楼"，朱熹也从此以"紫阳"自号。此后朱熹作品序跋文落款多有"紫阳朱熹"出现，后人也以"紫阳"称朱熹或朱子之学。

朱熹念念不忘徽州，徽州人也一直以朱熹为荣。宋庆元六年（1200），朱熹殁后，徽州士子就开始在州学里绘像祭祀。嘉定七年（1214），郡守赵师端在郡学讲堂之北建起专门祭祀朱熹的朱文公祠。淳祐六年（1246），郡守韩补又以朱熹号"紫阳"，在紫阳山建书院纪念朱熹，宋理宗特赐额"紫阳书院"，甚至徽州婺源县，也被宋理宗赐额"文公阙里"。

朱熹虽出生在福建尤溪，其主要生活与学术活动也大都在福建，但他时刻不忘祖籍是徽州婺源，曾说自己常常在梦中回到故乡，有"故家归来云树长，向来辛苦梦家乡"之语。朱熹中举后，曾三次回徽州故里：宋高宗绍兴二十年（1150），这是朱熹高中进士的第二年，春风得意的朱熹拜见了外祖父祝确后，首次登上了紫阳山；淳熙三年（1176），已是饱学硕儒的朱熹在门人蔡元定的陪同下再次回到故乡，因祝确已病故，朱熹在紫阳山拜谒祝确故庐和朱松读书处时，感慨万千，题书"旧时山月"，并开坛讲学；庆元二年（1196），朱熹最后一次回乡，其间讲学于天宁山房，听众中有徽州郡守赵师端与其弟赵师恕，以及朱熹门人滕洪、滕璘、祝穆、程永奇等30多人。回闽后，朱熹仍念念不忘徽州和紫阳山，作《对月思故山夜景》诗，"此夕情无限，故园何日归"，淋漓尽致地表现了他的怀乡之情。由于徽州古称新安，因此朱熹所注《大学》《中庸》及其他著作中也往往署名"新安紫阳"。

读朱子之书，服朱子之教，秉朱子之礼，是徽州人坚定不移的信念，这一信念同样得到了徽商的强烈认同。其实，朱熹与徽商也有着很大的渊源。朱熹所处的时代，正是商品经济开始繁荣，士商趋向合流的时期，朱熹外祖父家歙县祝氏，也是经商世家，"其邸肆生业，几有郡城之半"，外祖父祝确因号"祝半州"。对于作为徽商巨贾的外祖父祝确，朱熹曾为其作传，盛称其贾而好儒的义行。徽商尊奉朱熹，不但在家祠中予以祭祀，就是外出经商也要在会馆内祭祀朱熹，以朱子之教为自己的最高原则。由徽州盐商出资兴办的书院，也通常冠以"紫阳"之名以示为"朱子阙里"之人所创建。

朱熹与杭州书院

朱熹自 19 岁科举中进士，任地方官长达 27 年。作为官员，朱熹与杭州的交集并不算多，见于史料记载的主要有三次，分别是：绍兴十八年（1148），朱熹到杭州参加会试和殿试，得中进士；绍兴二十一年（1151）春，朱熹到杭州参加铨试，授官左迪功郎、泉州同安主簿；庆元元年（1195），朱熹在杭州任职，因卷入了一场宫廷纷争仅 46 天就被迫离职。

说说朱熹在杭州"立朝四十天"的那段经历。宋宁宗继位后，右丞相赵汝愚推荐朱熹担任焕章阁侍制兼侍讲，为宁宗讲学。65岁的朱熹以为迎来了人生的高光时刻，携弟子从湖南入京赴任，途中路过西湖区双浦镇下杨村的昙山。昙山又名狮子山，传说山上有掌管天下万物的东岳圣帝的行宫，上山祈福的善男信女一年四季络绎不绝，更有文人雅士，或在此寓居耕读，或题刻于崖上。朱熹在昙山游览了郑涛的园亭，见此处美景令人心醉，意气风发之下，在

一方棋枰石南侧石壁上题写诗云:

> 颓然见兹山,一一皆天作。
> 信手铭岩墙,所愿君勿凿。

朱熹在宫中每逢双日早晚,为宁宗讲解《行宫便殿奏礼》《大学》等篇目,宁宗对他的学问十分钦佩,称他为"儒宗"。然而朱熹常借讲课之际陈述自己对国事的看法,如建议停止修葺东宫,减省舆卫;让宁宗下诏自责,以慰藉流离饥饿的难民;提议近臣不得干预朝权,大臣不得专任己私;等等。这些言语本就引起了宁宗的不快,而朱熹对韩侂胄的态度,则让他直接丢了官职。韩侂胄是内宫近臣,又是皇亲国戚,担任着枢密都承旨这样的要职,深得宁宗信任。朱熹多次在宁宗面前谏言不应让韩侂胄握有重权,甚至不应让他参政。此举自然是惹怒了韩侂胄,而宁宗对朱熹越职言事也极为不满,与旁人谈及朱熹,说他"对朝廷之事,处处干预,而他的所言,多不可用"。于是,在韩侂胄怂恿下,宋宁宗免去了朱熹侍讲之职,仅仅在杭州待了46天的朱熹被迫回建阳考亭。

返建阳途中,朱熹携弟子再次路过崑山,因心情落入低谷,见到自己之前的题诗,大为感慨,遂提笔在旁写下62字题刻:

> 绍熙甲寅闰十月癸未,朱仲晦父南归,重游郑君次山园亭。周览岩壑之胜,裴回久之。林释之、余方叔、朱耀卿、吴宣之、赵诚父、王伯纪、陈秀彦、李良仲、喻可中俱来。

石刻上提到的9人,即朱熹的9个门生。这处题刻为横长方形,宽0.36米,长1.47米,从左至右用正楷竖刻者16列4行,字径7厘米。现在这处石刻风化严重,部分字迹也已湮灭,却是了解朱熹与杭州关系的重要见证。

作为学者，朱熹与杭州书院的联系颇为密切。朱熹有一首传诵千古的诗，名为《观书有感》，也称《咏方塘》，诗中所咏的半亩方塘，就在杭州瀛山书院内。朱熹在诗中这样写道：

半亩方塘一鉴开，天光云影共徘徊。

问渠那得清如许，惟有源头活水来。

这是朱熹彻悟理学真谛的一首哲理诗，朱熹通过半亩方塘的"源头活水"而豁然通达，悟到了"源头活水"之道，认识到要"上承千圣之绪，下启后学之端"，构架自己的理学思想体系，就必须借助于所谓的"源头活水"，即自孔、孟、周敦颐、二程以来的儒学传统，从中不断地汲取营养，丰富自己。此诗被收入《瀛山书院志》。半亩方塘遗址今亦犹存。

瀛山书院位于遂安姜家镇下郭村的瀛山之麓，那里如盆景般的"小七十二峰"矗立绿野，又有瀛溪环绕，风景秀美。北宋熙宁年间，一位叫詹安的当地望族在银峰创设名为"银峰书堂"的家族书院，后易名为"双桂堂"，吸收詹氏"族戚子弟"入学就读。詹安嗜学重教，亲自教授他的五个儿子，而五子也很是争气，陆续登进士科。于是书院名声大振，当地名门望族为将家族子弟送入双桂堂就读，居然争相与詹家攀亲。淳熙二年（1175），詹安的第五代孙詹骙高中状元，遂取"登瀛"之义，将双桂堂改名为"瀛山书院"。两宋时期，瀛山书院创造了无数金榜题名的故事，为詹氏家族培养的进士就有 25 人、举人 18 人，因而民间有"两宋科举，詹氏为最"的说法。

　　瀛山书院因詹氏家族科第蝉联而声名鹊起，更因朱熹在此讲学并留下了《咏方塘》诗声名远扬，一度与白鹿洞书院和鹅湖书院"并成鼎足"。在瀛山书院历史上，朱熹与詹安之孙詹仪之的往来论学是绕不过的光辉一笔。说起朱熹与詹仪之的情谊，不得不提到南宋著名学者、教育家张栻。

　　詹仪之的伯父詹大方曾任工部尚书、枢密院使、参知政事，另一伯父詹大和为桐庐、临川等地郡守，他们均与时任宰相的张浚交厚。张浚有子张栻，精于理学，与詹仪之很早就成了学术上的朋友。时朱熹之父朱松在秘书省任职，与张浚都是主战派，私交亦深，故朱熹与张浚之子张栻也早就志同道合，成为挚友。绍兴二十一年

◎　瀛山书院半亩方塘

（1151）的一天，朱熹在临安铨试后到张栻家拜访，偶遇到临安参加会试同在张家为客的詹仪之。双方相谈甚欢，尤其是谈及故里籍贯，当朱熹得知詹仪之为遂安人时，倍感亲切（朱熹祖籍婺源，历史上婺源和遂安曾同属徽州）。

乾道五年（1169）秋，朱熹到严州拜访出任知府的张栻，詹仪之闻讯后，萌生邀朱熹到书院讲学的想法，随即书信遥寄。而朱熹也早有到遂安游学和访友之意，于是欣然应邀，约上张栻和吕祖谦，一路颠簸，前往瀛山书院。一路上，朱熹为青溪（新安江）和武强溪的美景所陶醉，船过铜官峡，他触景生情，作《清溪》诗一首：

清溪流过碧山头，空水澄鲜一色秋。
隔断红尘三十里，白云黄叶两悠悠。

朱熹、张栻和吕祖谦，时人称为"东南三贤"。他们的到来，让詹仪之大喜过望，当晚，詹家以当地三宝"山鳗、石斑鱼、鹰嘴龟"等佳肴招待贵客。在瀛山书院，朱熹漫步方塘畔，与詹仪之辩论格致之学。见瀛水潺潺流入方塘，清澈如镜，朱熹题咏了《咏方塘》这首饱含哲理的七言诗。此事在《瀛山书院志》中有专门记载："吏部侍郎詹仪之与朱文公和张宣公、吕成公相友善，往来论学于此"，"淳熙中，朱晦翁与商格致，尝馆瀛山，题方塘诗以见志"。[1]

乾道七年（1171）和乾道九年（1173），朱熹又两次赴瀛山书院讲学。淳熙十六年（1189）二月，得悉詹仪之被贬官回故里，朱熹特意翻山越岭，前去探望。朱熹的这次到来，完全是看望詹仪之，几天交往中，只谈宽心的话，不讲理学。可惜，这次会面却成为朱詹二人的诀别。朱熹离去不及半年，詹仪之逝世，朱熹闻讯伤悼不已，第二年专程到瀛山吊丧，并写下《祭詹侍郎文》致奠，以

---

1 《瀛山书院行状》，见陈谷嘉、邓洪波主编：《中国书院史资料》上册，浙江教育出版社，1998年，第582页。

第一章 紫阳山麓辟讲舍

寄托对这位志同道合好友的哀思。

朱熹讲学瀛山书院，与詹仪之问辩格致，一直被人们传为千古佳话。

其实，朱熹还到访过杭州的另外一所书院，即淳安蜀阜书院。在蜀阜书院，朱熹不仅与创办者钱时谈学论道，还在书院门前砌石阶一段。如今书院所在的玉屏街，其中一段仍称为"朱文公街"。

朱熹或直接讲学书院，或因访友、问学而成为书院常客，带动了杭州书院注重学术研究之风，也推动了朱熹理学思想在杭州的传播。朱子殁后，后人为纪念和祭祀这位理学大师，全国各地出现了多所以朱熹之号命名的紫阳书院。杭州是朱子文化广泛传播的地方，书院又由徽州盐商捐资兴办，以紫阳命名，兴朱子之学，祭紫阳夫子亦在情理之中。

迭经兴废，逆而不坠

　　紫阳书院从创立到光绪二十八年（1902）改为学堂，存续了近200年，从为解决盐商子弟就近入学的"别墅"，逐渐成为杭州文化发展的标志性书院，其间虽迭经兴废，但始终弦歌不绝，保持着旺盛的文化生命力。

　　历史上很多书院的扩建、重建工作，多由地方官员承担，他们往往借助自身在权力网络中的特殊地位以及对地方公共资源的调配权力，推动书院的发展。尤其是清朝，政府对各级书院都严加控制，力图将其纳入国家官学统辖。官员对书院也前所未有的重视，各地方长官乃至封疆大吏主持、参与书院修葺的情况十分普遍。紫阳书院因盐业背景色彩浓厚，主导其扩建与修缮的，除了一般的地方官员，频现盐官的身影。

　　紫阳书院成立那年，53岁的张泰交来到杭州任浙江巡抚。上任伊始，张泰交因康熙帝将赴浙江检阅河工而忙得不可开交。这位康熙二十一年（1682）的进士，常年疾病缠身，体力不支，但为政却勤勤恳恳，康熙帝对他十分赏识，几次来杭都召见他并亲赐题字题诗。张泰交在入仕前曾有多年讲学经历，对新成立的紫阳书院自然也十分关心，怎奈公务繁忙，直到康熙四十三年（1704），他终于抽出时间亲临书院视学。见诸生勤于学业，张泰交甚感欣慰，特撰文以示鼓励。此文后被刻成碑记，立于讲台之后，这就是《康熙四十三年紫阳别墅碑记》。张泰交在碑记中详细说明了紫阳别墅成立的背景及具体过程，并谆谆教导诸生：

　　士为四民之首，士习不端，则民风不淳。古者烝我髦士，董之师儒，修其孝悌忠信之行于党庠术序之间，而民亦递相观而善。至于风移俗易而不自知，故民风必自士习始。诸生生当椷朴菁莪之世，幸际太平无事之休，游居而擅江山之胜概，讲学而有师友之观摩。于以会友辅仁，非礼勿动，非道不干。励廉隅之清修，养公辅之令器。长吏爱而重之，莫不访道式间，下民则而效之……俗复见于今日，是诸生之无负斯举也。若其利欲熏心，诗书借口，阳鲋见讥于单父，武城不闻有澹台，即才高迁、固，亦莠民而已。其如今日俎豆紫阳之意何？[1]

虽然诸生为获取功名才到紫阳书院就读，但张泰交还是强调读书人当注重德行，志向高远，且身体力行，承担起教化民众的社会责任，切不可局限于眼前利益，一味追求功名。可见，张泰交对紫阳书院和诸生是寄予厚望的，他在碑记最后赋文：

凤山之门，有墅翼然。
枕山之麓，江带其前。
清池涌地，古木参天。
石门曲径，屹立盘旋。
经之营之，以诵以弦。
额题紫阳，志景前贤。
匪辞是工，惟道之肩。
日就月将，裁狂激狷。
国之四民，士为首焉。
型方善俗，风教所先。
……

雍正三年（1725），紫阳书院迎来了第一次修缮。当时，徐有纬就任两浙盐运宁绍分司副使。徐有纬是徽州休宁人，撰有《新安

1　张泰交：《康熙四十三年紫阳别墅碑记》，见王国平主编：《西湖文献集成》第 20 册，杭州出版社，2004 年，第 461—462 页。

徐氏宗谱》。他上任后对这所多为徽州盐商子弟就读的书院特别关注，见生徒日众，一些屋舍又较为陈旧，于是捐俸让人将书院修葺一新。

此后，紫阳书院又经历了多次大规模修缮和扩建，甚至在咸丰十一年（1861）遭兵火损毁后完全重建。具体情况在现存书院碑记中有详细记载。

雍正七年（1729），闽浙总督李卫见紫阳书院生徒读书科考热情甚高，遂将院内巢翠阁改建为文昌祠，以供奉文昌帝君，令书院师生定期祭祀。李卫一上任，就大力整治西湖，并在各处兴修祠庙，将钱王祠、关帝祠、周元公祠、岳庙等建筑都翻修一新。在为紫阳书院改建文昌阁前，李卫已命人将敷文书院全面整修，离浙后在直隶总督任上，还创办了莲池书院。

乾隆三十八年（1773），经过将近 70 年的风雨，书院部分楼宇已经倾圮，梁柱油漆剥落，石刻也模糊不清。浙江盐驿道徐恕了解情况后，请求拨款整修书院。这得到了浙江布政使王站桂的支持，于是王站桂安排於潜训导张羲年监管具体施工。几个月的时间，不仅修缮了书院门墙、书舍，更于院内广植树木、花草，以御酷暑，书院更显山林野趣。竣工之日，徐恕亲书碑文，由嘉兴张庆焘篆刻，碑石嵌于讲堂后左廊下石壁。徐恕在《乾隆三十八年重修紫阳书院碑记》中，记录了书院重修的过程，亦以殷殷之情，期望诸生珍惜眼前的机会，相互砥砺，以儒家孝悌忠信为立身之本，经明行修。

几年后，书院讲舍又成了危楼，小修小补根本无法解决。这种状况让在杭盐商也十分着急，尤其是汪鸣瑞家族，几十年来一直为书院捐资，关注着书院发展，汪鸣瑞的曾孙汪青，更是几次呼吁重修书院，却因经费没有着落而难以实施。乾隆五十八年（1793），新任浙江盐运使阿林保上任，汪青的呼吁终于有了回应。阿林保虽为满洲旗人，却对振兴文教极为热衷，来杭后亦喜幽赏西湖山水，吟诗作赋，其诗集《适园诗录》中有《六和塔》一诗：

拾级凌高顶，危栏未敢扶。
山从朝日出，云到大江无。
地势随吴转，涛声向海趋。
沧桑经几变，千古此浮图！

阿林保在诗中以晓畅清晰的笔触，描绘了六和塔顶极目所览，塔、潮一体的万千气象。阿林保到任后，大刀阔斧地改革了两浙盐政，对紫阳书院年久失修之事也特别重视，下令在两浙盐务下拨专款整修书院，"毅然动帑余若千金，大为修葺"，委派专人负责重修书院。阿林保担心手下人懈怠，一有闲暇时间，便亲赴书院监工，许多施工细节他都一一过问，并亲自检查门窗是否合缝，栏杆是否牢固。乾隆五十九年（1794）三月，紫阳书院经过整修，焕然一新。阿林保告诉大家，盐运司虽然拨款整修了书院建筑，但要让书院维持勃勃生机，还需师生时时以朱熹为榜样，德行学问兼顾。在场师生听后深以为然。书院山长卢文弨，撰写了《乾隆五十九年重修紫阳书院碑记》，由嘉善周升桓书写后刻石立于讲堂后。

乾隆六十年（1795），卢文弨好友、著名经学大师段玉裁来到了紫阳书院。自乾隆五十七年（1792）始，段玉裁就一直隐居在苏州阊门外一枝园，潜心注释《说文解字》，不幸的是，乾隆五十九年（1794），他不小心跌坏了右腿，成了残疾。不过，他本人对此倒是不太在意，还和友人开玩笑说："左丘失明，厥有《国语》；孙子膑脚，《兵法》修列；段氏坏足，《说文注》成。"看来，他最关心的是手头的这部作品。在紫阳书院，卢文弨与段玉裁悉心交流学术，并借机邀请段玉裁为修葺一新的书院撰碑记。段玉裁从商籍的设立，汪鸣瑞家族的崛起，到紫阳书院设立及近百年的发展，款款言来，写成《乾隆六十年杭州紫阳书院碑》。

阮元就任浙江巡抚后，为编纂十三经注疏，于嘉庆二年（1797）

令人将书院的"南宫舫"更名为"凌虚阁",在书院内鹦鹉石侧建起了"校经亭",召集臧庸、顾广圻、何梦华等在亭上共同校订经书。紫阳书院作为十三经注疏的分校点,四年多时间,几位大师寓居于此,时与书院师生烹茶煮酒,切磋学问,成为书院一道亮丽的风景。监院杨书巢有诗句描述:"胜地由来重寓贤,谈经腹笥共便便。"

嘉庆八年(1803),紫阳书院已经成立整整100年了,在籍生徒已达328人,几乎"席不敷座"。时任山长王宗炎和两浙盐运使延丰,决定新建一座楼阁以纪念建院百年。延丰实地勘察了紫阳山,最终决定在看潮台故址建高楼五楹,名为"观澜楼",取《孟子》中"观水有术,必观其澜"之句,意谓看水有方法,必须看它的波澜壮阔,寓意读书人做学问要探求其根本,追求至高的境界。这一想法得到了阮元的赞赏和大力支持。这年五月,观澜楼建成,阮元亲赴书院祝贺,他登临观澜楼,俯瞰着西湖和钱塘江,心中想着学者的观澜之术,于是挥笔写就《杭州紫阳书院观澜楼记》一文。阮元在文中介绍了书院建置、院内建筑、增建始末等情况,勉励"生徒之登斯楼者,莫不志于大道,成章乃达。教生徒以学者,亦将操此术于盈科之流水以观之矣"[1]。一省最高长官亲自撰文鼓励大家"志于大道",师生感动之余,以阮元为榜样,互相砥砺,书院也由此名声更振。

阮元《杭州紫阳书院观澜楼记》一文,后由梁同书书写并刻于书院石壁。梁同书(1723—1815),字元颖,号山舟,晚号不翁、石翁,90岁以后号新吾长翁,浙江钱塘人,大学士梁诗正之子。乾隆十七年(1752)特赐进士,曾任官翰林院侍讲,著有《频罗庵稿》。梁同书可是名满天下的大书法家,他的书法取法颜真卿、柳公权、苏轼、米芾、赵孟頫、董其昌等大师,集众家之长又自成一家,《清史列传》中夸赞他的书法"为当世独绝",将他与刘墉、王文治并

---

1 王同:《杭州三书院纪略》,见王国平主编:《西湖文献集成》第20册,杭州出版社,2004年,第467页。

称"刘梁王"。想求得一幅梁同书的书法，在当时并不容易。倒不是梁同书惜字，不愿为人书写，而是请索之人实在太多，即使他每天都书写几十张，不等上个一年半载根本等不到。梁同书的书法在海外也受热捧，一位酷爱书法的日本王子，特意委托商船将自己的书法带到中国请他指点。据传，在太学留学的一位琉球学生毕业时，千方百计想见梁同书一面，原因竟是"来时王命必一见公而归"。求见不成，这位留学生因不知回国如何复命，连日愁眉不展，后得到梁同书书法，这才如释重负地回国去了。《杭州紫阳书院观澜楼记》能由梁同书书写，紫阳书院何其幸哉！

转眼又过去了半个世纪，书院再次出现屋宇倾圮的情况。山长陆以湉、监院陈其泰向盐运司请求整修书院。只是太平天国运动发生后，浙江盐业受损严重，盐运司经费紧张，根本无力拨款。时逢杭州知府王有龄奉命兴修昭忠汇祀祠，于是和陈其泰商议，将昭忠

◎　阮元像

祠附建于紫阳书院，这样可拨部分修祠钱款用以修缮书院，王有龄个人也慷慨解囊，捐出俸禄。咸丰五年（1855），昭忠汇祀祠建成，书院也修葺完毕，王有龄作《昭忠汇祀祠记》，详细说明建祠和整修书院的情况。

咸丰十一年（1861），太平军攻占杭州，在激烈的攻防战中，紫阳书院和敷文书院、崇文书院同时毁于兵燹，院舍一片残破荒凉的景象，只得停止办学。因此，在浙江地方官员的战后重建工作中，兴复书院成为振兴地方文教的第一要务。同治四年（1865），浙江布政使蒋益澧代理巡抚一职，拨专款重修了书院，不过巢翠亭和校经亭并没有修复，只剩遗址了，监院陆宗翰趁机将"紫阳书院"匾额悬于门楣，自此，"紫阳别墅"就成了"紫阳书院"。

此时的杭州，城市中心已北移，敷文书院、崇文书院和诂经精舍显得地僻人稀，办学有诸多不便。而紫阳书院一直居于城内，地理位置优越，因此，来书院求学的生徒一下子多了起来。为解决生徒的住宿问题，书院又进行了几次扩建。

同治五年（1866），按察使杨昌濬捐俸买下书院西面空地，与盐运使高卿培说动巡抚马新贻，"出公帑，增屋二十楹"作为学生斋舍，斋舍后南向面山处，称为"景徽堂"，山长孙衣言在《孙琴西先生紫阳书院景徽堂记》（简称《景徽堂记》）中对景徽堂的修建情况——作了说明，指出杨昌濬命名景徽堂乃取意《诗经》"高山仰止，景行行止"之句，以表达对朱子的景仰之情，激励诸生勿忘尊崇朱子之学。后来，《景徽堂记》由一瑞安籍史官书写并刻成石碑。书院改为太庙巷小学后，孙延钊（孙衣言之孙）曾到访此地，仍见刻石于小学山上教室旁之壁上。

谁知一年后，刚建成的景徽堂又难以容纳住院生徒，于是布政使蒋益澧捐银置买旁地一片，并请求在盐耗项下拨款，将战乱中已毁的通玄观殿宇，改建为楼厅斋舍，于是书院斋舍扩建至38间。

此后，慕名前往求学的全省士子源源不断，人数甚至超过历史悠久、极负盛名的绍兴蕺山书院数倍，人才之盛，堪称"渊薮"。

近 200 年间，紫阳书院曾面临荣耀与挫折，书院的实体也屡有兴废，但其始终逆而不坠，战争毁不尽，春风吹又生。在清末激情荡漾的教育现代化历程中，紫阳书院亦能顺应潮流，于光绪二十八年（1902）五月改为仁和县学堂，并实现了原址办学，让书院的历史和精神绵延润泽至今。

第二章

喧嚣闹市书声琅

教秉新安，仰承鹿洞

模拟科举，定期考课

刊刻课艺，指导科考

仪式崇拜，见贤思齐

官商合作，以资膏火

南宋以来，中国书院的功能已日臻完善，形成了学术研究、讲学、藏书、刻书、祭祀、经营学田六大事业。当然，不同的书院，由于创建者身份、创建时间的不同，主要功能往往还是有所差异。紫阳书院初创时，定位颇为清晰，那就是指导在杭盐商子弟举业以应科举，尊朱子以明圣道，从而奠定了书院的基本格局。

教秉新安，仰承鹿洞

"弦诵之声彻阛市，夜则林樾间灯火荧然"，紫阳书院开办后，里巷琅琅相接的读书声，山间彻夜长明的荧荧灯火，是书院山长诲人不倦，生徒学而不厌的生动写照。紫阳书院作为商籍学子会文讲学之地，虽以培养科举人才为目的，却又不同于专门的考课式书院，有着丰富的讲学活动。

考课式书院的兴起，自然与朝廷的倡导密切相关。有清一代，朝廷为补充官学不足，多次下令将书院作为培养科举人才的主要机构。雍正帝曾专门谕令各省督抚，明确要求他们在所辖各省建立一所省会书院：

> 建立书院，择一省文行兼优之士读书其中，使之朝夕讲诵，整躬励行，有所成就，俾远近士子观感奋发，亦兴贤育才之一道也。[1]

乾隆帝更是颁旨对书院的管理作了详细规定：

> 书院之制，所以导进人材，广学校所不及……酌仿朱子《白鹿洞规条》，立之仪节，以检束其身心；仿《分年读书法》，予之程课，使贯通乎经史。有不率教者，则摈斥勿留。学臣三年任满，谘访考核，如果教术可观，人材兴起，各加奖励。六年之后，著有成效，

1　张廷玉等：《清朝文献通考》卷70，浙江古籍出版社，1988年，第5504页。

奏请酌量议叙。诸生中材器尤异者，准令荐举一二，以示鼓励。[1]

乾隆皇帝在谕旨中不仅要求书院依照朱熹的《白鹿洞规条》制定学规，参照元代理学家程端礼的《程氏家塾读书分年日程》核定课程，还对书院山长、生徒、地方学政的考核都作了具体要求。

朝廷的定位与期许，使多数书院沦为科举人才的培养基地，讲学功能被弱化，学术研究更是无从谈起，甚至一些书院不再进行讲学，只为生徒提供应试服务，后世学者将其称为考课式书院，用以和注重学术研究的讲学式书院相区别。

紫阳书院成立之时，与朱子理学有着不可分割的因缘。因此书院在考课之外，亦不忘新安之教，延师授课，注重讲学。可以说，紫阳书院既与单纯的考课式书院有别，也与讲求经史词章或乾嘉汉学为主的讲学式书院有异，把统治者要求的讲授科举之学与传播程朱理学，完美地统一于书院。

紫阳书院的讲学活动，有针对科举应试的科目答疑、问难及会文，也讲授和传播程朱理学，对乾嘉汉学等其他学术也多有介绍。如秀水诸生宋瑾掌教书院时，主要讲授科举之学，并编成《会讲问答》供书院生徒研习；张泰交就任浙江巡抚时，常亲临书院，为诸生讲论经史大义；项名达在指点考课之余，与诸生讲明汉宋学术；孙衣言执掌书院时，又竭力教授永嘉学术，昭示后生；校勘大师卢文弨则通过介绍校勘知识，让生徒参与校勘工作以提高他们汉学研究水平。[2]

---

1 《训饬直省书院师生》，见陈谷嘉、邓洪波主编：《中国书院史资料》中册，浙江教育出版社，1998年，第857页。
2 孙延钊：《紫阳书院掌故征存录》，见王国平主编：《西湖文献集成》第20册，杭州出版社，2004年，第738页。

紫阳书院讲学所涉教材不外乎儒家经典，经史子集。教学方法上则强调循序渐进。生徒入院须先临帖练习书法，老师每天评定优劣，及至过关，才可读书。所读内容从各家蒙学，到儒家典籍，均需由浅入深，先从《百家姓》《千字文》《三字经》入手，其后是《千家诗》《神童诗》，之后是《诗品》《鉴略》《廿一史弹词》《龙文鞭影》等，此后才开始接触"四书""五经"，以及《性理大全》《资治通鉴纲目》《大学衍义》《历代名臣奏议》等内容。对于这些列入计划中的书目，书院要求学生必读必精，深入理解其要旨。此外，书院教学也旁及史书、诗文词赋。屠倬掌教紫阳书院时，常以词赋教弟子。

最能体现一所书院整体面貌的，非学规莫属。学规，也称学约、学则、规约、揭示等，是书院教育的总方针，近代学者马一浮将其形象地比喻为"罗盘针"和"血清"。马一浮为保存民族文化，于抗战期间在四川乐山乌尤寺成立了复性书院，他在《复性书院学规》中这样介绍学规的作用："诸生须知循守学规，如航海之有罗盘针，使知有定向而弗致于迷方；如防毒之有血清注射，使抵御病菌而弗致于传染。"[1] 可以说，学规是书院的灵魂，是书院的精神纲领。

紫阳书院的学规，按《浙江紫阳书院掌故征存录》中记载，"书院条规，一秉鹿洞旧规"，即书院是以朱熹制定的《白鹿洞书院揭示》为学规的。

白鹿洞书院位于江西庐山五老峰南麓，与湖南长沙的岳麓书院、河南商丘的应天书院、河南登封的嵩阳书院，合称为"中国四大书院"。清朝著名学者王昶在《天下书院总志序》中，把白鹿洞书院列为"天下书院之首""海内书院第一"。王昶为何对白鹿洞书院作如此高的评价，我想一个很重要的原因，是这里诞生了书院史上

1　马一浮：《复性书院学规》，见邓洪波编著：《中国书院学规》，湖南大学出版社，2000年，第227页。

第二章　喧嚣闹市书声琅

057

◎ 白鹿洞书院大门

第一部最完整、最正规的学规——《白鹿洞书院揭示》（又名《白鹿洞书院学规》《白鹿洞书院教条》《朱子教条》《白鹿洞规条》）。

南宋淳熙七年（1180）三月，时任南康军知军的朱熹，经过一年多的运作，在被战乱毁坏的遗址上重建了白鹿洞书院。朱熹本打算专职在白鹿洞书院担任洞主，数次向朝廷请求解除知军一职。在书院尚不发达的南宋，朱熹此举在时人眼中无疑是不务正业，朝廷自然不会同意他的请求。

专职洞主是当不成了，不过任个兼职，公务之余，居山讲学总是可以的。白鹿洞书院重开之日，朱熹就升堂讲说了《中庸》首章，讲毕，朱熹与在场众人吟诗唱和，写下这首名为《次卜掌书落成白鹿佳句》的诗作以表达喜悦之情：

重营旧馆喜初成，要共群贤听鹿鸣。
三爵何妨奠蘋藻，一编讵敢议明诚。

深源定自闲中得，妙用元从乐处生。

莫问无穷庵外事，此心聊与此山盟。

也是在这一天，朱熹亲自书写《白鹿洞书院揭示》（以下简称《揭示》），并置于书院门楣之间，作为院中诸君共同遵守的学规。

那么，紫阳书院秉承的这个大名鼎鼎的学规，究竟是些什么内容呢？

《揭示》全文 441 字，内容简洁，便于记诵，其中正文即教条部分仅 175 字，内容包括"五教之目""为学之序""修身之要""处事之要""接物之要"五个方面，每一条均源于传统儒家之经典，并非朱子之言。

"五教之目"，即"父子有亲，君臣有义，夫妇有别，长幼有序，朋友有信"，可以说是《揭示》的总纲领，内容出自《孟子·滕文公上》。朱熹以此教导百姓，做人需父子间有骨肉亲情，君臣间有礼义之道，夫妻间有挚爱而又内外有别，老少间有长幼之序，朋友间有诚信之德。朱熹把"五教"列为书院教育的根本任务和基本内容，到书院学习就是"学此而已"。

"为学之序"，即"博学之，审问之，慎思之，明辨之，笃行之"，出自《中庸章句二十章》，朱熹认为学习"五教"要有顺序，而这顺序也有五条，环环相扣，层层递进：一是广博地学习和吸收知识；二是有不明之处要追问到底，详细地请教；三是请教后需考察分析，勤勉思考；四是明确辨别，学问会越辨越明，否则所学知识真伪难辨，良莠不分；五是要忠实地行事。虽然朱熹说的是为学之序，但实质上是阐明学习行为当分为认知层面的"穷理"与实践层面的"笃行"。而在"笃行"条下，朱熹又分列"修身之要""处事之要""接物之要"三条具体要求。

"修身之要"，包括"言忠信，行笃敬"和"惩忿窒欲，迁善改过"两方面。朱熹认为为学关键要以修身为本，并具体落实在为人处世、待人接物等方面。"言忠信，行笃敬"出自《论语·卫灵公第十五》，子张曾向孔子请教怎样使自己行为畅达，孔子认为如能做到言语忠诚老实，行为敦厚恭敬，即使到了不开化之地，也会畅行无阻。"惩忿窒欲，迁善改过"出自周敦颐的《通书》，要求学子们通过压抑自己的欲望和怒气，改正自己的错误而不断向善，最后达到"至诚"的境界。

"处事之要"，朱熹用《汉书·董仲舒传》中"正其谊不谋其利，明其道不计其功"两句，教育学子做任何事情，都要用礼义端正自己，不去追求物质利益，还应努力张扬阐明天下之大道，不去计较个人得失。

"接物之要"包括"己所不欲，勿施于人"和"行有不得，反求诸己"两条，意在表明待人接物需多体谅他人，常反思自我。"己所不欲，勿施于人"出自《论语·颜渊第十二》，意思是自己不喜欢的，也不要强加给对方，自己所不想做的事，也不要再让别人去做。"行有不得，反求诸己"，出自《孟子·离娄章句上》，意思是凡是行为得不到预期的效果，都应该反过来检查自己，自身的行为端正了，天下的人自然就会归附。

《揭示》结构严谨，层次分明，不仅说明了书院讲学是为了让学生明确"义理"，并践行于身心修养，以达到自觉遵守的目的，也总结了讲学上要求学生按学、问、思、辨的"为学之序"去"穷理""笃行"，并为学生指明了修身、处事、接物之要，作为实际生活与思想教育的准绳。虽然这些内容在《论语》《孟子》《礼记》中早就提及，但把这些儒家经典思想融会贯通，用学规的形式固定下来，朱熹是第一人。

需要特别指出的是，在这些规定之后，朱熹还撰写了 260 字的跋，说明了立此《揭示》的目的。朱熹说，我私下里关注先贤圣人教人读书学习，无非是想让人明白礼义道理，修身养性，然后推己及人，而不是要人们学到杂乱的知识，写出华丽的文章，借以沽名钓誉、谋取利禄。在朱熹看来，圣贤教育人的法则，在经典中已有记载，有志向的人，应当熟读精思，审问明辨。但如果人人能明白这是自然之理，并以此约束自己，又何必等到他人立下规矩，才去做呢？朱熹又解释道，目前学堂虽有规则，但还远远不够，没有达到圣贤的要求，所以，本书院另立学规，将圣贤教人读书的根本原则，分条列出，贴于门楣之上，请诸位学子共同研读，遵守执行，并约束自身。

《揭示》公布后，白鹿洞书院师生都自觉以此规范自己的行为，读书也愈发刻苦。有效果，自然要推广。绍熙五年（1194），朱熹任湖南安抚使到了潭州。潭州在烟波浩渺的湘江边上，对岸就是碧嶂屏开、秀如琢玉的岳麓山。朱熹想起 30 年前在岳麓书院，与张栻论道中庸之义，连续三日昼夜不歇的情景，不禁心潮澎湃，下定决心要尽自己所能兴学岳麓。他置办学田，增加生徒名额，多次过江讲学，并把《揭示》颁布于岳麓书院，使岳麓书院从此也有了正式的学规。为感念朱熹给书院带来了这么好的学规，岳麓书院师生习惯将《揭示》称为《朱子教条》。

朱熹去世后，其弟子和门人极力推行《揭示》：弟子刘爚就任国子监司业时，请求朝廷以《揭示》示太学；门人陈宓，创设延平书院，悉仿白鹿洞之规；再传弟子吴昌裔，在眉州教授任上因推行《揭示》，一改眉州文士崇尚苏轼之学、轻诸经之讲的风气。

淳祐元年（1241），宋理宗视察太学，手书《揭示》赐示诸生。自此，《揭示》作为御颁的学规，不仅成了南宋官学和书院共同遵守的准则，还对后世的学校教育产生深远的影响。程端礼的《程氏家塾读书分年日程》就是以《揭示》为纲领，开篇即是全文载录的《揭示》。明朝心学家王阳明，即使对朱子之学多有评判，但在为徽州紫阳书院作《紫阳书院集序》时，也不得不承认"夫为学之方，白鹿之规尽矣"。清朝自乾隆帝颁布谕旨后，各级学校制定学规时，更是纷纷效仿《揭示》，连清末刘廷琛任京师大学堂总监督时，仍以《揭示》榜示全堂。

《揭示》还传至其他国家，日本曾将朱子学定为国学，凡讲授朱子学的学校，都会把《揭示》作为学规并悬挂于讲堂。至今，日本和韩国依然有一些学校将《揭示》奉为校训。

紫阳书院自康熙四十二年（1703）创办起，一直沿用《揭示》作为学规，使肄业讲学有章可循，有矩可依。通过对《揭示》的分析，我们可以了解紫阳书院的讲学目的、讲学方向，学习修养的途径和方法。至于效果如何，则需要考课来进行检验。

模拟科举，定期考课

课卷携来不自安，思量题目易和难。
途中即事文思构，渡口粗将篇局完。
待到归家摇笔底，便行伏案写毫端。
迩来只读士丧礼，勉强分心弄弱翰。
三更灯火豆光沈，制艺完成八韵吟。
收拾简舻须费手，勘磨文字岂安心。
晓风残月晨熹恨，白露苍葭旧路寻。
为问渡头人涉否，隔江红日现遥岑。

这是萧山学子来裕恂参加考课时所咏长诗中的诗段，诗名亦很长，曰《丧中遇月课，徒步至杭，领卷回家，竭一日之力，成三艺。翌晨渡江缴卷，复归家，因咏之》，描述的是他在为父亲服丧期间参加考课的情状。

来裕恂（1873—1962），字雨生，号匏园老人，浙江萧山人，早年在紫阳书院、崇文书院和诂经精舍求学，后任职于求是书院、浙江省文史馆，著有《匏园诗集》《中国文学史》《汉文典》等。

光绪十八年（1892），来裕恂父亲去世，正在守丧的他，得知举行考课，旋即从萧山渡江，又徒步行至杭州城中领卷，拿到课卷后一路思考如何作答，待回到渡口时已有了初步思路，回到家通宵达旦完成了八股文和试帖诗等题目，第二日天一亮又赶去交卷。

读着来裕恂的诗，读者可能觉得紫阳书院的考课颇为宽松，生徒有一日一夜时间可以作答，甚至可将课卷领回家完成，比现在学生们喜欢的开卷考试还要自由。需要说明的是，来裕恂参加的这种考课形式，称为"散卷之法"。除了"散卷之法"，书院的考课形式还有"扃试"。"扃试"是按照科举考试的做法，生徒在书院内进行封闭考试。紫阳书院考课使用"散卷之法"，是同治以后的事，而在此之前，书院考课一直是以"扃试"的方式进行的。

其实，在南宋以前，书院并无考课。考课作为一种制度，最早是用来考核古代官员政绩得失的，就是按照一定标准考察在职官吏的政绩和功过，并评定等级，予以升降赏罚。那么，这种古代"公务员"的考核制度，是怎么在书院流行起来的呢？这就不得不提北宋王安石的"三舍法"了。

从"三舍法"到考课

北宋熙宁四年（1071）十月，刚刚完成科举改革的王安石，又在太学创立了著名的"三舍法"。"三舍法"是"三舍考选法"或"三舍选察升补法"的简称，具体的做法是把太学生分为外舍生、内舍生和上舍生三个等级，实行分舍分级教学。初入太学者为外舍生，经过一年学习，通过每月小考、每季中考、年终大考，成绩优良者，可升入内舍；内舍生成绩优良者得入上舍；上舍生如果成绩品行上等可直接授官，中等可直接参加科举殿试，下等可直接参加科举省试。

从现代教育的角度看，"三舍法"既实现了考、教分离，又打通了学校育才和科举取士的壁垒，对国家选拔人才是有积极意义的，朝廷自然予以支持。到北宋末年，"三舍法"已全面推行至府州县学。此后，以考试检验学生学业情况的做法，被官学继承并逐渐完善。因其与官员考课之法十分接近，慢慢地也称之为考课了。

南宋时，一些书院开始借鉴"三舍法"对生徒进行考课。南京明道书院就每月组织三次考课，上旬考经义，中旬考史义，下旬考举业。只是南宋理学繁荣，书院讲学之风兴盛，实施考课的书院为数不多。

明清时期，考课成为书院较为流行的学业考核方式，且种类繁多，组织有序。尤其是清朝，书院与科举深度融合，许多书院沦为科举考试的"练兵场"，以组织考课、训练举业为先务，几乎成为定制。即便如诂经精舍这样注重讲学、以经义训诂为主的书院，亦不能无视如此世风，也定期举行考课，帮助生徒提高科举及第率。

考课与科举接轨

王同《杭州三书院纪略》记载，紫阳书院"朝稽夕考，日有课，月有程"，以科举标准为风向标，定期组织生徒参加考课。

紫阳书院的日常考课，根据组织者不同，主要有"官课"和"师课"两种。"官课"又称为"大课"，由抚、藩、臬、运四署的长官轮流出题、阅卷、评定等级，时间定在农历每月初二举行，也称"朔课"。"师课"又称"小课"或"馆课"，由书院自行组织，山长负责出题、阅卷、评定等级，在每月十六举行，也叫作"望课"。按规定，从农历二月至十一月，书院每月各需组织一次"官课"和"师课"，这样算来，紫阳书院每年定期组织的考课就有20次，其中官课和师课各十次。不过在实际操作中，有时因主考官过于忙碌，就把两次考课并为一次，叫作"夹课"，这种情况在官课中较为多见。

每年的第一次官课，是比较特殊的，属于甄别考试，只有在这次考课中过关，才能成为紫阳书院生徒，有资格参加后面的考课。若遭淘汰，就只能等来年再考了。参加甄别考试的，可以是生员（贡生、监生），也可以是未入学的童生。

每年农历十一月的最后一次师课，往往提前举行，1897 年 12 月 12 日《申报》刊登的一则《考课提前》启事道出了原委："浙省三书院，每届十一月师课，辄多提前考试，以便早日发案，外府肄业诸君，得领膏火回家度岁。"原来，每年农历十二月和一月书院师生皆放假，类似今天学校的寒假，为了让生徒尽早领到膏火回家过年，山长将考课从十六日提前至初十。可见，那时书院的管理还是相当人性化的。

紫阳书院考课中，还有每三年举行一次的岁考。岁考是为了配合三年一次的科举考试而特意举行的，无论是考试的主试官、内容还是形式，与科举考试一般无二，唯一的区别在于科举考试可自愿参加，而岁考是不得不参加的。紫阳书院按照朝廷的要求，规定生徒三次缺席岁考，便罢黜学籍，而即使参加了岁考，若课卷文字荒谬，主持考试的宗师会当堂斥责，或戒饬警告。如此严苛的要求，对已经初步通过科场考验的秀才来说，也是很有压力的，因此书院中流传着"秀才怕岁考"的说法。

翻看紫阳书院刊刻的课艺集，以及《申报》刊登的紫阳书院考题，我发现，紫阳书院的考课内容全为四书文和试帖诗，这是完全契合书院培养科举人才的教学目标的。不过，具体的考题还是根据生、童的层次进行区分的，且官课、师课略有不同。

官课的考题是一文一诗，文为四书文，即以四书中的章句命题，生徒作八股文章一篇，因此也称八股文；诗为试帖诗，要求作五言长律诗一首。光绪二十二年（1896）三月初二，巡道王观察主持紫阳书院官课，考题如下。

生题：《夫子不答四句》，《赋得泛艇明湖自采莼，得莼字》；

童题：《夫子不答二句》，《赋得花浓雪聚，得林字》。[1]

这次考课，生、童文题考的是同一内容，只是童生考题相对简单，诗倒是不同题，但童生诗题和当月浙江巡抚廖寿丰主持的崇文书院官课童生诗题一致，至于是主试官员考前协商还是巧合，就不得而知了。

光绪二十六年（1900）九月初二，浙江巡抚刘树堂主持紫阳书院官课，考题如下。

生题：《曾子曰可以托六尺之孤一章》，《赋得杏花村店酒旗风，得风字》；
童题：《民可使由之二句》，《赋得杏花村店酒旗风，得风字》。[2]

此次所考试帖诗虽为同题诗，但答题要求上实际是考虑生、童差异的，生徒需作八韵诗，童生只需作六韵诗就可以了。

师课的内容，基本和官课一样，有时亦受出题山长本人学术旨趣的影响，如屠倬出任紫阳书院山长期间，每月师课，必考词赋，并将生徒所作词赋佳作，汇编成《紫阳书院课余选》。屠倬在《课余选》卷首题识：

书院旧例，一月两课，课以制艺一，试帖诗一。余为馆阁储才起见，月复课以词赋。[3]

屠倬的这段文字，印证了紫阳书院的师课，考的主要也是四书文和试帖诗。看来，像屠山长这样在每次师课中都增考词赋的情况，

1　《书院纪事》，《申报》1896年4月24日。
2　《灵隐霜钟》，《申报》1900年11月5日。
3　屠倬：《紫阳书院课余选》卷首，道光四年刻本。

应该只是特例。

百日维新后，朝廷倡导实学，在科举考试中改试策论，一些书院相应地在考课中增加了实学内容，紫阳书院是否也做出调整？彼时担任山长的是王同，我们看看《申报》刊登的部分王同主持的"师课"考题。

生文题：《孔子曰知礼至而进之》《孟子曰道在迩而求诸远全章》《诐辞知其所蔽四句》；

生诗题：《赋得夷齐黄绮夸芝蕨，得芝字》《赋得谦卦六爻皆吉得谦字》《赋得相排竞进显如黿，得黿字》；

童文题：《揖巫马期》《旷安宅》《遁辞诗题》；

童诗题：《赋得跳珠撼玉何铿铮，得珠字》《赋得有如仙翩谢樊笼，得王字》。

无论是《申报》上公布的考题，还是王同选编的《紫阳书院课艺九集》，所有考题，仍然还是四书题与试帖诗，这着实让我有点意外。位于杭州这样开风气之先的城市，又有诂经精舍的示范作用，紫阳书院难道就如此跟不上形势？哪怕从王同本人看，情况也不应如此。王同虽中进士，却无意仕途，沉醉吟诗作画，才隐于书院，按理是较为乐意让学子考些经史词赋、杂文乃至实学类题目的。直到翻看《最新两浙课士录》，我终于见到了紫阳书院考课中的西学内容。《最新两浙课士录》是光绪二十六年（1900）由浙报馆选印的，该课艺集收录杭州四大书院及学海堂生徒策论和经义课艺 72 篇，题目包括《罗马乱时甚于五代论》《外交与内政关系论》《商务兵事相关说》等。王同在《弁言》中解释说，课艺集是以紫阳书院排名前列的课艺为基础，又补充其他书院同题课艺编成的。看来，杭州各大书院在改制前几年，考课内容中还是或多或少增加了一些西学题目的。

紫阳书院不仅考课内容与科举接轨，连考课的组织形式也在相当长时间内与科举如出一辙，即进行扃试。扃试是严格限定考课时间与地点的，考课之日，考生穿戴整齐，鸡鸣到场，聚集于书院讲堂，不得喧哗，待击梆三通，即带笔砚出堂静候，主试者点名发卷，考生领卷后，限日暮交卷，不得点灯。整个考课过程中，除了主试者之外，书院监院承担置办和收取考卷、巡视考场、午膳时为考生提供食物等工作。

同治前后，紫阳书院生徒越来越多，再加上考课十分频繁，于是就有了改扃试为散卷之法。这样，考课地点不再限于书院之内，时间也延长了，官课可以一日一夜，师课可以二日才交卷。

显然，与扃试相比，散卷之法答题时间更宽裕，答题环境也更为宽松，考生可细细琢磨考题，从容查阅资料，甚至向人求教，相互讨论，课卷完成的质量相对也较高。只是没有了扃试时的紧张情境，我想模拟科考的效果多少会打折扣。这也难怪一些生徒在书院考课中屡获超等或一等，而到真正科考时却一次次地名落孙山了。

散卷之法实施后，监院对考课的管理也出现了松懈，有时因过于随意而引发纠纷。我在《申报》上读到过这样一则故事：光绪二十年（1894）四月，紫阳书院官课，负责主试的杭嘉湖道官员，点名给卷后，与监院杨少山商议，建议将原定第二日辰时（7—9时）交卷，改为第一日酉时（17—19时）交卷，杨监院认为酉时收卷过早，于是又定为戌时（19—21时）。可等他们商量好时间，考生早就领了课卷散去，而杨监院也没在意，未将收卷时间已改的消息转告院内其他人员，就回到珠宝巷家中休息了。戌时一到，他直接跑去书院收卷，结果只收上来 170 多份，再三催缴后，收齐 200 份就交到主试官那里去了。第二天一早，不明情况的考生照旧前来交卷，发现已错过时间，顿觉不满，五六十人聚集一起，冲到杨监院所在的同善堂大声叫骂，吓得杨监院躲在屋内不敢露面。最后经人调停，杨监院再三保证将其他课卷送至主试官处，考生们才作罢。[1]

发生这样的纠纷，固然有考生担心未交卷影响膏火奖励的因素，但考生写作课卷本就辛苦，常需熬夜完成，自然不愿白白废弃，亦不想错过主试官点评课卷的机会。主持紫阳书院考课的各级官员和书院山长，均是科考场上的佼佼者，多数还充当过科举考试考官，他们对课卷的点评，自是可帮助生徒提高写作水平。

写作与评阅标准

读蒲松龄《聊斋志异》，被他笔下那惟妙惟肖的鬼狐形象吸引的同时，书中描写清代科场腐败、有才能者无人赏识的故事也让我印象深刻，想着作者因屡次科举不第，只得借助小说抒发对试官衡文不公的愤懑，内心颇为同情。等后来读到《聊斋制艺》，才明白蒲松龄的落榜原来还另有原因。《聊斋制艺》收录了 23 篇蒲松龄所写八股文，多为他平日习作，其中《早起》《一勺之多》还是蒲松龄参加院试的文章。粗略一看，就会发现蒲松龄所作八股文根本不符合清代科举考试的衡文标准，能考中才怪呢。

文章做得再花团锦簇，不符合标准，就不可能被录取，这在科场是一个尽人皆知的常识。因此以培养科举人才为主的书院，无论是生徒作答课题，还是官师评阅课卷，都以科举衡文标准为依据。

能评定为优秀的四书文，必然是一篇"清真雅正"的八股文。八股文的名字大家肯定经常听到，但较少见到，见了亦很难读懂，而写作就更难了，即使在科举时代，不是训练有素的文人，也无法

1　《监院受窘》，《申报》1894 年 5 月 20 日。

写出像样的八股文来。

作为明清两代考试专用文体，八股文对文章整体结构有严格限制，每篇文章必须由破题、承题、起讲、入手（亦称入题、提比）、起股、中股、后股、束股共八个部分组成："破题"即以两句说破题目要义；"承题"是承接破题的意义加以阐明；"起讲"为议论开始；"入手"为起讲后入手之处；"起股"为正式议论开始；"中股"为全文重心；"后股"和"束股"为结论和收束。同时又规定从起股到束股的四个部分，每部分要有两股排比对偶的文字，共为八股，故称"八股文"。

八股文题目和写作内容只能依据朱熹注的"四书"，文章格式有定规、字数有限制，写作者不得自由发挥，文风必须做到"清真雅正"，为此朝廷多次颁旨强调。雍正十年（1732），皇帝谕旨礼部，"制科以四书文取士……晓谕考官：所拔之文，务令'清真雅正，理法兼备'，虽尺幅不拘一律，而支蔓浮夸之言，所当屏去"[1]。乾隆帝也于乾隆元年（1736）和乾隆三年（1738）特降谕旨，要求乡、会衡文，务取清真雅正。可到底怎样才算"清真雅正"呢？方苞在《钦定四书文凡例》中将其概括为"凡所录取，皆以发明义理，清正古雅，言必有物为宗"。也就是说，文章内容要庄重，语言要典雅。

"清真雅正"是清代四书文写作的基本要求，自然就成为紫阳书院考课中生徒写作追求的目标和官师阅卷的标准。紫阳书院的山长作为科举场上的胜出者，必定是四书文写作的高手，其文章可作为清真雅正的典范。如山长许景澄，是同治、光绪年间少有的四书文高手，他的这篇《唐虞之际于斯为盛》，为当年参加直隶乡试时所写，也是紫阳书院生徒多年来反复揣摩的范本，文章是这样写的：

1　《清实录·世宗实录（二）》卷 121，中华书局，1985 年，第 620 页。

与唐虞较盛，而斯之盛益见矣。（破题）

夫唐虞亦盛于其际耳，使非其际，斯不已独隆千古乎？（承题）

今使观揖让征诛之局，而谓人才之师济，亦因之轩轾于其间，其论似近于拘矣。岂知圣世萃英奇，例以往代之功名，而相形见黜；兴朝隆辅弼，拟中天之运会，而相得益彰。盖超乎千古者，足征丰镐人文；逊于一时者，不过陶姚岳牧，而帝升王降之说无庸焉。才难一语，其有感于斯乎！（起讲）

夫时至于斯，其由唐虞代禅以来，亦历有千百年矣。（入题）

后稷为昭代先公，佐命帝廷，早开丰岐之景运。厥后元公留洛，而《狼跋》兴歌；尚父分藩，而鹰扬懋绩。贤亲昭黼黻，焕然著《菁莪》《棫朴》之庥。（起比之出股）

穆考本天朝烈祖，作人雅化，聿昭神圣之宏模。迨夫西陕分封，君奭以元勋拜宠；东郊授职，毕公以留守承恩。俊杰备干城，穆然见风虎云龙之象。（起比之对股）

以斯言盛，安有更盛于斯者，而吾乃神往于唐虞之际矣。（出题）

云鸟纪官无实录，故删书在吾党，早经断自勋华。想其时君为圣人，臣亦为圣人。而朱虎纵贤才，不必协朝廷之枚卜；巢由皆隐士，不妨任箕颍之名高。此气数所不得持权也，人为之也。（中比之出股）

共欢以降半奸谀，苟继统在丹朱，势必妄收指臂。乃其时以君禅臣而为帝，即以甥承舅而为帝。而一朝带砺，不烦申盟誓于虞宾；同列冠裳，不敢起猜疑于瞽子。此世运之会逢其适也，天为之也。（中比之对股）

然则盛于斯者，其在此乎！（过接）

安邑为群才荟萃之区，而济济盈廷，独能远超乎有夏，斯何如盛事哉！且夫代商受命，固用才者所不得已耳。向使戡黎牧伯，克受终于六七作圣贤之灵，将箕比诸贤，皆得拜兴王之衮冕。奈何干戈燮伐，非复干羽扬辉，而禹拜皋扬，循其迹终莫同其遇。盖此中亦略判低昂矣。（后比之出股）

亳都为才士迭兴之地，而雍雍在位，不难近迈乎有商，斯何如盛会哉！且夫以仁易暴，又衡才者所极不忘耳。向使侧陋功有鲧，或观兵于三十载征庸之后，则皋夔诸佐，亦将为胜国之耆英。乃避

南河者朝觐攸归，不若入西京者蔓苴载咏。而熊飞兔肃，称于后尚觉逊于前。盖此间亦微分优绌矣。（后比之对股）

吾因周之才，吾益穆然于周之德矣。（收结）[1]

许景澄（1845—1900），浙江嘉兴人，晚清政治家、外交家，后有专文介绍。

此文题目出自《论语·泰伯》。许景澄在这篇被评为"经义纷披，笔情开展"的文章中，以唐虞之际，人才稀少却能成就盛世入题，表达了朝廷应公选人才，尊重人才志向等观点，且八股部分从句子长短、字体繁简到声调缓急都相对成文。能在诸多限制的八股体裁下推陈出新，写出如此见解独到的文字，足见许景澄的学识与功底。

试帖诗的写作和评阅标准，与八股文有相通之处。所谓试帖诗，又称"五言八韵"诗，即五言排律十六句，用八个韵脚，双句押韵，因出题时题前常冠以"赋得"二字，也叫"赋得体"。

试帖诗的前身就是唐代的试律诗。唐朝科考要求考生作五言六韵十二句排律诗一首，出题则可由考官随意发挥，学生若是不清楚还可以提问，称为"上请"。王安石改革科举时，将其取消，及至乾隆朝恢复诗赋考试时，已经严重八股化了。如为了让诗的结构大致和八股文相同，从五言六韵发展成了八韵、十六句：首联称破题，次联称承题，这两联不仅要解释题目大意，还要将题目字眼全部点出，即便不能全点，也要把关键的字眼点出；三联相当于起股，四、五联相当于中股，六、七联相当于后股，结联相当于束股，要赞扬皇帝、歌颂时政；又规定十六句诗中，除首尾各两句可以不用对偶以外，其余各联都必须对偶。

———————— 1 龚笃清：《中国八股文史·清代卷》，岳麓书社，2017 年，第 667—669 页。

作完四书文，还要赋上试帖诗。清朝的科举考试，从形式上看似乎是诗文并重，呈现学子的才思，但实际上试帖诗和八股文一样，很难体现答题者自己的思想与感情，很多时候赋诗者只是挖空心思，前后左右地拉扯题目要求的内容，变成了一种文字游戏。曾有好事之人赋了一首《剃头诗》，虽是茶余饭后玩笑之作，却完美地展现了试帖诗的特点，诗曰：

> 闻道头堪剃，何人不剃头。
> 有头皆可剃，无剃不成头。
> 剃自由他剃，头还是我头。
> 请看剃头者，人亦剃其头。

此诗只作了四韵（八句），但紧扣题中"剃"与"头"两字，中间两联，巧妙运用试帖诗句法特点，结尾两句，更是滴水不漏，算是把试帖诗的精髓把握得精准到位了。

玩笑归玩笑，但作为科举首场的必考项目，书院师生对试帖诗还是高度重视的，许多生徒平日里总是把山长乃至诗家的试帖诗名作当作"备考伴侣"，日日背诵，以期考课或科考时加以宿构，对课卷中所赋试帖诗也往往反复修改，力求完美。官师评阅之时，亦十分关注生徒对诗题把握得是否准确，诗句是否出韵，平仄是否得当，毕竟有时候试帖诗好坏直接影响着考生科举成绩。如乾隆某科会试，试帖诗的题目是"天临海镜"，此题出自南北朝诗人颜延之的诗句"人君在上，如天之临，如海之镜"，结果多数考生以为诗题是写月亮，而知道考题出处的 16 人，仅仅因为没有离题而全部被录取了。

评阅试帖诗时，山长还会特别注意诗风是否符合庄重典雅的要求，因为试帖诗如果出现风花雪月，香软浮艳，或袭用小说、戏曲中的诗句，科考时都不予录取。乾隆三十年（1765）乙酉科会试就出现过这样的情况，当时一应试举人八股文已过关，因试帖诗中有了"一鞭残照里"一句，被主考官发现属于《西厢记》中诗句，当即取消了录取资格。

生徒写作和官师评阅中，还有一项不可忽视的标准，即课卷的书写字体。紫阳书院考课答卷一般用奏本纸，折成数页，上有红格印刷，如遇到无格白纸，考生则衬以格影而写，但不管有无印格，所书必用"馆阁体"，这也缘于科举考试对书法的要求。

"馆阁"一词，原指典雅端庄的房屋建筑，明清时期特指翰林院，如屠倬在《紫阳书院课余选》题识中，就提到训练生徒词赋是"为馆阁储才起见"。流行于馆阁文人之间的诗体，则被称为"馆阁体"。浙江学政杜堮曾在《紫阳书院课余选》序言中说"馆阁体裁，与杭之词赋，若磁珀之于针芥"，即指馆阁诗体。而流行于清代馆阁和科举考场的专用字体，亦称"馆阁体"。这种字体圆融秀美，乌黑光亮而且大小齐平，它在明代还有另外一个名字，叫作"台阁体"。

明朝流行的台阁体，多是效仿沈度楷书的。沈度（1357—1434），明初中举后不慎被贬，却因一手小楷被朱棣喜爱，得复入翰林院。朱棣还夸赞沈度为"我朝羲之"，将其与书圣王羲之相提并论。朱棣之后的多位皇帝亦极爱沈度书法，据说明孝宗每日必临百字，又下令要求内侍练习。俗话说"上有所好，下必效焉"，明朝翰林院以及内阁官僚，乃至科举文人，纷纷效仿沈度小楷，沈度就这样成了"馆阁体"的祖师爷。

清朝康熙帝好董（其昌），乾隆帝喜赵（孟頫），于是士人们对董其昌和赵孟頫的书法，趋之若鹜，明朝清雅秀丽的台阁体受董、赵书法的影响也逐渐演变为清朝乌、方、光、圆的馆阁体。馆阁体在清朝可是最流行的书写方法，与政府相关的公文，面向大众的抄本都用馆阁体，科举考试时更是将考生馆阁体书写是否出色，作为录取的重要依据。而官员如果写不好馆阁体，也会影响仕途。紫阳书院山长龚自珍就因馆阁体"不中程，不列优"，而失去了进入翰林院的机会。

　　馆阁体因拘谨刻板，千手雷同，为许多书法家所不屑。若看其艺术性，确有不足，但我想，工整清晰又规范一致的考试文字，既易于阅卷官辨认，又无法通过笔迹判断文章作者，用在科考场上倒最是合适。

刊刻课艺，指导科考

　　书院生徒参与考课留下的试卷，称作课艺，也叫课作或课卷，是书院考课生态的真实反映，亦是书院教学成果最直观的体现。只是目前全国各书院留存的课艺原卷比较稀少，常见的是各书院汇编刊刻的课卷总集。康熙十年（1671），安徽巡抚靳辅，将怀宁培文书院的课艺刊印成《培文书院会艺》，这应该是目前所知最早的书院课艺总集了；此外，岳麓书院在康熙年间刊刻了《岳麓试牍》，杭州崇文书院在雍正年间也刊印了《紫阳崇文会录》。不过彼时的课艺刊刻，只是个别书院的零星"偶发"行为，自嘉庆六年（1801）阮元手订《诂经精舍文集》之后，书院汇编、刊刻课艺集，逐渐成为一种风尚并延续至清末。

　　紫阳书院历来重视考课，按说留存的课艺数量相当可观。遗憾的是，生徒写作课艺时，尚无功名，其课艺往往不被重视，散佚很多，加之战火损毁，课艺原卷已寥寥无几，只散见于公私藏所。如浙江图书馆孤山分馆古籍部库房，收藏有紫阳书院生员王云卿和童生徐履庄课艺原卷，卷长 106 厘米，阔 26 厘米，共九折，每卷皆有封页，填有生徒姓名、类别、等第名次，盖有"紫阳书院"监院印钤图记。杭州历史学会常务理事丁云川先生，收藏有紫阳书院汪启功的课艺原卷，卷长 150 厘米，阔 25 厘米，全文 1353 字。

之刺王僚也彗星襲月聶政之刺韓傀也白虹
貫日要離之刺慶忌也倉鷹擊於殿上藺相如
之完璧歸也怒髮衝冠是其忠肝義膽本乎天
性赴國之難視死如歸微特世懷二心以事君
者可以愧即彼有道之士其遇害亦多藉為將
伯之救也顧或宛焉而名不稱或宛身首異
處衆沈雄俠烈之精神不著於斯常不銘於鐘
鼎下興草木同腐可勝慨哉子長蓋欲發舒讁
之悲揮意安之涕聊創游俠列傳以寫其無聊
抑鬱之情所謂言者無罪聞者足戒也方秦始
皇控八荒而軍六合亦可謂一時之雄也勃焉而亡
壞禮教紫尚淫佚不顧世俗之偷興也帝多欲
也忽焉此子長因鑑代而有作也武帝多欲
而不能力行致窮兵之臣有以乘其陳遂至海而欲
內大亂盜賊蓋起漢之不亡有幸矣此子長寓
目時艱而有作也手無斧柯無言責吾心而後
言默默而息雖非欲談尚論者深諒吾說而後
士不虛附至如朋黨宗彊比周設財役賽豪
暴優凌孤弱恣欲自快者誠不足傳若朱家田
仲王公劇孟郭解之徒其私義廉潔退讓不有
足稱者乎或者不察謂史遷因已被罪退自
傷其救困發憤而傳游俠豈然哉夫豈然哉
泰西稱吾國為巴克民族巴克者盤古一音之
轉試審番音比附旁稽博致以證黃種人族來
自何方東

謂之譜自關而東趙魏之間謂之點此番音
義也且如釋教之流入中國如此其久而梵音
梵字亦絕無致其義看者至若廣東之甬土子
海南之黎人猺子居中土數百年終莫能使之
歸化迫氣類使然以其地同為亞洲其人
同為黃種者考之則中國溯自崑崙東至於海
南至於南海北至吉林黑龍江內外蒙古
南及沿海之越南道羅緬甸東中北三印度東
及瑷海之朝鮮海中之日本是已皆三皇五帝
統謂之曰蒙古俄國語言呼中國人曰契丹是
書謂之震旦是已今西人書籍文字於中國人
聲教之所及神明胄裔種族之所分隨以前佛
種化英德奧荷之人為紅種且歐洲種類則以
物稱為黃種人族也外有歐羅巴洲人為白種
美洲土人為紅種且其曼種法意日比為斯拉
南兩印度人為棱色種阿非利加洲人為黑種
稱為黃種人族也外有歐羅巴洲人為白種
為亞洲同種之證也天生五種固不獨吾國
種廣後由合而分或為君主之國富兵強遂為世
國或為共和之國人繁種別國富兵強遂為世
界極以來稱為最尊最大最治之歷朝一統外無
遠古以來稱為最尊最大最治之國文明之治
至周而極文成盛積盛成至今日而外侮亞矣
強固楨文成盛積盛至今日而外侮亞矣
方今海內之人試問我中國士夫庶民證以黃種
者固不乏之人試問我中國士夫庶民證以黃種
人族之由來則憮然自覺不亦等於數典忘祖
之誚哉

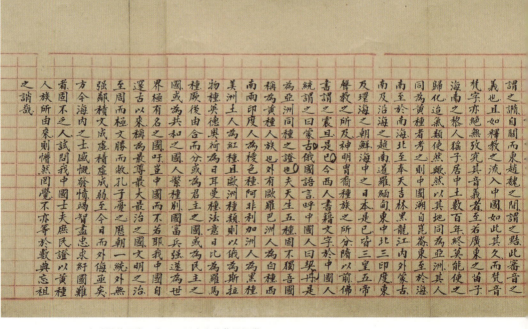

◎ 汪启功课艺原卷，由丁云川先生收藏并提供

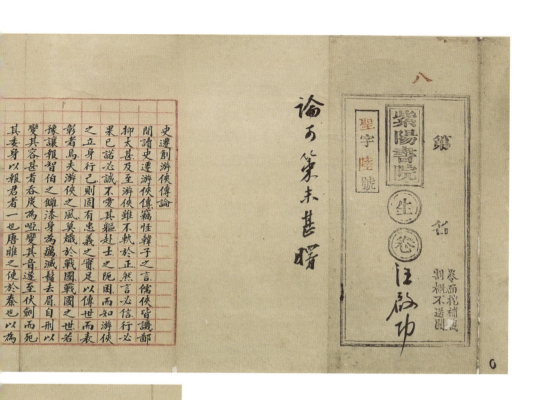

八

鑲　諾

卷面挖補寫
割概不逾閒

聖字陸號

紫陽書院

生

汪啟功

論可□筆末甚瞭

史遷創游俠傳論

閒讀史遷游俠傳竊怪韓子之言儒俠皆譏鄙
抑太甚及至游俠雖不軌於正然言必信行必
果已諾必誠不愛其軀赴士之阨困而知游俠
之立身行己則固有忠義之實足以傳世而表
彰者焉夫游俠之風莫熾於戰國戰國之世若
豫讓報智伯之讎漆身為癩滅鬚去眉自刑以
變其容甚者吞炭為啞變其音遊至伏劍而死
其委身以報君者一也唐雎之使於秦也以為

種類之說所從來遠矣易同人之象曰君子以
類族辨物左氏傳曰非我族類其心必異神不
歆非類民不祀非族禮記三年問曰有知之屬
莫不知愛其類是知中華帝王無外之治能之未
如神之化能之他人也西人分五洲之民為五種以亞
細亞洲人為黃種此黃種人族所由名也今又
稱吾國為巴克民族是巴克者盤古一音之轉
也粵稽生民未肇盤古開先其形甚古故謂之

第二章

喧囂鬧市書聲琅

079

书院课艺有哪些

自道光四年（1824）始，紫阳书院先后汇编并刊刻出版了《紫阳书院课余选》《浙江紫阳书院课艺》及《紫阳书院课艺》九集。这一系列课艺集，向世人宣示了紫阳书院培育人才的成果，也为生徒参加科考提供了观摩的范本。如今我们透过这些课艺及山长评卷的圈点批语，可以更为直观地了解紫阳书院的教学与考课的情形，而课艺集的序跋以及卷首识记，多有对生徒为文、为学乃至为人的点拨，山长及地方官员传道授业的拳拳之心，由此可见。

《紫阳书院课余选》是紫阳书院最早汇编的课艺集，刊印于道光四年（1824），由山长屠倬阅选生徒课艺，监院训导叶道春、章黼校刊，编成二卷，卷一收录赋 9 题 29 篇，卷二收录诗 25 题 116 篇以及同题词作数篇。《紫阳书院课余选》收录的诗赋，屠倬在题识中解释是"尽癸未（1823）一年，得若干篇"，然后"择其尤佳者付之剞劂"，杜堮也说"屠潜园太守掌教紫阳书院，以词赋教其弟子，循习良久，裒其所业，分年为编，曰《紫阳书院课余选》"。[1]显然，此课艺集是屠倬挑选道光三年（1823）紫阳书院生徒词赋佳作汇编而成的，所收录的诗赋应可以反映当时紫阳书院生徒的文学创作水平。

从《紫阳书院课余选》所收课艺看，屠倬就任山长期间，所课诗赋较少受科举影响，命题不像科举题那样限韵，题目主要出自经史和前人诗文，如《励志赋》出自西晋文学家张华的《励志诗》，《南屏山观司马温公书〈家人卦〉摩崖石刻》出自明朝孙一元的《山居着野服》一诗，内容则多为咏物与写景；也有像《拟陶渊明〈归园田居〉》这样的拟作题，意在培养生徒模仿先贤优秀诗赋并蓄意创新的能力。

1　屠倬：《紫阳书院课余选》卷首，道光四年刻本。

《浙江紫阳书院课艺》，刊印于道光二十八年（1848）。自道光十七年（1837）陈其泰任书院监院后，每遇考课，他必将生、童前15名课艺佳作抄录下来，至道光二十八年（1848），所抄课艺积累近3000篇，浙江巡抚梁宝常委托山长项名达以此为底本汇编课艺集，最终选取课艺180篇，经监院陈其泰、沈五楼、胡珂参校后刊刻成6册，并由梁宝常、项名达作序。

紫阳书院自同治四年（1865）重建后，风会浸盛，人文渊薮。从同治六年（1867）至光绪二十年（1894），紫阳书院陆续刊刻发行了《紫阳书院课艺》九集，分别是：

《紫阳书院课艺》4册，同治六年（1867）刊印，山长孙依言审定，监院骆金藻、高学治、陆宗翰编次，浙江巡抚马新贻作序，收录同治四年（1865）至六年（1867）课艺100篇。

《紫阳书院课艺续编》，同治十年（1871）刊印，山长章鋆审定，监院秦思溥、吴以同、邹在宝编次，章鋆作序，收录同治七年（1868）至九年（1870）课艺120篇（内有同治六年课艺1篇）。

《紫阳书院课艺三编》4册，同治十二年（1873）刊印，山长沈元泰和张家骧共同审定，监院吴以同、陈建常、钟仲和驾藻编次，沈元泰作序，收录同治十年（1871）至十二年（1873）课艺150篇。

《紫阳书院课艺四刻》4册，光绪四年（1878）刊印，山长吕耀斗审定，监院孙诒绅、高鹏年参校，吕耀斗作序，高鹏年作跋，浙江巡抚梅启照刊刻，收录同治十三年（1874）至光绪三年（1877）课艺120篇。

《紫阳书院课艺五编》4册，光绪八年（1882）刊印，山长许景澄审定，监院何镕、许郊编校，浙江巡抚陈士杰作序，收录光绪四年（1878）至八年（1882）课艺151篇，其中《论语》51题86篇，

《孟子》34 题 55 篇，《大学》《中庸》题 10 篇。

《紫阳书院课艺六集》4 册，光绪十一年（1885）刊印，山长吴超选定，前监院许郊编，监院吴有伦校，吴超作序，收录光绪八年（1882）至十一年（1885）课艺 206 篇，其中四书文 60 题 148 篇（《论语》39 题 109 篇，《孟子》17 题 31 篇，《大学》1 题 2 篇，《中庸》3 题 6 篇），试帖诗 38 题 58 篇。

《紫阳书院课艺七集》4 册，光绪十四年（1888）刊印，山长吴超选定，监院查亮采、朱文炳编校，卫荣光作序，收录光绪十一年（1885）至十三年（1887）课艺 202 篇。

《紫阳书院课艺八集》4 册，光绪十八年（1892）刊印，山长吴超选定，监院朱文炳、许郊编校，浙江巡抚叶赫崧骏作序，收录光绪十五年（1889）至十七年（1891）课艺 192 篇，其中四书文 46 题 160 篇（《论语》31 题 110 篇，《孟子》16 题 47 篇，《大学》《中庸》3 题 3 篇），试帖诗 22 题 32 篇。

◎ 《紫阳书院课艺八集》

《紫阳书院课艺九集》4 册，光绪二十年（1894）刊印，山长王同鉴定，监院沈寿慈、杨振镳编校，王同作序，收录光绪十八年（1892）至二十年（1894）四书文 48 题 148 篇，其中《论语》33 题 98 篇，《孟子》9 题 30 篇，《大学》1 题 5 篇，《中庸》5 题 15 篇。

看课艺九集刊刻时间，我发现同治以后，紫阳书院基本每三年汇编刊印一集课艺，敷文书院和崇文书院的情况也大致如此。这一现象在课艺集序言中也有说明。陈士杰就提到"十数年来，三院课艺，经三载而一桑行"[1]，王同也说"杭州书院有三，曰敷文，曰崇文，曰紫阳。每届三年，汇官师课士之文之前列者选刻之，例也"[2]。紫阳书院这种连续出版课艺集的情况，当代学者鲁小俊认为实开今日"大学学报""学术集刊"之先河。

课艺序跋与题识

紫阳书院课艺集收录的课艺，是书院生徒参与模拟科举考试的原始文献，多是优中选优，每集文章数量多寡不定，内容除了最初的《紫阳书院课余选》，其他课艺集主要为四书文，也有部分试帖诗。编选的原则和目的，在序言、题识中多有阐发，如许景澄在《紫阳书院课艺五编》题识中说："院课艺前列者，积数岁必一选刊，以资观摩。"[3] 这里，许山长把紫阳书院汇编课艺集的目的说得一清二楚，即供学子研习借鉴，提高科考时的写作能力。

课艺集择优收录的课艺，均是符合科举文清真雅正标准的作品，

---

1 陈士杰：《紫阳书院课艺五编》序言，光绪八年刻本。
2 王同：《紫阳书院课艺九集》序言，光绪二十年刻本。
3 许景澄：《紫阳书院课艺五编》自识，光绪八年刻本。

山长吴超在《紫阳书院课艺六集》的序言中明确表示，他为课艺集作序时，细读所选文章，"其雅正有法者取之，其丛杂失次者斥之"[1]。陈士杰在《紫阳书院课艺五编》序言中也提到，所选课艺"文非一体，要旨不失清真雅正之旨"，又特意解释了课艺文章与一般著述的区别，说：

> 制艺代圣贤立言，只取理明辞达。而科举之文，尤贵合乎有司绳尺，非著书立说比。若艰深其义，钩棘其词，或貌为高古，意实凡近，皆非应试正轨，固无取焉。[2]

即使偶尔出现几篇"关系稿"，也定是达到收录要求的。《紫阳书院课艺九集》中收录生徒陈予鉴课艺一篇，题目为《举贤才》，文后评语中，王同附有专门的说明：

> 选课艺既竣，同学世兄骆筠溪持此卷语予曰："此旧徒陈某作也。刻苦为文，少年赍志以殁。可否存之？"辞甚切。虽然，欲于课艺中存其人，亦可哀矣。文亦足存者，因附卷中。[3]

陈予鉴此文因骆筠溪推荐，王同才选入课艺集，但也承认其课艺质量是符合清真雅正标准的。

特别值得关注的是，课艺中收录有不少描摹书院景物和杭州风土人情之诗词作品：《紫阳书院课余选》中有《观澜楼赋》《西溪观芦花》《焙茶》《缫茧》等篇目；《紫阳书院课艺六集》中的试帖诗也有《余杭门外叶飞秋》《立马吴山第一峰》《襟上杭州旧酒痕》《湖上春来似图画》等篇目。试看这首《余杭门外叶飞秋》，诗曰：

1　吴超：《紫阳书院课艺六集》序言，光绪十一年刻本。
2　陈士杰：《紫阳书院课艺五编》序言，光绪八年刻本。
3　王同：《紫阳书院课艺九集》，光绪二十年刻本。

秋信余杭早，清游转忆裴。

影看飞叶乱，声欲打门开。

树向西湖老，山添北郭才。

半江吹雨过，两岸逐风来。

款款堤摇柳，纷纷径扫台。

鹤应归远屿，蝉不稳高槐。

晓露连城湄，斜阳照塔隤。

登高时节近，题句落红裁。

此诗作者孙菊存，生平情况不详。诗前四句，点明题中余杭、门、叶、飞、秋六字，符合题目为七言诗，至少出现六字的要求，首联又压裴字韵，后面几联多角度体现秋意，句句对仗而切题，章法严谨，足见作者技法圆熟。

吟咏地方风物，本是书院师生日常生活的一部分，紫阳书院以这些内容作为考课题目，体现了地方官和山长们赓续地方文脉的使命感和良苦用心。

随着各书院课艺集刊印出版，意想不到的情况出现了。许多学子开始一心钻研他人课艺佳作，连四书五经都懒得读了，有人居然借此在科场侥幸成功，这就更刺激了众人观摩课艺集的热情。其危害不言而喻，时人多有诟病，甚至科举时文和书院考课本身都不断遭人质疑。于是不少书院，如宁波辨志书院、江阴南菁书院、上海求志书院、武昌经心书院等一众书院，纷纷将经史词章列为书院考课的主要内容，并有课艺集出版。这对坚持以四书文和试帖诗汇编课艺集的紫阳书院来说，无疑是一种挑战。紫阳书院山长汇编课艺集之时，内心多少有些矛盾和无奈，他们不得不在课艺集序言中解释科举时文受人轻视的原因。吴超在《紫阳书院课艺六集》中就谈道：

世目时文为小道，论者恒诟病之。高材生以世所诟病也，往往喜谈考据、溺词章，而于时文厌之而不屑为，为之而不求工。无学者又剿窃苟且为之。此时文所以浮烂而诟病者益重也。[1]

吴超认为，四书文和试帖诗这样的科举时文由于受时人诟病，高材生不屑下功夫，却更愿意研究考据、训诂、经史词章，而不学无术的人又只想着观摩他人作品，应付科考，最后导致了时文水平低下。他相信，只要生徒们认真研习，就可以写出高水准的四书文和试帖诗。

吴超又论证了科举时文与经史词章的关系，说明紫阳书院考课四书文与试帖诗，与一些书院考课词章，属于殊途同归，希望生徒们不要有疑虑，他说：

夫十三经并列太学，四子书皆经训也。时文将贯穿百家，扶世翼教，亦炳然谈经之作。穷经之诣，训诂为先，训诂明而后义理熟，义理熟而后发为文章，渊懿纯茂，自成一家。然则训诂者，文章之阶梯，践其阶梯而不窥其堂奥，且从而诟病之，亦持论之谬矣。[2]

在吴超看来，四书集注是对经籍义理的解说，时文就是探讨经学的文章。训诂、义理、文章（四书文）是穷经的三个阶段，只有先了解训诂，再精通义理，然后才能写就时文。因此学习训诂只是写好时文的基础，现在人们不明白时文与训诂乃互为表里，就质疑批评时文，实在是一种错误的认识。

山长们一边向生徒力证训练和选刊科举时文的正当性，一边又担心书院生徒过于沉迷这些时文，于是又在序言中谆谆告诫：

肄业其中者，顾名思义，尤当研求性理之学，躬行而实践之，

1　吴超：《紫阳书院课艺六集》序言，光绪十一年刻本。
2　吴超：《紫阳书院课艺六集》序言，光绪十一年刻本。

以求为名教之完人，非徒以章句之学，弋科第已也。[1]

甚至主持官课的地方长官，也对紫阳书院生徒期许高远：

学者之所以自期，与余之所以厚期之者，正不但区区文艺已也。本经术以饰治，进文章而华国，坐言起行，且更有其大者远者。诸生其无域于制艺一途，而有负山川之钟毓，斯可已。[2]

陈士杰对生徒证以山川钟毓，其眼界和格局自然阔大，已远不是制艺、科名所能限量的了。叶赫崧骏也同样希望诸生"恢宏其器识，深静其志气，勤学暗修，不为标榜声华所动，将由文而进于道"[3]。在这些官师看来，四书文和试帖诗都是手段，而不是求学的最终目的，因此希望诸生的眼光不要局限于科举功名这样的小格局，而应有更高远的人生追求，成为真正能经世济民、匡正时弊的有用之才。

可圈可点的评语

古代惯用加圈或加点表示文章精彩或重要之处，因此好文章都是"可圈可点"的。紫阳书院课艺集中收录的文章，于文字右边要么有圈，要么有点，部分段落既有圈又有点，每篇文末还有山长的评语。这些评语，多用鼓励之语，如《紫阳书院课艺八集》中有一题出自《论语·子张》，"卫公孙朝问于子贡曰一章"，下有祝其昌等同题文章，山长分别这样点评：

（祝其昌文）高视阔步，遗貌取神，是不因人热者。

---

1 王同：《紫阳书院课艺九集》，光绪二十年刻本。
2 陈士杰：《紫阳书院课艺五编》序言，光绪八年刻本。
3 叶赫崧骏：《紫阳书院课艺八集》序言，光绪十八年刻本。

（梁葆章文）游于象外得其环中，深思力索者，终不能及其超妙笔意，当于韫山堂为近。

（陆佐勋文）胎息深厚，洵足振靡式浮。

（夏树猷文）不事铺挑，自得题之真际，奄有国初诸老风骨。

能收录于课艺集，本是优秀作品，山长在评语中加以肯定与夸赞，当属正常，也能增强生徒信心。当然一些课艺仍会稍有瑕疵，山长则用评语指明问题所在，如洪锡承的"修其孝悌忠信三句"一文，山长这样点评：

着眼题中数其字，剥肤存液，炼气归神，后二偶尤脉络贯通，是识力兼到之作。作文之弊，最患见有实字不见虚字，并将上下文神情一齐隔断。如此题忘记来脉，只填写孝悌等泛话，与题情何涉？且将题中数其字，尔以字一概删去，成何文理。试此文并阅此平，诸生亦当自悟。

这段评语，点明作者解题上的失误导致文章美中不足，洪锡承只从题目本身文字出发，而不从出处、背景着手，以致文理不通。这样切中要害的点评，不仅对作者本人，对后来学习者亦有指点迷津的作用。

有时山长批阅同题之作，会将所有文章存在问题集中阐发于某篇课艺评语之中。如《紫阳书院课艺八集》中收录一篇朱金祺所作《人知之，亦嚣嚣，至故民不失望焉》，在文章后面，山长吴超有一大段言辞恳切的批评之语：

轻读人字，重读士字，双峰遥对，格老气苍，诠发上下节实义，语尤名贵。□此题约有数病，题有上下文者，紧扣两头，以清题界，此定法也。独是题次节尊德句为一章之旨，为上下节之根，末节又从第三节推出，谋篇不善，非凌躐即宽懈，病一。题中实字各有精义，逐字实诠，方为亲切，如就游说立论，填砌国策事实，全是泛话，病二。上两节说游，下两节推开说，如俱就游论，似专教以游说，而抹煞士之本量，未得语妙，病三。故字层递而下，含糊说去，层折不清，病四。知不知，指一时言；穷与达，举全量言。以知为达，以不知为穷，虽联络自然，于理欠细，前后次序亦易倒置，病五。出处浮词，摇笔即来，不独抛荒题义，即移入下文得志六句，题亦仿佛可用，病六。项下应勒清题界，单勒士字穷达字固疏，明勒得己失望亦突，病七。何如一问抛荒者，漏平衍者。冗甚。有忘此问答语，而竟又入口气者，尤谬，病八。阅卷四百，苦少合作，此艺词局老当，审题较细，故首拔之。[1]

一般课艺点评，多重视表彰而极少以揭示缺点为主，此篇点评，不仅在紫阳书院课艺集中，甚至在全国书院课艺集中都不多见。吴超从解题、上下文衔接，到用词、语气，乃至整体结构安排等方面，总结八大问题，推勘入理，令人读后心开目明。

既然有这么多毛病，为何此文还能入选课艺集？吴超在评语最后解释说，自己汇编课艺集时，评阅了 400 篇课艺，但合乎要求的作品较少，而朱金祺这篇文章，用词老练，审题也很仔细，因而第一次筛选时就已录用。我看到课艺原文，通篇文字多数被圈点，确实属于佳作。至于评语中提到诸多问题，应该是吴超总结同题课艺后所得，不全是此文的毛病。

不仅汇编课艺集的山长评阅课卷及指导教学十分勤勉，其他山长亦是如此。《浙江紫阳书院掌故征存录》提到何玉梁山长校阅课卷"持文律甚严，一字一句之疵，抉摘不少恕"，以致从学者多有成就；龚丽正山长"校课綦严，论题辄数百字"；项名达山长亦"校阅精审"。紫阳书院正是在生徒课艺作品与山长课艺点评的互动中，将生徒们培育成科举场上的佼佼者。

1　吴超：《紫阳书院课艺八集》，光绪十八年刻本。

紫阳书院刊印课艺，主要是为了供后来学习者观摩，以提升生徒科举应试能力。不过，据我所知，清代还有大量八股文选本刊刻发行，收录之文或是科举中式之作，或出自名家之手，观摩这些刻本，效果难道不比观摩书院课艺集强吗？仔细品读课艺文章，又结合书院考课情况，我想课艺集的优势或许在于，所收课艺多是散卷，生徒有较多时间和宽松的环境作答，比起普通的乡试、会试答卷，可能质量更高；且课卷集往往收录同一生徒多篇作品，或多名生徒同题作品，方便比较其命意及其结构之同异、长短，每篇课卷又有名师点评，文中瑕疵，在收入总集时，也已由选编者修改润色，因此对观摩者短期内提升科举文写作水平有更切实的帮助，指导科考的意义也就更大。

仪式崇拜，见贤思齐

紫阳祠内郁葱葱，秋祭齐严拜舞同。

常愿武林贤弟子，清修能继古人风。

这首《紫阳秋祭诗》，收录于《武林坊巷志》，描述了紫阳书院秋日祭祀的情景。紫阳书院初创时，又称"紫阳祠"或"朱子祠"，从其名便可知捐资助学的徽州盐商尊崇朱子昌明理学的用意。

祭祀本就是书院的核心功能，也是书院有别于官学的标志性特征。书院祭祀最初源于古人对"祭礼"的重视，《礼记·祭统》中就有"凡治人之道，莫急于礼。礼有五经，莫重于祭"的说法，意思为礼是治国安邦的重要手段，其中以祭祀之礼最为重要。因此，祭祀作为一种规范的展礼和学礼活动，自西周以来就被学校重视。

至于书院祭祀最早出现于何时，目前已无从考证，可以确定的是，北宋时期书院已有祭祀活动。岳麓书院在北宋开宝九年（976）朱洞初创之时，就塑身画像，设俎豆祭祀孔子及其七十二弟子；白鹿洞书院也在咸平五年（1002）"塑宣圣十哲之像"予以祭祀。不过北宋书院，只是照搬官学祭祀的形式，毫无特色可言。到了南宋，书院祭祀从供祀对象到祭祀程式才日渐成熟起来，进而形成了完备的体系和独特的功能，并出现了专门祭祀的书院，如浙江德清的东莱书院，就是为纪念南宋著名理学家吕祖谦，由其门人于嘉熙年间专门设立的。及至清朝，书院祭祀活动地位崇高且十分普遍，出现了"天下郡县莫不有书院，亦莫不有崇祀之典"的情形。各书院以多元化的祭祀对象，繁复的祭祀过程，向世人标识自己的学术宗派，激励师生见贤思齐。

书院祭祀与一般官学、文庙祭祀的最大不同和显著特点，就是祭祀对象的多元化。这种多元化在我看来主要体现在两个方面，一是不同书院由于学术道统的区别，祭祀对象也有差异，如讲求理学的书院或祭祀孔孟，或祭祀程朱；传播心学的书院多祭祀陆九渊和王阳明；研习乾嘉汉学的书院又往往祭祀许慎和郑玄。二是同一书院的祭祀对象，从先贤先圣到学术大师，从书院功臣到地方乡贤，都被推上祭坛。

紫阳书院的祭祀情况也是如此，书院祭祀对象颇为广泛，且依时而增，多时竟达数百人。紫阳夫子朱熹、对书院建设有功的两浙盐运使高熊征、唐宋以来的地方乡贤名宦，甚至主管科举的文昌帝君和魁星，都在书院享受着顶礼膜拜。

明清时期，很多理学书院在祭祀孔子及其弟子之时，普遍把朱熹作为儒家先贤予以供祀，尤其是康熙五十一年（1712），皇帝颁布上谕，下令把朱熹在孔庙祭祀中的位置，从诸儒群贤提升到十哲之次，朱熹在各书院供祀对象中的地位也相应得到提升。除了配祀孔子，一些书院还有祭祀朱熹的独立空间，清朝白鹿洞书院就建有祭祀朱熹的专祠——朱子祠，岳麓书院也有崇道祠，专祀朱熹与张栻。

在紫阳书院，朱熹不是配祀，而是最主要的供祀对象。书院成立后，乐育堂作为专门的祭祀空间，一直用来供奉朱子神龛，直至嘉庆八年（1803）观澜楼建成后，朱子神像被移至观澜楼楼下供祀。到咸丰五年（1855），因浙省十一郡忠烈之士供祀于观澜楼，书院又重祭朱子于乐育堂。

祭祀朱熹的时间，每年固定为春秋两祭，一般定在农历三月十五日和九月十五日，尤其是九月十五日朱熹诞辰之日，仪式十分隆重，地方官员会在百忙之中抽出时间莅临书院主持。春秋正祭外，每年农历三月初九为朱子梦奠之辰，士商也会酌情予以祭祀。

紫阳书院对朱熹的祭祀典礼庄严而隆重，祭祀的祭器、祭品和祭仪仪节都有讲究。祭器包括碗筷、盘盒、炉盆、壶勺以及琴、剑、书、图画等，凡所需物品，使用前由司事者一一检查，有损坏的及时修补，有不洁之处全面清洗。祭品是专门用来供奉朱熹的，神位前设供枣、栗、柿等日常果实若干盘；筵席上还提供鸡、鱼、肉；行祭拜之礼时又需楮帛、檀香、茅烛等物。正式祭祀之前，首先是"迎神"的仪式，即在朱熹神位前设茶酒汤点，然后点上香烛，之后才是初献、亚献、终献、祝嘏等正祭之礼。正祭时，一拜行初献礼，奠帛、献爵；二拜行亚献礼，献爵、献馔；三拜行侑献礼，侑酒、献果；四拜饮福受胙，彻馔、送神。

祭文也是祭祀中不可或缺的，春祭、秋祭和梦祭都有特定的祭文。遗憾的是，我翻遍资料，未见紫阳书院祭文的只言片语。于是，我又查看了徽州和汉口等地的其他紫阳书院相关资料，发现所有祭文内容大同小异，基本是表达对朱熹的无限崇敬与赞美，说明祭祀的基本情况以及对书院师生传承朱子之学的殷殷期盼。杭州紫阳书院昔日祭祀朱熹的祭文，想来也不外如是。

还有一点，不管是主持祭祀的官员，还是书院师生，参加祭祀必须斋戒三日，不饮酒，不茹荤，沐浴更衣，宿于别室，以示内心对朱熹的尊崇之情。

本学派先贤及在书院创办、发展过程中有贡献的官员、学者往往也是书院的供祭对象。紫阳书院就以书院创办者高熊征、当湖先生陆陇其配享朱熹。

陆陇其（1630—1692），字稼书，浙江平湖人，清朝著名理学家，人称当湖先生。相传，陆陇其是唐朝名相陆贽的后人，到陆父陆标锡时，虽已家道中落，但躬行实践，以圣贤为榜样的家风代代相传。年幼的陆陇其总是听父亲教导为官之道，立志他日入仕，必笃实务本为官，绝不做贪官酷吏。康熙九年（1670），陆陇其得中进士，先后授官嘉定知县、直隶灵寿知县、四川道监察御史等职。为官多年，陆陇其一直以正直清廉自励，政绩良多，被百姓誉为"天下第一清廉"。陆陇其去世多年，朝廷仍将其作为清廉典范，雍正四年（1726），皇帝下诏将陆陇其列入孔庙从祀，后又入祀贤良祠；乾隆帝登基后，追封他为内阁学士兼礼部侍郎，特谥号清献。

章鋆《紫阳书院课艺续编》序言记载，"杨公捐廉添造室宇，增奉陆清献公"，可知陆陇其入祀紫阳书院时间应在同治五年（1866）。秉承程朱理学的学术大师比比皆是，身为浙江巡抚的杨昌濬为什么单单选择了陆陇其？原来陆陇其除了以清廉垂世，更是反对阳明心学，极力维护程朱理学的大儒。他否定王阳明的"致良知"和"知行合一"学说，甚至把阳明心学归为禅学一类，极力抬高程朱理学的地位。故而后世学者评说，自明朝薛瑄、胡居仁后，只有陆陇其掌握了程朱理学的精髓，将他与江南大儒陆世仪合称"二陆"。

紫阳书院的祭祀对象还包括地方乡贤名宦。咸丰五年（1855）后，书院将观澜楼楼下原供奉朱熹的厅堂改为"正气堂"，设立牌位定期祭祀唐宋以来浙省十一郡乡贤名宦中忠烈之士。不久，书院左侧建起了"昭忠汇祀祠"，据王有龄《昭忠汇祀祠记》所载，祠中入祀者达几百人，正中所祭为自太平天国运动兴起后，曾在浙江为官而死者；左则为浙人之在官而殉难者；右则为浙人之随宦而捐躯者；至于大量的兵丁乡勇，则书写名字，悬于堂壁。由于昭忠汇祀祠紧邻书院，书院师生定时洒扫祭拜，地方官员到书院课士，也常前往瞻仰。咸丰十一年（1861）书院重建时拆去昭忠汇祀祠，原祠中所供对象也移至"两浙昭忠祠"东偏室。

乡土使人亲切，模范可以学习。紫阳书院供祀的这些忠烈之士，尽管与书院发展没有直接关系，但均是与浙省关系密切的有功人士，在书院对他们进行供祀，实际上是为书院师生树立亲切可学的典型与榜样。

清朝追求科举之风日盛，因此书院多增建文昌阁、魁星阁以祭祀与科举功名有关的神位，紫阳书院也不例外。雍正八年（1730），浙江总督李卫将位于紫阳山巅的巢翠亭改建为文昌阁，供奉主管科举的"文昌帝君"。文昌帝君，又名文昌星、文曲星，因主宰士子的功名成就，读书人将他奉为文财神。每年农历二月初三文昌帝君生日，以及会考之前，书院都会举行祭祀活动。观澜楼建成后，书院又在楼上供奉魁星，并于八月初三行魁星之祭。魁星即二十八星宿中的奎星，为北斗七星中的第一星，也称魁斗星或魁首，是文昌帝君的侍神。古代士子中状元时，被形容为"大魁天下士"或"一举夺魁"，就是因为魁星"司文章之柄"，主掌考运。

紫阳书院祭祀礼仪中也有"朔望仪"和"早晚堂仪"。"朔望仪"在每月朔望（农历初一和十五）举行，由山长或监院率诸生行拜谒礼仪；"早晚堂仪"则每日早晚由山长主持。这些祀仪场面虽相对简约，但仍有一套严格的规矩，气氛也依然庄严肃穆。

可见，紫阳书院的供祀对象颇为广泛，祭祀时间因所祭对象而异，祭祀空间也随书院兴废几经变动。

书院师生在读圣贤之书的同时，通过一系列看起来似乎是繁文缛节的祭程、祭礼，强化了学子对圣贤的崇敬之心，从而见贤思齐，树立发奋苦读、成圣成贤的宏大志向。

官商合作，以资膏火

书院教学的开展，祭祀活动的举行，教师束脩、生徒膏火的发放，以及课艺的刊刻、屋舍的维护，都离不开"经费"二字。紫阳书院成立后，以盐商的鼎力资助、各级官员的私俸捐赠、盐运司的公款拨置等多渠道经费来源，维系了书院的正常运转。

膏火须从勤读得

北宋文学家苏洵曾有《送蜀僧去尘》一诗，首联"十年读易费膏火，尽日吟诗愁肺肝"，句中提及"膏火"一词，"膏"原指灯油，"火"代表饮食，古人常将"膏火"用作官学、书院学生津贴的代名词，又俗称"养士费"。

中国传统社会，读书人多以"万般皆下品，唯有读书高"自诩，但自古士多清贫，许多学子在未步入仕途前，没有足够的经济保障，难以坚持夜以继日地苦读。因此，自汉以来，上至朝廷的太学，下至乡村社学，各教育机构多施行不收取学费，还向学子提供膏火的制度。

书院兴起之初，即有对学生膏火助学的做法。唐大顺元年（890），义门陈氏七世孙陈崇在江州建立东佳书堂，有"田二十顷，以为游学之资"。陈崇特意将20顷族田划拨书院作为学田，用其收入资助就读生徒。到清朝，膏火资助早已成为各级书院的普遍做法，且待遇十分优厚，足以让贫困的生徒解决生计，甚至养家糊口。

左宗棠回忆在湖南湘水校经堂求学的日子，说自己"书院膏火以佐食"，他就是凭借膏火费解决了基本生活。维新志士唐才常，说自己因"家徒四壁"，直接奔着膏火费到两湖书院读书，为了入学，他"各处经营"，如愿以偿后"日用赡家已有余"。湖州学子费有容在《杭酒襟痕录》中回忆，早年他就读杭州紫阳书院，每年有膏火费"四百元有奇"，加上其他收入，一年所得超过五六百元，养活全家后居然还有结余。更令人咋舌的是，由于多数书院没有规定具体的肄业期限，这让一些学子钻了空子，为获得膏火费竟赖在书院迟迟不愿离开。丁丙《武林坊巷志》中记载，紫阳书院就遭遇了这样一名职业生徒。此人名叫高有筼，字存甫，号菉卿，钱塘贡生，任过武康、嵊县训导，著有《爇余吟稿》。他在太平天国战乱后孑然一身，无以为家，又不擅谋生，只想吟诗作赋消磨时光，倒是留下了如《咏虎跑寺泉用苏东坡韵》《咏大慈善虎跑泉仍用东坡原韵》等诗作。为解决生计，他竟将主意打到了书院膏火上，想办法入学紫阳书院后，年复一年靠博取膏火钱度日，年逾花甲仍不愿肄业，最终竟殁于书院。

看来，膏火对书院生徒是相当有吸引力的，但每个生徒能获取的膏火，会因为书院经济实力强弱和生徒身份不同各有差异。杭州四大书院中，敷文书院是浙江唯一的省会书院，膏火从来都是丰厚的，紫阳书院居于杭城，得盐运司和地方政府颇多关照，给生徒发放膏火也从未吝啬。

紫阳书院成立之初，膏火向全体生徒发放，正课生、附课生皆可享受，具有普惠性质。每年甄别考试合格正式录取的生员和童生，称正课生，可按月享有膏火；书院为满足学生读书要求非正式招收的生员与童生，称作附课生，享有的膏火是正课生的一半。若遇经费紧张，附课生则不予发放膏火。1891年1月1日的《申报》所刊《论杭垣整顿书院事》一文中讲到，光绪十七年（1891），因生徒人数过多，膏火入不敷出，浙江巡抚叶赫崧骏对紫阳、崇文和敷文三所书院的人数加以限制，规定正课生"每院三十六名为额"，他们可住于院中，每月给膏火银6两，附课生不再享有膏火。

统一散发膏火，虽然解决了部分贫困生的经济困难，但激励性可能就大打折扣了。书院的这种做法随着林则徐的到来而终结了。

林则徐作为"睁眼看世界的第一人"，他的眼中不仅有西洋景，也有西湖山水。嘉庆二十五年（1820），36岁的林则徐从京官外放，第一次来杭州任职，担任的是杭嘉湖道。一上任，他就直奔钱塘江下游，一路从现在的江干，经七堡，到达盐官，仔细记录沿路海塘薄弱之处，下令添加桩石，维修海塘。面对享誉天下的西湖山水，林则徐颇为心动，公务之余，自然成了西湖的常客。到了孤山，他见林逋墓和林逋祠年久失修，便着人整修墓地，重修祠堂，并增建梅亭。看着整修一新的建筑，林则徐心念一动，林逋既被称为"梅妻鹤子"，身边怎可少了那冰清玉洁、傲然卓立的梅花？便按照《御览孤山志》的记载，令人在孤山补种了360株梅树。这下林则徐总

◎ 孤山梅林

算满意了，大笔一挥，为林逋祠亲笔题写"我忆家风负梅鹤，天教处士领湖山"，为放鹤亭题联"世无遗草真能隐，山有名花转不孤"。看来，林则徐心中对隐士生活也是充满推崇和向往的。

林则徐是爱才的，对杭州各书院的办学情况十分关注，多次举行"观风试"，亲临书院命题课士。他曾在紫阳书院主持童生考课，对第一名施鸿保，用红蜡碎金笺手书"是故君子，诚之为贵；夫惟大雅，卓尔不群"八言楹帖相赠，以示鼓励。

彼时全国已有一批以生徒考课成绩作为发放膏火标准的书院，林则徐发现杭州各书院仍在普遍散发膏火，颇为意外，立马下令紫阳、崇文、敷文书院开始实行"随课升降发放津贴"制度。自此，紫阳书院的膏火津贴不再一成不变，而是随生徒考课成绩升降而灵活调整。每年的甄别考试，生徒成绩评定为超等、特等、一等三种，并区分甲乙，超等最优，所得膏火也最多，尤其是前十名；其次是

◎ 放鹤亭北柱林则徐题联

◎ 孤山放鹤亭

特等，亦有一定膏火，而一等则不再享有膏火了。由于膏火发放制度的变革，生徒们想博取膏火，必须勤学苦读，在考课中名列前茅，这样一来，书院学风也确实为之一变。

然而，上有政策，下有对策，令人始料未及的情况出现了，生徒们为了博取膏火，有的几人分工合作完成课卷，有的找人捉刀或代写，甚至冒名应课情况都有出现，这纯属是为了谋取膏火的投机取巧，与书院发放膏火的初衷是完全背道而驰了。

近代报业先驱汪康年，求学紫阳书院时就常与胞弟汪诒年、汪洛年合作完成课卷，具体情形在汪诒年所编《汪穰卿先生年谱》中描述：

> 杭城敷文、崇文、紫阳三书院，例于朔望试士子，朔课一日，望课二日。先生与诒年，或作二卷，或作三四卷不等，随作随写，彻夜不辍。遇诂经精舍考课日，别二人合作一卷，先生任经解，诒年任词赋，时或遇题目不多，期限稍宽，则二人各作一卷，均由洛年为之誊写，亦彻夜不辍。比事毕，即各挟卷趋赴收卷处交纳，虽雨亦如是。[1]

从这段文字看，汪氏兄弟分工明确，汪康年专门解经，汪诒年写作词赋，汪洛年则负责誊写，如此可以节省时间，完成更多的课卷，被评为超等获取膏火的概率自然也增加了。

与汪康年兄弟合作完成课卷相反的是同一生徒用多个名字提交课卷。如项藻馨在年谱中提及，他于光绪二十三年（1897）二月参加紫阳书院甄别考课时，列第三，卷名姚丙熙。

1　汪诒年：《汪穰卿先生年谱》，《北京图书馆藏珍本年谱丛刊》第 177 册，北京图书馆出版社，1999 年，第 613 页。

此外，一人兼考几所书院，抄袭或冒名顶替的情形也频频发生，甚至见诸报端，1891 年 1 月 1 日的《申报》，报道了书院因膏火导致的考课混乱情况：

有未满所欲者，百计千方，思以一人而兼数人之获，遂以一人而填数卷，或以一人而并考数书院。夫以一人而填数卷，以一人而兼考数书院，果能处处皆取，卷卷皆录，此亦足以见其人之才猷学问绰乎有余，是尚不足为弊也。渐而至于录取旧作，甚而至于抄登程文，亦有并此而无者，则更草率了事，连乱话是，尚成何体统耶？

文中所述因膏火而引发的种种考课流弊，不仅出现在紫阳书院，在杭州其他书院也较为常见。如光绪十七年（1891）杭州学海堂的甄别考课，收取 1000 余份课卷，仔细核查后发现十人中竟有六七人是冒名考试的。

清后期，紫阳书院每次考课，生徒所交课卷数量少则几百，多则上千，而发放膏火总额却是固定的，不能名列前茅的生徒，因无法获取膏火往往愤愤不平，但又不敢针对评阅官课课卷的各级官员，于是矛头直指负责师课的山长，最终导致山长辞职。1897 年 12 月 30 日的《申报》对此就有报道：

杭州紫阳书院某山长，主讲六载，诸生啧有烦言。今秋染恙甚剧，几至不起，以致七月望课卷，延至十月始行，发案而评定甲乙又不免有草率之憾。其长公子本届高列乡科，蜚言四起，山长因是不乐，遂力辞讲席，所送关聘已命监院赍还。[1]

凡此种种，足见紫阳书院的膏火发放到后期已出现诸多负面影响。地方官员也通过各种整顿措施，优选厚养，力图使膏火资助回

---

1 《掌教却聘》，《申报》1897 年 12 月 30 日。

到正轨，以激励生徒勤奋读书，只是效果不尽理想。

紫阳书院膏火发放，除了银钱外，有时也提供谷米等实物。同治四年（1865），浙江布政使司因紫阳书院生徒众多，顾念士子贫寒，每月供给住院生徒每人三斗米作为膏火。

膏火之外，紫阳书院对考课还有额外的奖励。徐恕《乾隆三十八年重修紫阳书院记》所载，书院每月朔、望两课，"以校其艺之精勤，拨其尤者数人，给笔资以示奖励"。资料中虽没有提及具体数额，但可以确定的是，对于考课成绩优异者，是有实质性鼓励的。钟毓龙在《说杭州》中也提到紫阳书院考课奖励情况，每次朔课"于超等前十名别有加赠，名曰加奖，其数远较膏火为多……寒士生涯，于此诚不无小补也"[1]。可见到清晚期，这种奖励金额已远超普通膏火了，一次超等课卷所得奖励加上膏火，竟可得银三四十两，有时还有袍料套料等收入，确是一笔可观的收入了。

膏火是生徒的日常津贴，此外，书院生徒还享有一种称为"宾兴"的补助津贴。"宾兴"最初的意思是以宾礼兴举贤能，后来泛指科举考试。清朝书院为支持生徒参加科考，往往发放宾兴，以解决因经费困难而不能顺利赴考的问题，其数额有时超过考课的奖励，如敷文书院就规定以5个月的经费合计400两，平均发放给参加会试的举人，每生大约可得宾兴7两。紫阳书院的宾兴费具体数额不得而知，想必也不会太少。

1 钟毓龙：《说杭州》，见王国平主编：《西湖文献集成》第11册，杭州出版社，2004年，第385页。

经费筹措渠道多

膏火与考课奖励是书院最大的经费支出，加上山长的束脩及保证书院正常运转的其他开销，紫阳书院每年所需经费数额自是不少。那这些经费书院从何筹措而来呢？

明朝白鹿洞书院山长娄性在《白鹿洞学田记》中曾言及"养士不可无田，无田是无院也"。他的说法一针见血地指明了古代书院经费主要有赖于书院所属的田产，即"学田"。历史上许多著名书院多是拥有大量学田的"大地主"。岳麓书院元朝时学田多达50顷，白鹿洞书院也曾有数十顷学田，经营学田也成为书院的一项重要规制。然而随着商品经济的繁荣，清朝部分书院，尤其是城市中的书院，经费来源往往不再仰仗学田，筹措渠道颇为丰富多样，紫阳书院就是这样的典型。

紫阳书院开办后，最初的经费主要来自盐商的资助，汪鸣瑞坚持"二十年如一日"，每年捐金千两（折合成白银约7000两），作为书院的日常支出；康熙四十三年（1704），在杭徽州盐商吴琦等又"愿每岁捐银四百两，以佐膏火"[1]。于是书院又有了一笔每年400两的专项资助款，用以支付生徒的膏火费。

随着紫阳书院生徒日众，开支也不断增加，虽然有了盐商的鼎力相助，但每年7400两的经费显然不足以支撑书院的经营，仅凭盐商捐资已无法保证书院的运转，政府开始从两浙盐务项目下拨置公款或钱粮补充书院开支。这样，紫阳书院又有了官府拨置这一重要的经费来源。

紫阳书院的官府经费多是和杭城其他书院一起拨置的，如道光

1　张泰交：《康熙四十三年紫阳别墅碑记》，见王国平主编：《西湖文献集成》第20册，杭州出版社，2004年，第461页。

五年（1825），浙江巡抚程含章将两浙盐政节省的工食银两，拨发给紫阳、崇文、敷文三书院，作为生童膏火奖金之用；同治四年（1865），浙江布政使司为三书院住院生徒每人每月提供三斗米作为膏火；同治七年（1868）春，因大米供应难以为继，布政使杨昌濬在善举款中拨出2万缗，存典生息代替膏火；光绪二十一年（1895），巡抚刘秉璋将筹备海防经费余款存于生息，作为紫阳等五所书院加奖，每月每院可得百元；浙江巡抚衙门还专门拨款3000 "奖赏税提息洋"，紫阳书院又可得1000大洋奖励考课评为超等前十的生徒；此外书院多次整修款项也均来自地方政府拨款。细看这些官府拨置款项，发现出处不一，数额时多时少，这自然与各衙门自身经费有限有关，官员们已是充分利用手中公权，见缝插针，劳心尽力为书院提供经费支持了。

紫阳书院还有一部分经费来自官员个人捐赠。浙省官员，尤其是主管盐运司的许多官员，常自捐俸禄，以资书院。宁绍温台分司运副徐有纬捐俸修葺，浙江盐驿道原衷戴捐资膏火，布政使蒋益澧以俸钱买地等，体现了浙省官员对书院的关怀。

道光二十八年（1848），时任浙江巡抚的梁宝常还捐俸资助书院印刻课艺集。梁宝常，字楚香，河北直隶（今天津）人，道光三年（1823）进士。道光二十四年（1844）至二十八年（1848）任浙江巡抚期间，他整顿海防，又曾为杭州灵峰 "掬月亭" 题额，净慈寺大殿亦留下他的楹联："依净土以印净心，回峰现亿万化身，觉悟群迷成净果；引慈航而宏慈量，慧日照三千法界，庄严重耀证慈缘。" 梁宝常上任后即捐廉为诂经精舍购买《十三经注疏》《清经解》《通志堂经解》等书，得知紫阳书院山长项名达已汇编成《紫阳书院课艺》6册欲刊印出版却缺少经费，遂慷慨解囊，促成此事。

虽然这些官员的捐俸属于私人行为，但他们为官一方，其行为亦代表了政府对紫阳书院的重视。

多渠道的来源，促成紫阳书院经费日渐充盈。同治四年（1865）书院重建后，书院每年经费在银3600两左右，到清末每年经费已逾6200元。

第三章
城市中有山林意

建筑布局，礼乐相成
书院景观，江山之助

书院建于城市，极具交通便利，却往往少了湖山之美，失了宁静闲适，紫阳书院则不然，虽临闹市却别具山林幽趣。清代文学家阮亨（阮元堂弟）在《瀛洲笔谈》中，称紫阳书院"城市中有山林意"，可谓一语道尽了书院建筑和院内景观之特色。其实古人追求远离城市，寄居山水读书养性之外，对城市而山林的生活也是心驰神往的，无奈这样的环境实难寻觅。也许正是这种对城市山林空间的向往，明清江南地区开池筑山，园林大兴。乾隆二十七年（1762），乾隆帝第三次巡幸江南，畅游苏州名园"狮子林"，写下了"谁谓今时非昔日，端知城市有山林"的诗句，夸赞狮子林"咫尺山林"的意境。城市中的假山即可获此赞誉，如果乾隆皇帝见了紫阳书院的真山真水，品味山林岩泉透出的古韵书香，想必是要惊叹不已了吧。

建筑布局，礼乐相成

在中国传统建筑中，书院建筑是独树一帜、自成风格的。它既不像庙祠那样过于强调礼仪制度，也不像园林那样穷力营建精巧，而强调松弛有度与整体和谐。理想的书院多采取中轴对称、纵深多进的院落布局形式，把对应书院讲学、祭祀、藏书等主要功能的建筑体如讲堂、祭堂、藏书楼等安置于中轴线上，形成两三进甚至五六进的序列，斋舍和游憩庭园则分布于两侧，使整个书院显得规整严谨，上下主次分明；再引入山、水、林、泉等自然元素，营造出幽深多变的园林意境，呈现"礼乐相成"的建筑空间模式。

何谓礼乐相成？《礼记·乐记》曰："乐者，天地之和也；礼者，天地之序也。和，故百物皆化；序，故群物皆别。"可见，"礼"产生等级差别，"乐"则寻求人与自然的天人合一、人与人之间的和谐共处，礼乐相成是一种"礼"和"乐"相互影响、相互依存的状态。

礼的次序，乐的和谐，在紫阳书院建筑布局中有着充分的表达。紫阳书院因位于紫阳山麓，受复杂的山势影响，无法严守中轴对称规制，于是在建筑布局上依山就势，采取了颇为灵活自由的布局手段，以局部轴线配合几个多进式合院，讲学、祭祀、生活、游憩功能明确，各区域有矮墙围合，形成相对独立的院落空间，空间组合层次更显丰富，空间序列完整而流畅。

紫阳书院整体建筑布局情况在史料中多有记载与描述：

中为乐育堂，奉朱子木主，崇正学也。堂后有簪花阁，有五云深处，讲堂东为近水楼、南宫舫、瀛洲榭，生徒于此弦诵焉。又折而东，为草池，为垂钓矶，为看潮台，为别有天，为寻诗径。循径而入，为层梯叠巘，蹑其巅为巢翠亭，远瞩钱塘、圣湖，如在襟带间。其他如小瞿塘、石蕊峰、梧桐冈、鹦鹉石、笔架峰、螺泉、葡萄石诸胜，皆岩石瘦削，壑谷幽涧。[1]

上文呈现了紫阳书院主要建筑、院中景观及具体位置，由于记载时间较早，校经亭、观澜楼和景徽堂尚未建造，因此没有提及，但几大建筑落成时有碑记介绍，再加上《两浙盐法志》卷二有《紫阳书院图》，结合图中所载，我们可以大致勾勒出书院的空间布局。

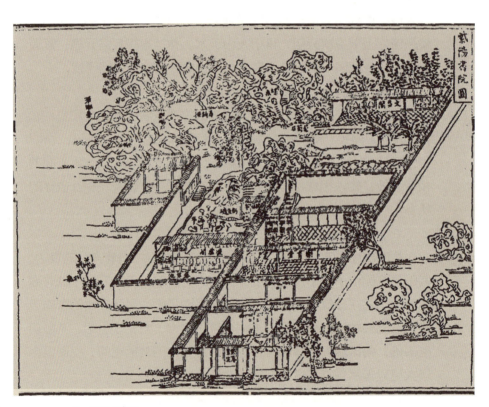

◎ 紫阳书院图

1 丁丙：《武林坊巷志》第 4 册，浙江古籍出版社，2018 年，第 1231 页。

紫阳书院背靠紫阳山，坐南朝北，大门、乐育堂、五云深处和文昌阁形成建筑主轴。入院门，厅堂南面为乐育堂，是祭祀朱熹的祭殿；拾级而上，可见高屋三楹，为书院讲堂，名五云深处，吴存义《五云深处》一诗中有"中藏书万卷，游览寓心目"之句，估计此处还是紫阳书院藏书之地。登上最南面的山巅，原为巢翠亭，万绿围绕，亭中可远观钱塘江和西湖，后改为祭祀文昌星的文昌阁。

　　紫阳书院的建筑主轴，是典型的"前庙后堂"模式。庙指的是书院内的祭祀建筑，堂指的是讲堂。讲堂是书院讲学、聚会的活动中心，最初指的是寺庙中高僧讲经说法的堂舍，到东汉时才成为儒师讲学的地方，《后汉书·翟酺传》中就说"光武初兴，愍其荒废，

◎　紫阳小学内的乐育堂

起太学博士舍、内外讲堂，诸生横巷，为海内所集"。后来书院将讲学立论之所，还有旁边专供教师课间休息所用的附属用房，都称作讲堂。讲堂一般列于中轴或主轴之上，居于整个书院中心位置，与祭殿之间的布局可归纳为"左庙右学""右庙左学""前庙后学""前学后庙""中庙外学"等。紫阳书院便是"前庙后学"，祭祀朱熹的乐育堂在前，作为讲堂的五云深处在后，这种布局恰恰凸显了祭祀朱熹在紫阳书院的重要性。

春草池、近水楼、瀛洲榭、簪花阁、南宫舫、垂钓矶、校经亭、寻诗径为次轴，位于主轴东面。春草池广一亩，一泓活水湛然清深，池南有水阁，水阁东向者为簪花阁，南向为南宫舫。南宫舫为画舫式建筑，曾改名凌虚阁，阮元《观澜楼记》是目前所知关于凌虚阁名称最早的记载。邵树本山长曾手书匾额悬挂，但到同治四年（1865）孙衣言主讲书院时，阁上又挂着南宫舫匾额，凌虚阁匾额早已不存，孙衣言还是从《观澜楼记》中才得知此处曾命名凌虚阁。光绪二十八年（1902），仁和知县萧治辉书写"南宫舫"匾额，书院改学堂后一直悬挂于门额。近水楼和瀛洲榭位于南宫舫旁，三者均为生徒弦诵之地。南宫舫南为垂钓矶，也称钓鱼矶。垂钓矶西侧为校经亭，咸丰年间毁于兵祸。校经亭南为寻诗径，书院改学堂后，曾改称过西泠路，学生吹口琴或弹胡琴，必到此处，后又复用原名。

书院东南最高处为看潮台，台圮后就改筑为观澜楼了。登楼俯视杭城，万屋鳞次，看钱江环曲于外，生徒常藏修息游于此。

主轴西侧，乐育堂北为学生斋舍及景徽堂构成的又一次轴。"斋"最早是斋戒之意，"舍"是供应师生居住之所，多间舍组成斋，后来书院内居住及自修之处统称"斋舍"。紫阳书院吸引全省士子前往求学，除杭城学子外，均可住在书院。书院在此建斋舍20楹，后又扩建至38间，其南向面山处为景徽堂，比东侧主轴上的乐育堂位置稍北。孙衣言在《紫阳书院景徽堂记》中称景徽堂在书院"东偏"，但《紫阳书院图》中所见，书院大门向北，左侧应是"西偏"，

王同在《杭州三书院纪略》中也提到书院"右东左西"，孙衣言所记应是失误。景徽堂前环绕诸石，为听经岩。

　　紫阳书院主次轴线及建筑体布局营造出的秩序感，体现了书院对"礼"的尊重。这些建筑层次错落地点缀于庭院绿化间，与山水林泉融为一体，共同构成了充满山林野趣的园林环境，也渗透了崇尚万物和谐的"乐"之精神。

　　明朝园艺家计成，写成了堪称中国最早、最系统的造园著作《园冶》。他在论及园林景观时，认为山地园林因借山林造景，景观最胜，有高有凹，有曲有深，有峻而悬，有平而坦，自成天然之趣，不烦人事之工。紫阳书院巧借紫阳山自然山势地貌，书院整体环境置于山水之中，幽径乱石，杂树繁花，尽显山地园林景观。

　　别有天、葡萄石、鹦鹉石、笔架峰、螺泉、小瞿塘、石蕊峰、

◎ 紫阳小学内的寻诗径　　　　◎ 紫阳小学内的景徽堂

梧桐冈、望仁岩、石梁、牛眠石等景观根据山势零散分布于书院南面山林空明处。其中小瞿塘、石蕊峰、梧桐冈、葡萄石、鹦鹉石、笔架峰、螺泉七处，岩石瘦削，壑谷幽邃，巧极天趣，非人力所能达。各处皆据岩石奇特形态命名，如望仁岩嵯峨立云根；笔架峰峰矗如削，高上云霄；峰下螺泉形如旋螺，泉水饮之甘洌。石梁、牛眠石虽未见文字记载，但在《紫阳书院图》中可见。此外周雯山居原有蟾蜍石、片月厂，改建成书院后竟无人提及，估计早已不存在了。

"餐翠腹可饱，饮绿身须轻"，自孔子杏坛讲学，古代学校就十分重视植物景观对讲学环境的烘托。紫阳书院对植物配置也相当讲究，院内花木扶疏，盆景曲尺，不仅为师生洁净空气、遮挡烈日、调节温度，还供他们在读书之余怡情赏心。紫阳书院用大量竹子布置庭院。竹者，虚心有节，被用来比喻文人气节，也象征为人虚心谦卑，节高清雅。山坡上桃李成片，梅竹成林，书院又有垂柳展其形，荷花展其色，桂花展其味，雨打芭蕉展其声，以及充满野趣的

◎ 紫阳小学内的桂花园

杂花，衬托书院四季变化，演绎自然与生命之美。正是借助这些植物景观，紫阳书院的建筑空间和园林空间互相交融，塑造出书院的书香气质，师生足不出院，就可见山高水清，举目与会，含纳万象。而一栋栋石木和砖木结构并配有人字形硬山顶的建筑，一座座园林式的四合院，一处处自然巧趣的园林景观，更是浑然天成，正如张泰交《康熙四十三年紫阳别墅碑记》中所载：

> 枕山面江，中有层楼，楼旁有池，池有泉水清涟可爱，后有花厅，红绿参差，掩映阶砌，再折而北，又有石门天成，石径迂折，古木森阴，花香鸟语，饶山木之趣，而无城市之嚣。[1]

看着这段文字的描述，我眼前呈现出了一幅书院和园林相互融

1 张泰交：《康熙四十三年紫阳别墅碑记》，见王国平主编：《西湖文献集成》第20册，杭州出版社，2004年，第461页。

合、气韵生动的立体山水画卷，对比和谐，墨色淋漓。看那白墙黛瓦，高翘飞檐，传出隐秘幽深的艺术内涵，绿荫繁茂间，岩石林立处，讲学滔滔不绝，读书声声有力，一切都显出理所当然、顺理成章之态。

紫阳书院的建筑和园林景观，因楹联的画龙点睛更增添了意境和韵味。楹联，俗称对联，就是贴在楹柱上的联句，由骈文和律诗移植而来。楹联言辞优美，意境深远，和建筑、环境相得益彰，以更加巧妙的方式渲染了意境的空间。镌刻在书院的楹联，或点题寓意，或化育人生，或表达最世俗的功利追求，或彰显最深刻的人文关怀，如同一首首无声的歌，讲述书院的悲喜荣衰。白鹿洞书院有楹联曰："鹿豕与游，物我相忘之地；泉峰交映，智仁独得之天。"楹联借"泉峰交映"之明丽，"鹿豕与游"之野趣，涤荡胸襟，领悟哲理，以"至虚至明"的襟怀达"物我相忘"的境界。东林书院的著名楹联"风声雨声读书声，声声入耳；家事国事天下事，事事关心"，则标榜着忧国忧民的忧患意识和学以致用的务实精神。

紫阳书院楹联主要有三副。一副刻于观澜楼：

日月两轮天地眼，读书万卷圣贤心。

这副楹联最早由朱熹题于白鹿洞书院，此后被许多书院引用，浙江永康灵岩书院文会堂内就有此联。紫阳书院观澜楼建成后，成为祭祀朱熹的祭殿，于是引朱熹题联于入口楹柱。古时以日为天眼，月为地眼，上联意思是日、月为天地的两只明澈的眼睛，人们的一切言行都尽收其中，一览无余；下联告诫人们既要善读万卷诗书，又不迷失本性，而以圣贤之心为归宿，以领悟圣贤之心，净化自己的心灵，达到圣贤所期望的境界。这副楹联与观澜楼命名都意在劝导生徒进德修业，在有意无意间增强了观澜楼建筑本身的书卷气。

◎ 紫阳小学内的观澜楼

　　咸丰五年（1855），杭州知府王有龄为紫阳书院题写了一副楹联：

　　　　圣代重儒风，教秉新安，趋步定知歧辙少；
　　　　名臣留讲舍，政传渤海，补苴当念善成难。

　　王有龄（1810—1861），字英九，号雪轩，福建侯官人，曾捐纳浙江盐大使，后任慈溪、定海等知县及杭州知府、浙江巡抚等职。

　　王有龄在浙江任官多年，民间津津乐道于他和红顶商人胡雪岩结交的故事，一些资料也多有提及，说王有龄捐纳官职后无钱进京，受胡雪岩500两银子资助才谋得实缺，可我查看王有龄生平履历时，发现此事当属无稽之谈。王有龄捐盐大使之事发生于道光十四年（1834），并于道光十九年（1839）由吏部签发浙江，而胡雪岩出生于道光三年（1823），王有龄捐官时，胡雪岩尚为十多岁的跑街学徒，年薪不过 8 两，哪来的能力资助王有龄？民间所传故事可能性不大。

王有龄的这副楹联，上联教导书院生徒学习应秉承朱子之学，继承圣贤的儒学传统，这样为学为人都可少走弯路，更不会陷入歪门邪道；下联说明紫阳书院成立以来，书院山长多为政绩卓著、名扬天下的贤臣，他们讲学书院、修复院舍对书院发展意义非凡。此楹联既有王有龄对朱熹的不舍追随与敬仰之情，也为书院生徒提供了参照与模仿的榜样，教化劝学的用意十分明显。

夏同善任紫阳书院山长时，也专门书写一副楹联勉励生徒：

广厦宏开，看毓秀钟灵，蔚起虎林人物；
高山在望，愿立名砥行，仰承鹿洞渊源。

杭州旧称武林，据说是因为这一名称来自城外的"虎林山"。明代学者杨正质在《虎林山记》中就提到五代末期，钱镠在杭州建立吴越国，城外有山，因老虎出没，故名虎林山，后受吴地方言发音影响，"虎林"叫成了"武林"。夏同善这副楹联，上联点明杭州人文渊薮，下联强调紫阳书院志存高远的教育理念。

通过在院内营造园林景观，添置各种花草植物，配以蕴涵哲理的书院楹联，紫阳书院将自然山水和宁静幽美的环境融为一体，呈现出自然朴实的风貌。师生在泉石山林之间授业解惑、藏修息游，在与天地的和谐共处中实现礼乐相成的审美情趣和精神境界。

书院景观，江山之助

《诗经》质朴淳厚，《楚辞》浪漫热烈，先秦时期我国南北方地域差异使两大传世作品呈现出迥然相异的文风。对于地理环境与文风的关系，前人早有研究，梁启超在《中国地理大势论》中就这样说：

燕赵多慷慨悲歌之士，吴楚多放诞纤丽之文，自古然矣。自唐以前，于诗于文于赋，皆南北各为家数。长城饮马，河梁携手，北人之气概也；江南草长，洞庭始波，南人之情怀也。散文之长江大河一泻千里者，北人为优；骈文之镂云刻月善移我情者，南人为优。盖文章根于性灵，其受四围社会之影响特甚焉。[1]

梁启超在这段话中指出了南北地域之别对文风的影响，他认为虽然影响一地文风的因素很多，尤其是人之性灵与文章风格关系最为密切，但山川、林木等自然环境、社会风教等方面都不可小觑。

南北地域区别会引发文风差异，同为南方，一省有一省之文风，一地有一地之特色，学海堂山长杜联在《学海堂课艺续编》中，谈及江浙各地文风的区别：

直省文风最盛者，如江南之据典，江西之阐理，人皆知之而信之服。非特各省腴，即各郡亦腴。吾浙如杭之圆稳，嘉之刻挚，湖之灵敏，宁之才华，绍之警挺，各有所长，亦各有所失。[2]

1　梁启超：《新史学》，商务印书馆，2014年，第256页。
2　杜联：《学海堂课艺续编》序言，光绪元年刻本。

119

同是浙江省，杭州、宁波、嘉兴、绍兴各地也有差异，甚至同一城市，因不同的自然景观，亦可造就不同的文风。紫阳书院与敷文书院、崇文书院同在杭州，文风却各具特色，就是典型的例子。

紫阳书院极富山林气息，又极具"天人合一"之意境，独特的书院气质，使书院师生文章呈现出用意深远、张弛有度的特点。浙江巡抚梅启照在《敷文书院课艺二集》序言中，详细阐述了杭州三书院因风光不同而导致的文风差异：

> 三院托地不同，文风则随地而美。敷文居于山，崇文俯于湖，紫阳虽处阛阓，而特近山，有城市山林之致。故肄业于敷文者，其文多深秀峻拔，坚实浑成，刊浮华而标真谛。如山石之嶙峋，一空依傍；山容之厚重，不作肤词；山气之静穆，不为轻剽者。崇文临烟波之浩渺，览花柳之绚闹，故其文华美典则，如锦之成，如采之绩。紫阳得一邱一壑之胜，山泉云脚，时注于庭，故文辄悠然意远，得抑扬宛转之神。[1]

梅启照（1825—1893），字小岩，或筱岩，江西南昌人。梅启照是咸丰二年（1852）进士，其兄梅启熙为同治二年（1863）进士，时人誉为"一门两进士"。梅启照是洋务派著名人物，与曾国藩、左宗棠、李鸿章等同列为清末同光十八名臣。光绪三年（1877）至光绪五年（1879），梅启照出任浙江巡抚，短短两年多时间，他多行惠政，疏通淤堵多年的杭、严、金、衢四州府水渠，新增上等水田万余亩。在他的推动下，浙江成为全国第一个免费接种西式牛痘的省份。梅启照在杭州城市建设上，也倾注了大量心血，他以铁笋贯石加固钱塘江海堤，使堤坝牢固程度远超之前；又在杭州城内凿架石渠，引水于各街巷，杭城自此用上了自来水；为贯通杭州城内水系，梅启照还下令开凿新横河，新建田家普济桥，让杭城市民不必绕至城外即可过河，深得民心。丁丙特作《续东河棹歌》诗，描

1　梅启照：《敷文书院课艺二集》序言，光绪五年刻本。

绘"田家湾口桥通坝，大小河船只只来"，盛赞梅启照此举。对杭城文教事业，梅启照亦十分关注，重建西泠印社数峰阁，他撰写的《重建数峰阁碑记》，现在还立于西泠印社仰贤亭北墙旁。

梅启照对于自然景观与文风关系的理解，是十分细致入微的。崇文书院处西湖之滨，吸湖光，饮山渌，书院师生以独特的视角欣赏着西湖之美，所写文章多华美大气，体现着世俗之外的典雅。敷文书院和紫阳书院都受山林环境影响，文风也不尽相同，敷文书院高居西湖之南的凤凰山巅万松岭，三面环山，奇石嶙峋，夹道栽松，每当天风击戞，如洪涛澎湃，与钱江潮声互相应答，气势壮观，造就了士子文风坚实浑厚，文章重表达真意，较少浮华之气。紫阳书院身处闹市，外部环境可能与崇文、敷文书院相比，稍有欠缺，但院内岩泉之奇美、山林之野趣别有韵致，师生为文也就更显抑扬顿挫，措辞婉转。

自然山水景观不同，何以形成截然不同的文风？南朝文学理论家刘勰在《文心雕龙·物色》篇中有专门探讨：

> 若乃山林皋壤，实文思之奥府。略语则阙，详说则繁。然则屈平所以能洞监《风》《骚》之情者，抑亦江山之助乎！ [1]

刘勰这段话的意思是说，山林泽边之地，实在是创作的宝库啊，描绘过于简单则文章略显欠缺，过于详细则又太烦琐。然而屈原能够明察《风》《骚》描绘物色的关键，或许是得到了山川的帮助吧。

刘勰认为，写作者的情与自然之景关系密切，受自然万物感召，作者才能心有触动，由物而生发的触动最终会形成思想与心灵高度契合的文字表达，这就是自然山水对文风的促进作用，即"江山之

1 刘勰著，戚良德注说：《文心雕龙》，河南大学出版社，2008年，第322页。

助"。诗、词、文、书、画等各类文艺作品都少不了"江山"的襄助，然而现实中的自然景观受地域影响差异很大，塞北的铁马秋风、大漠孤烟与江南的杏花春雨、小桥流水，为作者提供形形色色的创作素材，不同的自然景观有不同的风格之内美，文人们借助文章宣气抒怀，从而形成了文风的区别。

书院各具特色的景观，是自然山水的微缩版，与生徒文章写作同样有奇妙的关联，我们可以将之称作微型的江山之助。如浙江学政张沄卿曾视学上虞经正书院，发现生徒为文华而不靡，清而仍绮，颇有古风。二十余年后他再至书院，见山环水抱，钟毓人文，而生徒文章也变得思精力厚，笔老气苍，于是发出"岂偶然哉"的感慨。

紫阳书院城市而山林的景观不仅有助于吟咏诗赋，对八股文写作也颇有影响。山长王同在《紫阳书院课艺九集》序言中就写道：

城市而山林，肄业者诵读之暇，可以游息眺览，以发挥其性灵。而其景之最胜者，曰螺泉，涓洁涟漪，可以状文思之泉涌也；曰春草池，微波潆洄，可以畅文机之生趣也；曰垂钓矶、笔架峰，奇石林立，可以状文气之突兀也。拾级而上，登其巅，观澜之楼渺矣，而其址自在。每当潮来，东望匹练浩瀚，如闻其声，可以状文势之涛翻而波谲也。平视万松岭，隔城烟如束带，群山蜿蜒，岚翠扑眉宇；俯视西湖，镜奁乍启，六桥烟柳，奔赴舄下，则又合湖山之美而兼有之矣。[1]

王同以紫阳书院螺泉、春草池、垂钓矶、笔架峰、观澜楼为例，说明这些景观可触发士子泉水涟漪、池波潆洄、奇石林立、潮涨潮落等独特的审美感受，激发士子的文思、文机、文气、文势，再配合八股文写作技巧，从而使其创作出情采并茂、文质俱佳的八股文

1　王同：《紫阳书院课艺九集》序言，光绪二十年刻本。

章来。

把院中景观与八股文写作联系起来，王同可说视角独特了。无独有偶，叶赫崧骏在《崇文书院课艺九集》序言中也提到了书院环境对八股文创作的辅助作用：

崇文依山面湖，举凡风云变幻，林木幽奇，四时皆有其佳致。诸生游息其中，得乾坤之清气，发为宇宙之至文，不貌袭先正，而先正之口讲指画，如入其室而承其謦欬。[1]

崇文书院依山面湖，四季皆是可吟可诵的胜境，赋予士子丰富的创作题材，也有利于写就散发浩然正气的八股文。紫阳书院城市而山林的环境不仅为师生提供了良好的读书氛围和游赏之处，也会触发生徒的情思，促动他们在追求情景交融的意境中书写佳作，造就书院抑扬婉转、张弛有度的独特文风。

---

1 叶赫崧骏：《崇文书院课艺九集》序言，光绪十七年刻本。

第四章
诗情画意诵紫阳

书香浸润，诗韵悠扬
山中真意，画作题咏

　　紫阳书院以青山为伴，白云为侣，夏可避暑，冬可踏雪，名师硕儒在此云集，求学士子慕名而来，文人墨客纷至沓来，留下了诗词，留下了画作。紫阳书院正是在这些诗画的映衬下更加熠熠生辉，细细品读这些留存诗词，鉴赏这些画卷，遥想书院昔日的风光与显赫，带给我们无尽的遐思。

书香浸润，诗韵悠扬

连峰青嶂合，志向紫阳君。

飞阁临芳树，高窗度白云。

清襟蕴秀气，淳意发高文。

——思乐育，儒风蔼典坟。

这是清朝诗人柴杰《柴氏西湖百咏》中收录的一首名为《紫阳别墅》的五律诗。诗中所咏紫阳书院，青山如黛，翠木扶疏，楼台亭阁，点缀其间，是何等的山林美景，是何等的鸿儒云集，真是诗意满天地，俯拾适宜佳。

紫阳书院师生问学于如此诗意山水间，切磋学术之余，诗兴油然而生，而文人学士乃至地方官吏，也喜聚结于此，寻幽览胜，感兴怡情，写下了许多诗词佳作。这些诗词林林总总，无疑以写景之作数量最多。紫阳书院满眼皆美景，有着可供文人墨客感兴题咏的丰富题材，连儒学大师俞樾都对此羡慕不已。同治五年（1866），主讲苏州紫阳书院的俞樾，专门给杭州紫阳书院山长孙衣言去了一封信，他在信中赞叹杭州紫阳书院的咏景诗作"洵足为浙紫阳生色"，又不无遗憾地感慨"苏紫阳竟无一可咏者，不太减色乎"。同样置身闹市小巷，位于苏州这座园林城市的紫阳书院，在俞樾眼中居然无景可咏，院内景观，与杭州紫阳书院相比，高下立现。

俞樾何以发出这样的感慨？原来，不久前，孙衣言将杭州紫阳书院的古迹、遗址和包括景徽堂在内的建筑，赋诗咏叹成《紫阳书院十六咏》景致组诗，在当时文人学者中掀起了和诗风潮，浙江督学使吴存义[1]、崇文书院山长薛时雨[2]、诂经精舍监院谭廷献等都纷纷作和，时人秦湘业得知《紫阳书院十六咏》大作已付刊印，更是特意致信孙衣言索要该诗。《紫阳书院十六咏》组诗，诗因景成，景借诗传，紫阳书院的山林佳趣和文人雅士风范因孙衣言的诗作进一步名扬四方。

其实，大凡有得天独厚院内景观的书院，多有文人吟咏景致组诗。如，浙江嘉善魏塘书院，当地文人曹庭栋和曹庭枢兄弟分别就衡殷阁、六贤祠、虚受斋、洗心亭等咏有《魏塘十咏》；诂经精舍山长王昶，主讲上海青浦青溪书院时，力邀紫阳书院山长屠倬，学者潘亦隽、许宗彦等到院游览，作成《青溪书院十景诗》，吟咏院中青溪一曲、五峰拱翠、讲院梧阴等景观。紫阳书院自书院创立之时就有了景致组诗，高熊征曾作《紫阳别墅十二咏》，以诗十二首分咏书院乐育堂、南宫舫、五云深处、别有天、寻诗径、看潮台、巢翠亭、螺泉、鹦鹉石、笔架峰、垂钓矶、簪花阁的优美景致，其《簪花阁》诗云：

> 山阁玉兰开，恍疑坐玉署。
> 看尔阁中人，簪花上林去。

此诗情景交融，清新自然，人在阁中，看窗外春意盎然，玉兰花开得晶莹皎洁，或许还有暗香飘进阁内，恍惚间以为端坐在翰林院中，而在阁中读书问学之人，亦为书院增添了独特的人文气息。高熊征诗中的簪花阁，人、阁、花是这样的相得益彰，的确是读书讲学的好地方，置身此景之中，我想，再浮躁的人，恐怕也会禁不

1　吴存义（1802—1868），字和甫，江苏泰兴人，道光十八年（1838）进士，曾任云南、浙江学政，吏部左侍郎等职，著有《榴实山庄诗词文集》。

2　薛时雨（1818—1885），字慰农，一字澍生，晚号桑根老人，安徽全椒人，咸丰三年（1853）进士，曾任杭州知府，著有《藤香馆诗钞》。

住想要静下心来读书了。

又如《看潮台》:

> 白水卷青天,不辨天与水。
> 陆海接潘江,颎洞原如此。

在紫阳山巅观钱江潮,潮临时,江面闪现一条白线,水天一色辉映成画,令高熊征颇为感慨,人们常说西晋文学家陆机才如大海,潘岳才如长江,他们的才学,如眼前这潮水般水势汹涌。

彼时的紫阳山,海门数点潮头动,是极佳的观潮处,书院内有专门的看潮台,漫步登山,即可欣赏激荡的潮水逆流而上,乱涛穿涌。如今,钱塘喇叭口因泥沙堆积早就变小了,观赏钱江潮,需跑到观潮第一胜地——海宁盐官效果才好,只是观潮之人比肩接踵,早已没有了当年的从容雅致。

其后,山长卢文弨的祖父卢之翰又有《紫阳书院十景诗,用门人冯朝宗韵》问世。卢之翰十景诗中,有石蕊、春草池、葡萄石、望江岩四处是高熊征未曾吟咏的。卢之翰借描述景观抒发自己的闲情逸致,如《石蕊》:

> 岭岈含石蕊,岁久无枯荣。
> 偶悟入静机,块然了无生。

又如《春草池》:

> 池上春波绿,西堂梦觉时。
> 不关春草句,有意系人思。

及至孙衣言主讲紫阳书院时，书院新增校经亭、观澜楼、景徽堂、听经岩四景，于是他借书院景观和掌故吟咏十六首诗歌，抒发自己继承高熊征遗志，在山水游息之间讲诵文章、造就人才的意愿。如《簪花阁》诗云：

> 大贤不违俗，簪花宴闻喜。
> 高阁有嘉名，息壤亦在此。
> 殿前胪句传，上殿见天子。
> 回首二十年，报恩竟何似。
> 诸生学日新，不才我老矣。

与高熊征眼中的簪花阁不同，孙衣言诗中，此阁不特有景，更因人而彰，他以雍正年间山长傅王露修志簪花阁的掌故，描写个人经历，回想起自己教书育人的20年，育才无数，感觉再多的辛苦，在这一刻也可以宽怀了。

景徽堂前，岩石林立，诸生常读书于此，于是孙衣言将此地命名为"听经岩"，并曰：

> 堂前数石立，头角何嵚奇。
> 峨峨伟丈夫，侪伍相因依。
> 六经声贯珠，诸生堂东西。
> 至静涵大妙，太璞岂不移。
> 生公昔都讲，亦有点头时。

孙衣言作诗，喜咏典故，或以古证今，或以抒己怀。上面这首《听经岩》，他就借用了"生公说法"的典故。典故说的是南朝梁高僧竺道生，人称生公，相传他在苏州虎丘寺讲经，人皆不信，于是他就聚起一堆石头侃侃而讲，论及精辟处，据说连群石都为之点头。孙衣言用此典故，以含蓄有致的语句，向我们描绘着当年听经岩诸生诵读六经的盛况。透过孙衣言的诗句，恍惚中，我仿佛看到一大群弟子诵读于秀丽山石间，琅琅书声依稀传来："士不可不弘毅，任重而道远……"

孙衣言因喜书院"山水台榭之胜"，所作《紫阳书院十六咏》在书院景致诗中颇具代表性，现代学者徐雁平评价说："咏书院景致组诗，似以孙衣言《紫阳书院十六咏》为最。"[1]

同一景物，在不同诗人笔下，往往会显示出不同的色彩。那么，同样的簪花阁，在其他文人眼中又是怎样的呢?

吴存义曾以行书写就《紫阳书院十六咏，次山长孙琴西观察同年韵》组诗，原稿现由瑞安博物馆收藏，其中对簪花阁的吟咏：

> 兰芷升紫庭，岁为多士喜。
> 科目自隋唐，伟望常出此。
> 兹阁峨切云，题榜缅君子。
> 昔年司马公，簪花聊举似。
> 诸生春宴时，亦当如此矣。

站在提督学政的立场，吴存义吟咏簪花阁，意在言志劝学，鼓励书院生徒早日金榜题名，可谓寄意深远。

薛时雨则有《和孙琴西山长衣言紫阳书院十六咏》，其中的《簪花阁》一诗：

> 功名图凌烟，腰插大羽箭。
> 何似曲江滨，压帽宫花艳。
> 阿婆今老矣，头白文章贱。

1 徐雁平：《清代东南书院与学术及文学》，安徽教育出版社，2007 年，第 435 页。

猛将们腰佩大羽箭征战沙场，只为了有朝一日功成名就，把自己的画像放在凌烟阁供人瞻仰，回想中进士之时，帽上的御赐宫花多么艳丽，如今雄心虽在，却头发花白，文章也无出彩之处了。薛时雨以自己独特的经历和情感，借景抒怀，表达了内心心绪的变化。

紫阳书院景观之美，让人忍不住想要反复吟咏，其景致组诗，还有谭廷献的《紫阳书院十六咏同长孙琴西先生作》，林丙恭的《紫阳书院十六咏，应山长吴左泉夫子教》，郑文烺的《紫阳书院十五咏》，范熙的《紫阳别墅四咏》，以及骆尊吟咏垂钓矶、簪花阁等作品。

诗人们总是特别善于发现美，紫阳书院的一草一木、四季变换，在他们眼中都浸染了书香，值得真情吟诵。朱琰《湖楼集》中勾勒的书院山池梅花是"树底一泓水，映空三两花"，在魏之琇诗中则是"雾入遥山见，春回老树知"。诗人们笔下的书院，春天"碧桃万树连云丽，红杏千株傍日栽"；夏日里则"湿翠凉入衣，寒泉响远滴"；初秋季节是"阶深红叶伴花开"；寒冬里又"菖蒲涧边石齿齿""落笔都成冰雪文"。紫阳书院的景致，因这些诗作的渲染，更具文化内涵，即使时隔数百年，历经变化，今天的我们也能跟随咏诗者的脚步，重叠古今，寻找书院那最醉人的美景。

紫阳书院留存的诗词，除了描述书院景物的清奇秀逸，展示书院优越的读书环境外，还有一部分是缅怀先贤风范，反映书院培育人才的作品。它们从不同角度着笔，诗说着紫阳书院的功能和价值，如这首《紫阳书院》：

> 江湖襟带紫阳山，山麓亭台别墅间。
> 乐得英才宏教育，远来多士共跻攀。
> 春风化雨陶成后，苏海韩潮指顾间。
> 更读晦翁题句在，观澜楼即圣贤关。

紫阳山襟江带湖，风光优美，紫阳别墅就坐落在山麓，亭台楼阁点缀其间，吸引四方人才来此求学，书院教师如春风化雨般培育人才，学生桃李成蹊，才学出众，即使如韩愈、苏轼那样气势磅礴、如海如潮的文章，转瞬间也可写就。书院最高处的观澜楼，以朱熹诗句激励着书院师生以先贤为榜样，成贤成圣。

柴杰所编《浙人诗存》中也有一首名为《紫阳别墅》的诗：

> 理学儒宗首紫阳，轩窗爽垲俯兰塘。
> 花阴不减鹅湖滟，草色犹分鹿洞香。
> 九考退休甘著述，千秋俎豆重胶庠。
> 我来底事生惆怅，为忆岿然崇道堂。

诗文通过回忆朱熹为官二十七载，隐退后二十年间著书立说的人生经历，把紫阳书院与江西鹅湖书院、白鹿洞书院相媲美，肯定紫阳书院承继朱子遗教、培育人才的成绩。

这类抒发景仰先贤、鼓励师生修身问道的诗作多为支持书院发展的地方官员或书院山长所作，也有一些收录于清人诗集而未注明姓名的诗作。这类诗作不同程度地描摹书院群英俱至的鼎盛光景，如"文藻平分星光斗""砥躬励行重人才""此地声华如鹊起，讲堂诵室共徘徊"。诗句颂赞意味浓厚，表达了诗人对于书院兴旺的欣悦情绪。今日读来，仍颇受激励，想来没有矢志不渝、作育英才的品质，是写不出如此佳句的。

留存诗词中还有一类是造访书院会友、交友酬唱所赋，展示了书院师生的社会交往。如某夏日夜，校官章黼[1]居于书院，著名词

1　章黼（1780—1858），字次白，号息翁，浙江仁和人，曾任官松阳教谕，西湖书院监院，紫阳书院、崇文书院校官。

人项鸿祚[1]来访，项鸿祚拿出自己已刊印的词集《忆云词》请章黼品评，恰逢词人李堂[2]也在书院，于是三人便在南宫舫品茶夜谈，相聚咏怀。这几人在清朝杭州诗词界颇具名望，平日里就常一起泛舟西湖、诗文酬唱。

项鸿祚在清朝词坛极具地位，可以说和纳兰性德难分伯仲，两人同样的才华绝伦，也同样的英年早逝。他的词集《忆云词》和纳兰性德的《饮水词》都是以幽怨哀愁著称。项鸿祚一直把自己的词作看得很重，曾说"余词可与时贤角"。见项鸿祚将词集拿来与自己探讨，章黼自然十分欣喜，便作《夏日居紫阳别墅来项莲生》抒怀：

坐我南宫舫，书窗面水开。
品泉无热客，选石有奇才。
夜静闻鱼跃，林喧想雨来。
宝莲山下路，怀古日徘徊。

南宫舫临水而立，开窗即见一池碧水，客人来访，谈及深夜，可听到池中之鱼跳跃翻腾，林中喧嚣声传来，希望能下场雨使天气变得凉爽些。

章黼又以《齐乐天》为调，赋词《夜宿紫阳墅南宫舫，喜项莲生来访，出示忆云生词，并题此阕，予亦继声兼怀令兄芝生及许青士、玉年、滇生》；李堂也以《台城路》为调，赋词《夏夜宿紫阳别墅，同章次白、项莲生赋》以纪念此事。这两首词是目前能见到的有关紫阳书院仅有的词作了。

1 项鸿祚（1798—1835），原名继章，又名廷纪，字莲生，自号忆云生，浙江钱塘人，紫阳书院山长项名达的堂弟。
2 李堂（1772—1831），字允升，号西斋，浙江仁和人，居处称"冬荣草堂"。

成立于乾隆二十五年（1760）的瓣香吟会，是杭州颇具影响的一个诗人社团，前身是培风吟会，常常定期举行诗会活动，但是可考的集会却在史料中所见不多。在《紫阳书院掌故征存录》有关紫阳书院诗歌的记载中，我竟发现吟会成员沈鹏[1]的《瓣香吟会第十九集，同人集紫阳别墅，用韩昌黎〈人日城南登高〉韵》诗：

> 春信报梅花，短笛谁三弄。
> 触拨游衍情，振步遂忘冻。
> 青山况在城，杖屦常时用。
> 攀跻野鹤随，凭眺闲云从。
> 吟侣集书堂，晤言期我共。
> 坐倚紫驼峰，江流以目送。
> 少焉祀瓣香，再拜荐芹葑。
> 礼毕具尊罍，酣饮不嫌纵。
> 清欢判老怀，快游释佽愗。
> 镌壁记重登，将为来者重。

从诗文内容看，瓣香吟会的第十九次雅集是在紫阳书院举行的。初春某日，会员们相聚于书院，看着梅花竞相开放，大家激起了登山赏景的热情，一路野鹤相随，到驼峰休息，看钱塘江向远方奔流。大家又在山上用芹菜和芜菁祭祀，礼毕后尽情豪饮，心情愉悦，又用韩愈的《人日城南登高》作同韵诗，并在石壁上镌刻这次雅集活动以示纪念。

在丁丙的《武林坊巷志》中，我们还可以找到不少这类因寓居或访友于紫阳书院所吟诗作。

---

1 沈鹏（1716—1783），字振飞，号桐溪，浙江钱塘人，生活于雍乾年间，著有《桐溪诗草》。

倪乘天[1]的《乾隆己亥除夜，紫阳书院寓居偶赋》。乾隆四十四年（1779）除夕夜，倪乘天在紫阳书院辞旧迎新，写下此诗，其中"冉冉征途与岁迁，忽来山阁更茫然。渡河三豕余今夕，赴壑修蛇又一年"几句，表达了自己读书多年，人生似有迷茫的心境。

何琪[2]的《紫阳精舍喜晤王秋塍即送还禾中诗》。何琪一生可是给自己取了不少号，如他住在北郭枯树湾，湾南多为捕鱼之人，于是他自号南湾渔叟。何琪曾于偶然间得到马湘兰砚，马湘兰虽是明朝秦淮河畔的一名歌妓，却以擅诗画而名噪一时，她的这方端砚，是其晚年所用，砚高 16.4 厘米，宽 10.4 厘米，厚 2.5 厘米，四角浑圆，细润发墨，左侧可见小隶书写的"施而不德，吐惠无疆，渐渍甘液，吸受流芳"16 字砚铭。马湘兰砚是极具收藏价值的，不过当代著名金石书画玩家郭若愚在《智龛品砚录》中曾评说"湘兰砚传世多见赝物，需详考之才可信也"。何琪手中的马湘兰砚是否真品我们不得而知，但可以确定的是，他得到此砚后心情是十分激动的，为此还特意自号湘砚生。晚年的何琪，因倾慕北宋散文家石守道、谏臣唐介人品，又自号二介居士。此诗是何琪在紫阳书院会晤王复[3]所作。这年的冬天天气特别寒冷，在一个滴水成冰的日子里，何琪来到紫阳书院，闻声辨人"竹里吟声知是君"，欣喜地发现好友王复亦在书院，于是以此诗记录意外的相逢。

陶元藻[4]的《冬日寓紫阳书院两首》。陶元藻在西湖葛岭下建泊鸥庄，曾寓居书院，于是吟诗留念。居于紫阳书院旁侧"寒山旧庐"

---

1 倪乘天，字象占、九三，号韭山，浙江象山人，生活于乾嘉年间，曾任官嘉善县训导，著有《青棍馆诗稿》。
2 何琪，字东甫，号春渚、南湾渔叟，浙江钱塘人，布衣，辑编《唐栖志略》，著有《小山居》。
3 王复（1748—1797），字敦初，号秋塍，浙江嘉兴人，曾任河南浚县县丞，商丘、偃师知县，著有《树萱堂诗》《晚晴轩稿》等。
4 陶元藻（1716—1801），字龙溪，号篁村，晚号凫亭，浙江会稽人，诸生，著有《全浙诗话》《泊鸥山房集》《香影词》等。

的陆文谟¹见诗后，专门作《紫阳别墅和陶秀才韵》应和，末句云"此间旧自联吟地，重继风流刻竹边"，道明书院原为周雯故居，文人墨客常觞咏下榻于此。

杨汝谐²的《紫阳书院呈山长傅王露十六韵》。作者在诗中以"清誉噪中州""杰作琳琅满""山林成宿志，钟鼎让名流"等语夸赞傅王露的才学和人品。

屠秉³的《寒月甚佳，拟访玉延于紫阳别墅，不果，却寄》四首、《小春望前一日，偕鹭君弟访夏玉延、叶梅生于紫阳别墅。夜登观澜楼玩月，见灯光灿布于苍茫烟雾中，度其处为吴山东麓，因踏月往观，盖是日为水神生辰，所在咸张灯火。归而书此，以识一时清兴云》。这五首诗均收录在他所著的《盟山堂诗集》中。如诗所述，屠秉多次到紫阳书院拜访夏玉延⁴，因故未能相见，赋诗四首。农历十月十四这天，屠秉带弟屠钧再次拜访，正遇吴山有庆祝水神生辰活动，欣然前往观赏，见"烟云连海阔""灯火似星悬"，闻吹笙之声顿觉飘飘欲仙，于是回到书院作诗留念。

此外，郑文烺⁵《率性吟》中收录了《午日紫阳书院即席赋呈诸友》《留别紫阳书院诸友》等21首诗作。

1　陆文谟，字典三，号苕洲，浙江钱塘人，监生，著有《爱间堂诗钞》。

2　杨汝谐，字端揆，号柳汀，又号退谷，江苏华亭人，著有《崇雅堂诗钞》。

3　屠秉，字修伯，浙江钱塘人，官至两淮盐使，紫阳书院山长屠倬长子。

4　夏宝晋（1790—1867），字玉延，号慈仲，江苏高邮人，有《冬生草堂词与同名诗文录合刊》。

5　郑文烺，字玉良，号岷林，诸生，浙江西安人，著有《率性吟》。

这些只是我在阅读紫阳书院留存诗词时随手摘出的，碍于篇目有限，不能一一介绍，不过，仅看题名，就可大致了解到书院师生与杭州文人之间的社会交往与感情交流。我相信还有不少诗词，散落在书院山长、生徒及到书院雅集酬唱的文人诗集中，静待后人寻觅。

山中真意，画作题咏

　　元朝有四位享誉画坛的山水画家，分别是黄公望、吴镇、倪瓒和王蒙，合称"元四家"。黄公望年近八十开始用水墨技法描绘杭州富春江一带的秋景，以长卷形式把浩渺连绵的江南山水表现得淋漓尽致，这就是被称为"画中之兰亭"的《富春山居图》。数百年后，一群活跃于上海地区的画家，打破传统中国画的束缚，以"海纳百川、兼容并蓄"的精神，借鉴民间与西洋绘画艺术，形成海上画派，其中蒲华、虚谷、任伯年、吴昌硕四人并称"海派四杰"。蒲华72岁时以紫阳山水为原型，根据紫阳书院十二景设色成《紫阳山居图》长卷。虽然从珍藏价值看，《紫阳山居图》还没有达到《富春山居图》所属的国宝级别，但此画用笔泼辣豪放，用墨酣畅淋漓，被评定为国家二级文物，现收藏于嘉兴博物馆。而画作描摹的书院实景，蒲华所书题咏和他人旁题，却成为今天我们见证紫阳书院昔日盛景的珍贵史料。

　　中国历史上书院曾多达几千所，但知名画家为书院绘制实景图的情况并不多见。上海博物馆珍藏了一幅明朝画家文从简所绘的《介石书院图》。文从简是明朝大书画家文徵明曾孙，他用细劲淡逸的用笔，对苏州介石书院进行写真描写，画中虬松修竹，清泉潺流，小道弯弯，山坳石间，一座二层书房隐于其间，是难得的佳作。如今江苏南京夫子庙三山街区一带，曾有三山书院，明末清初江南名画家朱翰之（七处和尚）于顺治八年（1651）作《三山书院图》，图中书院依山临水而立，显得空灵而秀雅，画作由日本著名实业家桥本末吉收藏。

　　名气最大的书院实景图，当属香港杨敬德先生收藏的齐白石《莲池书院图》。此画作于 1933 年春，当时齐白石年近七十，成名已久，一般人求画不易，但由张次溪出面情况就不一样了。张次溪是著名的史学家、方志学家，与齐白石有着将近 40 年的忘年之交，索画者吴北江正好是张次溪的老师，于是通过张次溪向齐白石转求画作。齐白石对吴北江之父、莲池书院山长吴汝纶一直十分钦佩，曾数次游览书院，对院中山水景观印象深刻，遂以书院一池莲花和池上院宇为题材，绘就《莲池书院图》并作题记。吴北江收到画作后，特意给齐白石写了一封感谢信，说书院得海内第一流大师润色描摹，定会永垂不朽，并承诺此画将"藏示子孙，永为法矩"。只是世事难料，吴家子孙后来不知何故将画作拍卖，颇为遗憾。

在蒲华绘《紫阳山居图》之前，紫阳书院山长魏成宪"尝作《紫阳讲舍图》，一时题咏甚盛"。魏成宪主讲紫阳书院是在道光八年（1828）至道光十一年（1831），我推测《紫阳讲舍图》是在这段时间创作的，只是四处查阅资料，却鲜有《紫阳讲舍图》内容及下落的相关记载，在书院山长吕璜的《月沧文集》中，倒是找到了一篇《魏春松先生〈紫阳讲舍图〉序》。春松是魏成宪的字，吕璜在序中回顾了魏成宪主讲广州粤秀书院、苏州正谊书院、南京钟山书院的经历，肯定了他在紫阳书院秉朱子之学、广朱子之教的做法，并说明魏成宪作《紫阳讲舍图》是为了记录书院"山水明秀甲东南，人才亦蔚然以茂"的盛况。

转眼到了 1903 年 3 月，紫阳书院在 10 个月前已改办成仁和县小学堂，书院最后一任山长王同，也成了小学堂总理，好友蒲华闻知，把王同主讲紫阳书院 20 年的岁月浓缩成了一幅横 247.9 厘米、纵 34.8 厘米的山水长卷——《紫阳山居图》。

浮游于世"蒲邋遢"

蒲华（1832—1911），原名成，字作英，一字竹英，号种竹道人、胥山野史等，书斋名芙蓉庵、九琴十砚斋，浙江嘉兴人。

蒲华创作《紫阳山居图》时，正隐逸上海闹市，享受着自由而放荡不羁的日子。如许多文人一样，蒲华也有着出世情怀，他相信"自是千秋清望在，草莱沦隐又何时"，只要有美好的名望在，隐遁山林多久都没有关系，更相信"心远地自偏"，即使身居繁华之地，甚至为生活所迫陷于烟柳街巷，依旧可以保持一颗出尘之心。

从 1894 年冬至 1911 年去世，蒲华一直居住在上海老城北登瀛里一楼上客堂，因他癖好古琴和名砚，遇即购藏，视为心爱之物，就将居室命名为"九琴十砚斋"。住所名虽清雅，屋内却凌乱无序，作家郑逸梅常去拜访，对居室的邋遢印象深刻：沿窗设着一张很大

◎ 蒲华像

的书画桌，上面总是灰尘满布，不加拂拭整理，连所用的笔，也是纵横凌乱，从不收拾。蒲华对衣着也不太讲究，粗布葛衣，身边一只破布袜，内藏印章及零星费用，日挂腰间，衣不常洗，袖口墨痕累累。即使作画，蒲华也透着邋遢劲，郑逸梅曾记录过这样一个有趣的故事：一个寒冬天，郑逸梅到蒲华家去，见蒲华穿了一件旧袍子，袖口已破，桌子铺一白纸，正在磨墨，知道他打算作画，便问他画什么。蒲华告诉郑逸梅：预备画梅花。不料，蒲华一面磨墨，一面口吸雪茄，糊里糊涂地破袖口濡染了墨，而他又没有当心，把雪茄烟灰散落素纸上，立即用袖口去拂灰，结果一拂，却把濡染的墨都沾染纸上。蒲华见后，连说："弗局哩！弗局哩！（秀水人口吻，即不好了的意思）"郑逸梅见到这种情形，不觉为之失笑，以为这张素纸算是毁了。谁知蒲华想了一会，说不要紧，随即用笔在沾染墨迹的地方，淋漓尽致地涂起来，居然成了一幅墨荷图，这令郑逸梅佩服得五体投地，于是把这个故事记录了下来。

蒲华的邋遢轶事在当时上海文人圈流传甚广，于是大家索性就给他起了"蒲邋遢"的绰号。他的忘年交吴昌硕更是赋诗描绘他的鲜明形象。这首收录在《吴昌硕诗集》中的诗，名《蒲作英华》，它的写作背后还有一个好笑的故事。

一个阳光灿烂的午后，吴昌硕慢条斯理地走在上海的弄堂里，他来到一个小门前，叩打着门环，里面却毫无动静。吴昌硕又使劲高声叫着蒲华的名字，可还是没有人来开门。侧耳静听，吴昌硕听到里面传出了抑扬顿挫的鼾声，无奈地轻笑几声，转身离去。后来吴昌硕专门赋诗一首，活灵活现地描绘了当时的一幕：

> 蒲老竹叶大于掌，画壁古寺苍崖边。
> 墨汁翻衣冷犹著，天涯作客才可怜。
> 朔风鲁酒助野哭，拔剑斫地歌当筵。
> 柴门日午叩不响，鸡犬一屋同高眠。

诗首句总结蒲华的艺术特征，蒲华喜欢画竹，吴昌硕认为蒲华的竹气足神雄，与年轻时的"花山题壁"风格一脉相承。第二句讲明蒲华的生活窘态，提笔作画，墨汁打翻，衣衫全湿，还穿在身上，以体温相焐。第三句说的是蒲华的性情，别人看蒲华身材矮小，相貌猥琐，可吴昌硕却认为蒲华壮志难酬，才寄情笔墨，游戏于书画。最后一句则是因上面这个故事引发的感叹，蒲华喜欢夜间创作，白日睡觉，所以发生了吴昌硕中午前去拜访，蒲华呼呼大睡难以叫醒的情形。

有人以为，诗尾这句，吴昌硕意在取笑蒲华，说他是一个寻花卧柳的好色之人，其实完全是误读。蒲华生活落魄，在沪所居之处鱼龙混杂，其堂室旁就是一妓馆，打扮妖艳的妓女们结伴出入，管弦之声不绝于耳。蒲华却毫不在意，不仅坦然处之，还颇为得意。每遇出堂的妓女，他必大胆地正视、侧视、背视，令人费解。问他为什么这样，蒲华说，正视得其貌，侧视得其姿，背视得其形，天生尤物，所以供我观赏，否则未免辜负。读着这段资料，呈现在我眼前的是一个性格率真的蒲华，一个行为豁达的蒲华，我突然明白，原来蒲华生活邋遢，心却清逸，"蒲邋遢"完全是雅号呀。

也许正是这种率性和随意的个性，造就了蒲华豪迈奇崛的书风，狂放大气的画风，而在经历了理想与现实的碰撞，四处漂泊的悲凉与孤独后，其艺术风格愈加鲜明，最终在近代海派众多优秀书画家中成为领军人物。

山中真意绘长卷

蒲华对书院题材也算情有独钟。光绪二十年（1894）是他游历生涯的最后一年，这年春天，他在黄岩为王舟瑶创作了纵32厘米、横133厘米的山水长卷，以当地著名的九峰书院为题材，题款《九峰读书图》。设立于同治八年（1869）的九峰书院，虽开办时间较晚，却因王棻、张濬等名儒掌教，慕名从学之士甚众，连日本、朝鲜、越南的学生亦上门求学。王舟瑶早年曾就读九峰书院，后又求学于诂经精舍，肄业后回到九峰书院就任山长。王舟瑶对九峰的自然风光十分喜爱，常和士子们悠游其间，为追寻十年前与一众学子读书书院的盛景，遂请蒲华作画。蒲华以突兀而出的九峰为背景，山景平远，山中有书屋三间，围墙环绕，苍松老柏，幽静深邃，又有小桥溪沼，渐入远景，而屋中之人，闲坐而读。王舟瑶在图上题诗并作跋。

《紫阳山居图》是蒲华又一以书院为主题的实景写真之作，全画墨色雅致清新，看着似乎更像是一幅水彩画，特别是蒲华在设色之时，墨色中用蓝色点染，使画中的紫阳山更显神秘与浪漫。山下的紫阳书院，蒲华根据诗人反复吟咏的书院景致组诗，还原成形象生动的十二景，还用行书题记 26 行，描述十二景详情：

　　盖会客之所，作湖船式曰"南宫舫"，其池曰"春草池"；池滨有磐石，曰"垂钓矶"；矶右有房廊，曰"簪花阁"；池岸有山路可登，曰"寻诗径"；循径而东，有横石凌空而平，曰"石梁"；循径而西，有石，则小峰参差列锐，曰"笔架峰"；再升则双石对

◎　蒲华《紫阳山居图》，嘉兴博物馆收藏并提供

第四章∕诗情画意诵紫阳

峙，人从中行，曰"双峡"。摩崖有前人题语，径之所以谓寻诗耶！过峡，而峡侧有泉，一泓清澈。泉上石势旋邅，有竹枝覆于其端，曰"螺泉"。峡之西一石翘然，曰"鹦鹉石"，冈曰"梧桐"，亭曰"巢翠"。逶迤至山之南，楼曰"观澜"，则高迥而钱江在迩，更见越山无数矣！自山而西下，有小池，池上奇石嶙峋，而石镌曰"别有洞天"，可知景有延揽不尽者。

《紫阳山居图》是蒲华专为王同而作的，王同特在卷首借用唐朝诗人许浑《姑孰官舍》诗中尾句，用隶书自题"紫阳山下是吾庐"。许浑是晚唐最具影响力的诗人之一，无意仕途，一心归隐，王同与其经历极为相似。王同在紫阳书院讲学20年，造就了书院最后的繁荣，在此处书写该诗句，真是恰到好处。王同还在画作钤印"琅琊郡"朱文长方印、"仁和王同字同伯印信"白文方印及"吕庐篆隶""咸丰秀才同治举人光绪进士"两枚朱文方印。王同出身琅琊王氏，字同伯，号吕庐，他将象征自己身份的四枚大印均钤印图上，足见对画作的认同和喜爱。

此外，画上还有一枚"杭县王褆丁丑劫后重收先代手泽之记"的白文方印，见证了这幅作品的流转。王同去世后，《紫阳山居图》由其子王绮（字定叔）收藏，但1937年"七七事变"后，在颠沛流离中画作几经他手，几乎被毁，后来王同幼子王褆（号福庵）无意中在上海画市购得，于是特篆刻了一枚印章，钤于图上，以为纪念。王同门生程学銮将《紫阳山居图》的流转过程及对紫阳书院的观感，题成内记，书写于画作之上。

王同在世时，《紫阳山居图》中只有蒲华题记和王同、王绮题诗，而现在，这幅画作不仅有程学銮的题记，还有高保康、吴受福、立诚、丁立中等14位文人的旁题，他们多是王同的学生，学生们将对王同的仰慕之情及与之交往的点滴回忆，题写于画上，抒发自己思念先师之情。

可以说，《紫阳山居图》从创作到流转，都蕴含着宏阔和深远的历史背景，它不仅向我们展示着书院极具佳趣的读书环境，也体现着师生群居读书的艺术情景，其题跋、题诗与题记，更是富有历史文化内涵的重要史料。《紫阳山居图》，足堪以图证史！

第五章

名宿鸿儒教泽深（上）

以书育人，以文传道：书院的山长群体

著述自娱，志书传世：探花编修傅王露

独抱遗经，一生为书：两任山长卢文弨

笃学能文，根经务实：东南硕师王宗炎

兼资文武，贵有独知：状元山长石韫玉

潜园颐养，紫阳授徒：潜园老人屠孟昭

　　院因人而盛，人因院而名，历史上声名远播的书院，无一不留驻着名宿鸿儒的足迹，他们是书院的灵魂，而书院亦是他们的寄托，二者相辅相成，共载史册。紫阳书院历史上，有三十几位有迹可考的山长，他们以德隆望尊、满腹经纶，吸引了四方求学若渴的学子，使紫阳书院日渐成为杭城重要的人才培养基地和文化中心。

以书育人，以文传道：书院的山长群体

书院的实际主持人称作"山长"，又称"主讲"或"掌教"，也有叫"山主""洞主"的。乾隆三十年（1765），皇帝曾下令改称"院长"，但未几又重新称"山长"了。

与宋元时期书院自由选聘山长不同，清朝政府对书院山长的选聘极为重视，在法令上有明确规定。乾隆元年（1736）颁布的《训饬直省书院师生》中强调凡书院之长，必选"经明行修，足为多士模范者"，礼部也明确要求各省督抚学政悉心采访品行方正、学问博通之士出任山长，而不必考虑本省与邻省，亦不论已仕与未仕。

从朝廷的规定看，书院山长选聘时，品行与学问俱佳是首要条件，至于籍贯，是否有为官经历倒在其次。实际的情况是，很多书院都将科甲出身作为延聘山长的必要条件，而且为了保证山长能发挥实际作用，防止出现"遥领馆职"的现象，往往倾向于聘请本地人士担任。

目前，史籍可考紫阳书院山长有 37 位，分别是：宋瑾、方婺如、傅王露、何玉梁、顾光、杨大琛、孙庭槐、郑虎文、邵树本、卢文弨、孙志祖、王宗炎、戚学标、魏成宪、朱钰、石韫玉、龚丽正、龚自珍、卞斌、朱鸿、屠倬、项名达、姚近宝、陆以湉、钱振伦、沈元泰、唐壬森、孙衣言、吕耀斗、章鋆、张德容、夏同善、张家骧、许景澄、金寿松、吴超、王同。

——查阅山长们的经历，发现他们基本是科举场上的佼佼者，除了宋瑾是诸生、顾光为举人外，其余 35 位均是进士出身，其中有状元山长石韫玉，探花山长傅王露、卢文弨。儒家讲究学而优则仕，科第出身的他们多有为官经历，他们主讲紫阳书院主要出于以下三种情况。

一是告老或乞病还乡后到书院发挥余热。如被誉为河干先生的顾光，为乾隆三年（1738）举人，曾任直隶清丰县知县、广州知府，因病告归后主讲紫阳书院；孙庭槐是乾隆七年（1742）进士，官至山东按察使，告老还乡后与家乡诸老结成耆英会，又任教紫阳，提携后进；孙志祖，乾隆三十一年（1766）进士，担任过江南道监察御史，病归后致力于校勘书籍，教授生徒；朱钰为乾隆五十二年（1787）进士，初为湖州府学教授，担任过永新知县，袁州、广信、九江知府，归后主讲紫阳书院，以重教职为幸；唐壬森，道光二十七年（1847）进士，累官至都察院左副都御史，归乡后受聘到紫阳书院以教书为业。

二是无意仕途，或短暂为官后归辞，以授徒著述。以傅王露、王宗炎、陆以湉较为典型，他们不为名利，甘为人梯，以教书育人为乐。

三是因丁忧回乡，被力邀至书院主讲。姚近宝、孙衣言、章鋆、张德容、许景澄等皆是如此。

有意思的是，紫阳书院历史上还有一对父子山长，他们就是龚丽正、龚自珍父子。

龚丽正（1767—1841），字旸谷，又字赐泉，号暗斋，浙江仁和人。和儿子龚自珍相比，龚丽正一生仕途颇为顺畅，自嘉庆元年（1796）考中进士后，担任过内阁中书、军机章京、徽州知府、安庆知府、江南苏松太兵备道等职。虽任高官，龚丽正却颇为节俭，手握重权却从不为己牟利，时人赞誉他"热官冷做"。龚丽正的妻子段驯是著名学者段玉裁之女。龚丽正自幼得段玉裁传授学术，著有《国语注补》《三礼图考》《两汉书质疑》《楚辞名物考》等。道光五年（1825），年近花甲的龚丽正辞官返回杭州，主讲紫阳书院十多年，直至道光二十一年（1841）三月，卒于任上。在紫阳书院的十几年，龚丽正对生徒颇为严厉，考课论题，动辄几百字，时常教导学生"先器识，后文艺"，希望学生明白，首先必须具备器量和见识，然后再在学问上下功夫，才可有大成就。

龚自珍（1792—1841），字瑟人，号定庵，浙江仁和人，道光九年（1829）进士，近代著名思想家、诗人。龚丽正去世时，龚自珍正主讲于江苏丹阳云阳书院，回杭处理丧事后，受邀接替父亲兼任了紫阳书院山长。仅三月有余，因第一次鸦片战争战事吃紧，龚自珍准备辞去教职，赴上海参加反抗外国侵略的战斗，却因突患疾病，于9月26日暴卒于丹阳。

还有一个情况，紫阳书院山长中有不少人曾执教于多所书院，如方婺如曾主讲杭州敷文、紫阳，绍兴蕺山各书院；戚学标曾主讲杭州紫阳、崇文书院；卢文弨曾主讲于杭州紫阳、崇文，山西三立，江苏钟山、娄东、龙城各书院；朱鸿曾主讲长沙城南书院及杭州紫阳书院；王同主讲过杭州紫阳、梅青、龟山、塘栖及宁波慈湖书院。最为凑巧的是，有山长在杭州紫阳书院外，还主讲过国内其他紫阳书院，如郑虎文曾主讲过徽州紫阳书院，石韫玉、夏同善主讲过苏州紫阳书院。

就山长们的籍贯看，非浙江籍的山长只有3人，均来自江苏，石韫玉为吴县人，杨大琛为苏州人，吕耀斗为阳湖人，其余34人则都出自本省，有18人还是杭州本籍人士。

山长们就任紫阳书院的时间有长有短，长者如傅王露、何玉梁、龚丽正、吴超、王同等，掌教书院十年左右，培养了众多人才；短者如孙志祖、龚自珍等前后仅几个月；还有如卢文弨、项名达、吕耀斗等，前后几次掌教书院。

著名教育家陶行知曾说，校长是一个学校的灵魂，要想评论一个学校，先要评论他的校长。我想，同样的道理，紫阳书院的山长，或以学术行谊著称，或以文章经济扬名，卓然师表，无愧抗颜，如果了解了他们，也自然了解了书院。

著述自娱，志书传世：探花编修傅王露

> 紫阳山畔有丹邱，布篾青鞋记昔游。
> 杨柳绿遮芳草径，海棠红入夕阳楼。
> 蹁跹鹤向归云舞，高下泉分阅古流。
> 重踏感花岩下路，春风小院不知愁。

这首《寒山旧庐诗》，景中有情，情中有景，是傅王露和桐城张英摩崖《寒山旧庐》诗所吟。位于紫阳山下的寒山旧庐，相传为宋韩平元南园故址，乾隆十四年（1749）被钱塘监生陆文谟购得。陆文谟见石壁有张英题诗，遂遍请时贤，雅集宅院，和诗作图。傅王露将自己平日在紫阳山寻幽探胜，陶醉其中的体验吟咏成诗。

傅王露，字晴溪，一字良木，号玉笥，又号阆林，晚号信天翁，浙江会稽人。

傅王露的一生与杭州因缘颇深，他栖身杭州近40年，探访古迹，结社联吟，著述讲学，在这里，他完成了雍正《浙江通志》《西湖志》和《西湖志纂》的纂修，担任紫阳书院山长十余年，以经义训后进，从学者众，成才者众，是紫阳书院历史上极具名望的一位山长。

三朝元老探花郎

傅王露历经康、雍、乾三朝，并备受恩赏，是一位大名鼎鼎的学者，但史料中连生卒时间也未见明确记载，实在令人费解。其实从傅王露和朋友留存的诗集中，还是可以作些考析的。傅氏所著《玉笥山房集》中，有他为南屏诗僧让公《话坠集》所作序言，篇末题写"乾隆乙卯玉笥山人傅王露书于紫阳书院簪花阁，时年八十有三"，以此推断，傅王露应当生于康熙十六年（1677）；而杨钟羲《雪桥诗话余集》卷三，收录王中安为傅王露《蓬山望阙图》所作题诗，诗后作者提及王中安卒于乾隆七年（1742），"玉笥后中安卒二十年"，如所记无误，可知傅王露卒于乾隆二十七年（1762）。

傅王露出身于越中望族——绍兴"荷湖"傅氏。据传，傅氏先祖、银青光禄大夫傅传正于北宋时期带领族人定居感凤乡玉笥里，元朝至正初年，八世孙傅璜在祖宅边湖中植下万株莲荷，且教导族人以莲荷自比，洁身自好，"荷湖"之名由此而生。千年来，"荷湖"傅氏耕读传家，代代相承，出过不少骨骼清奇、荷风莲香的名宦。仅康熙年间，从这个偏远乡间水村就走出了傅王露、傅王雯（康熙四十五年进士，官至山西闻喜知县）和傅王雪（康熙五十七年进士，任江西提督学政）三位进士。

傅王露自幼好学，且警觉灵敏。某日，少年傅王露登塔游玩，因栏杆年久失修，一时不慎从离地面几十米的塔顶跌落，众人惊吓不已，以为他非死即伤，谁知傅王露坠落在地，居然毫发无伤，围观者连连称奇，纷纷夸赞傅王露机敏灵活，身轻如燕。康熙五十四年（1715），39岁的傅王露参加乙未科会试，殿试获一甲第三名进士及第。

成了探花郎的傅王露应该是深得康熙帝信任的，康熙任命他为翰林院编修，三次指派典校乡、会文闱，并于康熙六十年（1721）充任会试同考官。雍正帝继位后，同样重用傅王露，令他出任江西省学政、提督学院、詹事府左中允左庶子、武英殿纂修官等职。

也许如众多文人墨客那样，为西湖的一池碧水、六桥烟柳所倾倒，雍正十一年（1733）休假回乡的傅王露决意不再为官，寓居杭州宗阳宫附近，过起了看书写诗，与友同游唱和的闲雅生活，留下了不少佳作，《登昊天阁》就是其中之一：

> 高阁凌千尺，横栏绕百寻。
> 跻攀通帝座，呼吸正天心。
> 月出湄河晚，云横魏郡阴。
> 风飘窥幕近，牛斗宿窗深。
> 度远钟声漫，凌空磬响沉。
> 彤云环玉庑，白露澹珠林。
> 徙倚瞻无极，迟徊望所钦。
> 尘埃三舍退，时序二毛侵。
> 万类俱帡覆，孤怀或鉴临。
> 九阍知易达，虎豹莫森森。

此诗是傅王露登顶吴山城隍阁而作，与寻常登高远望之诗迥然

◎ 吴山城隍阁

第五章 名宿鸿儒教泽深（上）

有别。诗中描述他登高远眺之景，月出云横，钟声磬响，表达了自己身在林泉，享受着超然自得的书斋生活，却又隐约透露出些许不遂之意。

及至乾隆登基，傅王露再次得到皇帝赏识，被举荐博学鸿词科，破格加升詹事府中允；乾隆二十六年（1761），傅王露进京为乾隆庆寿献所编书册，又得乾隆帝恩赏赞善官职。

从傅王露的为官经历看，经正学粹、文思敏捷的他是得到了康、雍、乾三代帝王器重的。但傅王露从不迷恋权力，也不以此自傲，一生随性自然，如神仙中人，即使晚年回归老屋，仅房屋数椽可遮蔽风雨，亦悠然自得，正如他自己诗中所述"莺花日办三春课，风月天生一种人"。看来，傅王露就是那种生而潇洒之人。

徜徉湖山修佳志

清朝是方志编修的鼎盛时期，通志的编修也远较明朝为盛。康熙十一年（1672），朝廷下诏以顺治《河南通志》和《陕西通志》为样式，要求各省编修通志，以备将来《大清一统志》采择之用，各省纂修通志的高潮遂起。历史上方志大家辈出，名志佳作不断的浙江自然是不甘落后的，但受到"三藩之乱"战事波及，直到康熙二十二年（1683）《浙江通志》才开始编修，并在数月间就编成康熙《浙江通志》50卷加卷首1卷。如此短的时间编成的通志，其质量可想而知，体例和内容不足称善，甚至比不上浙江最早的官修省志嘉靖《浙江通志》。雍正六年（1728），《大清一统志》总裁官蒋廷锡发现各省刊刻通志既多缺略，又多冒滥，上报朝廷，于是雍正帝督令各省重加修辑，务必保证志书考据详明，采摭精当。接到命令的闽浙总督李卫，对重修通志一事十分重视，随即拨公帑万金，广搜典籍，征纳贤士，于雍正九年（1731）二月在杭州设志局编纂，这就是傅王露参与雍正《浙江通志》修纂的背景。

雍正《浙江通志》完成于雍正十三年（1735），于乾隆元年（1736）七月进呈朝廷付刻成书，故又有"乾隆《浙江通志》"之称。全书共280卷，另卷首3卷，卷帙浩繁，为康熙《浙江通志》5倍有余，且体例完善，共分54门，比康熙《浙江通志》增加海塘、漕运、名臣等17个门类，尤其是新增经籍、碑碣两门，内容十分详尽，是现存浙江省志中篇幅最大的一部，堪称清朝地方志中的佳作。《四库全书总目提要》对雍正《浙江通志》评价很高，称其"所引诸书，皆具列原文，标明出典。其近事未有记载者，亦具列其案牍，视他志体例特善。其有见闻异词者，则附加考证于下方"。

傅王露对修志有许多独到的见解均体现在书中，他以为通志与类书相同，当征引必注、述而不作，并在《后序》中申论："后之作志者，以为志与史异，不妨自为论撰，以成一家言……使后之人无从考其颠末，何以传信于天下？"这种引文句句皆注所出的修纂方式，开清朝纂辑派风气之先，后为戴震、洪亮吉、孙星衍、段玉裁等所继承。

在编纂雍正《浙江通志》的同时，傅王露还承担着堪称"西湖第一书"——《西湖志》的总修任务。

自明嘉靖年间田汝成创修《西湖游览志》后，便无人续修，李卫在组织纂修《浙江通志》时，考虑到此时的西湖已进行了大规模的疏浚治理，景点也得以完善，遂请傅王露同时担任《西湖志》的总修。傅王露在编修《浙江通志》的原班人马中挑选了藏书家吴焯、文学家厉鹗、史学家杭世骏、地理学家赵一清、文献编纂家沈德潜等47人参与其中，编纂阵营颇为强大。

不同于《西湖游览志》以"游览为名，多纪湖山之胜"，雍正《西湖志》虽为山水志，傅王露却仿照通志体例进行编纂，并附大量插图，编成一部图文并茂的精美志书。全书共 48 卷，分列水利、名胜、山水、寺观、名贤、艺文等 20 门，特别是新增的水利条目，详细记录了历代西湖治理的过程和事实，并收集白居易、苏东坡等历史名人重视西湖环境建设的佳话，为后人了解湖泊演变和治理西湖提供了翔实的资料。此外，万松书院里梁山伯和祝英台的爱情故事，断桥上白娘子与许仙的相会传说，西泠桥畔苏小小的凄美故事，长桥树荫下一对宋代男女的殉情传说等，有关西湖的美丽神话、优美传说都被详细记载。清朝学者周中孚在《郑堂读书记补逸》中肯定此书"博征载籍，搜考参稽……条理精整，叙次醇雅，其于湖中景物与古今著述，无美不收，较田《志》尤为详焉"[1]。

可以说，雍正《西湖志》体例精当，资料详备，史实准确，是有关西湖最具权威的"百科全书"，尤其在方志与文学上，做到了完美结合，被誉为"西湖文学大典"。

雍正《西湖志》于雍正十三年（1735）刊刻成书，乾隆帝认为篇幅太大，不便阅读，于是沈德潜与傅王露将全书删削为 10 卷后进呈御览，恰逢大学士梁诗正奏请重辑《西湖志》，乾隆帝便下令以沈稿为底本，由梁诗正与傅王露参与对《西湖志》的缩编。三人花费数月时间，编成《西湖志纂》12 卷，在乾隆第三次下江南时进呈。乾隆二十年（1755），书稿又被增辑成《御览西湖志纂》15 卷，由赐经堂代刻，并入藏内府。《御览西湖志纂》是为乾隆游赏西湖阅览的贡书，虽与《西湖志》相比，内容缺乏新意，但胜在简明扼要，可以帮助读者快速了解西湖历史和文化。

傅王露徜徉湖山，遍览载籍，搜考参稽，所纂雍正《浙江通志》、《西湖志》和《御览西湖志纂》均是经得起历史检验的精品佳志，对浙江，对杭州和西湖文化的传承意义非凡。

1　周中孚：《郑堂读书记》下册，上海书店出版社，2009 年，第 1533 页。

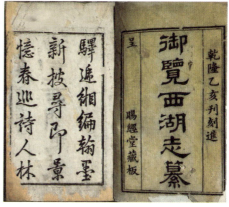

◎ 《西湖志》书影　　　　　　　　　　　◎ 《御览西湖志纂》书影

著述讲学至终老

编纂《御览西湖志纂》之时，傅王露正担任着紫阳书院山长一职。他掌教紫阳书院的时间，据《浙江紫阳书院掌故征存录》中"先生主讲紫阳享高年""主讲紫阳书院十余年"及乾隆二十四年（1759）"时年八十有三，盖以掌教终老"等语，大致在乾隆十五年（1750）到乾隆二十七年（1762）。

傅王露经明行修，紫阳书院诸生常以他为榜样。由于年高耳背，傅王露讲学时声若洪钟，与师生交谈也声振屋瓦，他人则常以手画字，即能通解。除了讲学，傅王露在紫阳书院的大部分时间都是在簪花阁度过的，他在这里批阅诸生课文，每篇必用蝇头小楷写上评语，笔耕不辍，勤于著述，《西湖志纂》就是在此时编纂成稿的。

修志之外，傅王露在诗文别集创作方面也有一定的成就，主要作品收录在他的《玉笥山房集》和《晴溪诗钞》中。傅王露一直与浙江文士过从甚密，早年"徙居武林间，为一二朋好阑入西湖吟社"，后与西湖吟社成员一起入南屏诗社。掌教紫阳书院后，担任山长闲暇之时，傅王露更是与诗友跌宕文酒，啸歌会咏于湖光山色间，创作了大量以西湖风景和闲居生活为题材的诗，如与袁枚等西湖泛舟，自咏《陪申尚衣游西湖绝句》，诗云：

> 正是金牛纪瑞年，小春风景似春天。
> 蓬莱原近孤山寺，游舫多停六一泉。
>
> 一到湖心眼界宽，云光霭霭接风湍。
> 三朝恩泽深如许，莫作瑶池清浅看。

又《西湖观灯船烟火恭纪》：

> 帝烛辉煌彻斗南，瑞光分照万人观。
> 升平乐事丰年兆，并与湖山作大观。
> ……

品味这些描绘西湖景色的诗，傅王露借摹状山水，歌咏太平，透露出他彼时的心境，身远江湖，仍积子牟之恋，讲学书院，培养良才以报圣恩。

傅王露的诗格律清新，文亦笔底生花，因此请他为编著作序之人络绎不绝，而傅王露亦有求必应，行文字字珠玑。他为鲍倚云《寿藤斋诗集》作序，认为其诗"使人肃然起敬，蔼然惬心"；评价张景星的《宋诗一百钞》，属于"尝鼎一脔，窥豹一斑"；序唐千顷《教蒙楷式》，说"博采诸儒之说，并述其尊人遗训"；赞姚培益《迪惠堂集》"气骨珊珊，丰神奕奕"；汪纯粹的《孝慈备览伤寒编》，序言是"论有本源，语无枝叶，辨俗师所未辨，发古人所未发"；其他如范炳的《蔗翁诗稿》、童葵圃的《闲闲集》、篆玉《话堕三集》等都可见傅王露所写序言。

名声太大，有时也是一件烦心事。由于傅王露极负盛名，一些书坊为牟利，居然在刊刻书籍中伪造他的序跋以提升知名度。松雪斋在刊刻钱曾《读书求敏记》时，初印本出现伪造傅序，傅王露偶然在书肆中见到此书，勃然大怒，跑到官府把当事人告了个遍，要求毁去刻板。后几经协商，书斋撤去伪序，重新刊刻，傅王露这才作罢。

乾隆二十七年（1762），86岁高龄的傅王露溘然长逝于山长任上，好友王镇之赋诗痛哭：

……
病翁长与青山冷，穷子来归白社荒。
谁使梦中呼起起，露零书带有余香。

寥寥几语，总结了傅王露诗书自娱、悠然自得的一生。

独抱遗经，一生为书：两任山长卢文弨

风雨廉纤向晚晴，悄然独坐一灯明。

清朝著名藏书家黄丕烈的这句诗，道出了自己对书的"痴情"。在杭州，这样为书痴狂的藏书家、校书家俯拾皆是。他们以巨大的热情和清醒冷静的精神，将毕生精力倾注于古籍文献，往往以一人之力，完成如今一个学术机构几十人合作才能完成的文化工程，卢文弨便是个中翘楚。

卢文弨（1717—1795），初名嗣宗，字召弓，一作绍弓，号矶渔，又号檠斋，其藏书楼名"抱经堂"，学者又称其抱经先生、抱经居士，晚年更号弓父，祖籍余姚，出生于浙江仁和。卢文弨本人一直以杭人自居，文集中也常自署"杭东里人""东里卢某""东里后生"，其祖居"数间草堂"，就位于今杭州市拱墅区青春路东段北面一带。吴颢的《杭郡诗辑》和丁丙《武林坊巷志》均有提及，卢文弨在《东城杂记》跋中也云："吾祖居在东里坊，其北则艮山门，其东南则庆春门，于东园最相近。"[1] 其殁后亦安葬在仁和县芝芳桥一带。

作为乾嘉时期的著名学者，卢文弨与书有着不解之缘，一生以读书、藏书、校书、教书为乐，悉心于书，直至终老，尽显书生本色。他酷爱读书，可谓"精研经训，博极群书"；亦热衷购书、藏书，官俸与教学所入"不治生产，仅以购书"；更倾心校书，"嗜

1　柳诒徵：《卢抱经先生年谱》，见张波、赵玉敏编著：《清卢文弨〈抱经堂诗钞〉系年考释》，远方出版社，2019年，第299页。

◎ 卢文弨像

之至老愈笃"，并自笑"如猩猩之见酒也"；还致力于教书，擅长
"以经术导士"，人生最后 20 余年，他主持过江浙多所书院，直
至 79 岁那年卒于常州龙城书院。卢文弨于乾隆四十五年（1780）
和乾隆五十九年（1794）两次出任杭州紫阳书院山长，造就了紫
阳书院经史学昌、人才迭出的盛景。

读书博学而笃志

卢文弨自幼就酷爱读书，但因经济困窘，无余钱可购买书籍，
而家里也素无藏书，一度让他颇为郁闷。不过，这点困难可难不住
卢文弨，他很快想到了办法，就是向人借书抄录，书抄毕，也正好
读完了，还留下手抄书稿，岂不是一举多得。卢文弨说干便干，开
始了抄书读书的日子。由于无人指点，卢文弨所抄之书颇杂，读书
也常常不得要领，他在《重校经史题辞》中回忆少时的抄读经历，
称"诸子、国策、楚词及唐宋近人诗文，皆细字小本，满一箧。经

则《周礼》《尔雅》亦尝节录一过。余经及诸史未之及也"[1]。这种情况一直到他拜师桑调元后，才得以改观。

桑调元与卢家的关系可不一般，他年轻时与卢文弨之父卢存心一起求学馀山先生劳史，两家住宅又相近，常与卢存心形影不离，街坊邻里见了笑称他们为"双先生"。卢文弨 5 岁那年，就与桑调元女儿订婚，两家成了儿女亲家。雍正十一年（1733），桑调元得中进士后，替父守丧回到杭州，见卢存心在外谋生，未来女婿学业无人过问，便将卢文弨带在身边亲自教导。聪明好学的卢文弨很快获得治学门径，开始大量研读经史，"以经为律令格式，而以史为案辞"，博览群书，年纪轻轻便"已知学之所向"，不为异端邪说迷惑。

22 岁以后，卢文弨逐渐凭借科举考取功名走上了仕途。乾隆十七年（1752），36 岁的卢文弨参加殿试，高中探花，他在"对策"中言直隶差徭之重，令皇帝闻之动容，命他为翰林院编修。此后卢文弨任官上书房行走、翰林院侍读学士、广东乡试正考官、提督湖南学政等职。

入京不久，卢文弨就结识了阎百诗、惠栋、毕沅、段玉裁、戴震、钱大昕等名儒，每逢朋辈小聚，他必欣然前往。由于卢文弨听他人发言时常仰头沉思，还频繁地用手摩擦面部，大家开玩笑说，他这是"省皂脂钱"。

乾隆十三年（1748），卢文弨与纪昀等人结成文社，研究制义，诗酒唱和。某日，纪昀在家休假，卢文弨和钱大昕前去拜访，还带去了好友戴震。纪昀摆设酒宴款待，卢文弨知道纪昀在对句方面很

---

1 柳诒徵：《卢抱经先生年谱》，见张波、赵玉敏编著：《清卢文弨〈抱经堂诗钞〉系年考释》，远方出版社，2019 年，第303 页。

擅长，便从袖中拿出事先准备好的一副上联考他，上书"吃西瓜皮向东抛"。纪昀习惯性地摸一摸自己的鼻子，微微一笑，当即吟出了下联"看左传书朝右翻"。那天，几人对句作诗，把酒言欢，十分尽兴。

担任京官的日子，卢文弨每日忙于公务，不再有充裕的时间读书，很多时候只能在夜深人静时才有机会翻阅下心爱的书籍，但与友人一次次谈笑笔墨间的相聚，切磋学问，互相勉励，他的治学水平却日益大进。

乾隆三十四年（1769），卢文弨辞官乞养。此时他已年届半百，虽为维持生计而不辞辛劳地周转于江浙各地书院，却有了充足的时间读书。他按照古人理想的专读一书之法，先钻研经史，然后博览群书，认为照此方法，"不解者鲜矣"。

卢文弨晚年视力渐衰，仍不计昼夜、不避寒暑，常常读书至夜半，以多看一卷书为此生之幸。他用功读书的治学态度，令许多文人推崇备至，门生臧庸更是赞誉其为"天下第一读书人"。

藏书以独抱遗经

卢文弨位于杭州的藏书处称"抱经堂"。"抱经"之名，取自唐代著名文学家韩愈《寄卢仝》诗中"春秋三传束高阁，独抱遗经穷终始"中的"抱"和"经"两字，意含卢文弨有独抱遗经之志。十分凑巧的是，宁波也有一座以"抱经"为名的藏书阁，称"抱经楼"，主人也姓卢，名址，还是卢文弨的族人。卢址喜好藏书，30余年聚书达10万卷，于是仿照天一阁的样式，修建了"抱经楼"以藏书，还请钱大昕撰写《抱经楼记》，匾额则出自阮元之手。两藏书楼皆以"抱经"命名，故时人提及浙江藏书有"东、西两抱经"

之说。

藏书楼名"抱经堂"，卢文弨也被大家称为"抱经先生"。"抱经先生"之称的由来，还有另外一个版本，说的是：乾隆二十二年（1757）春，礼部在北京举行会试，卢文弨参与校阅试卷。有一山东考生，答卷文辞简淡淳雅，卢文弨阅后十分满意，于是向各阅卷官传阅了这份卷子，大家也赞叹不已。卢文弨便将此卷子以第一名呈荐给会试主考官刘统勋（刘墉之父），谁知刘统勋却认为文章过于空虚而弃之不顾。卢文弨见状，又拿着卷子上堂，与刘统勋争辩，认为不应该失去这个难得的人才，但刘统勋仍然没有重视这位山东老乡的卷子。录取名次排定后，各阅卷官都已离去，唯独卢文弨再次拿着此卷上堂，一力争取，但终未见效。为此，卢文弨抱卷痛哭。此事在翰林院引起了很大轰动，大家因卢文弨三次抱卷上堂，笑称他为"抱经先生"。

故事还有后续：卷子的主人阎循观，因卢文弨三次抱卷力荐，名闻京师，试卷也被人们争相阅读。乾隆三十一年（1766），已无意科举的阎循观在他人苦劝下，再次进京参加会考。巧的是，分阅官还是卢文弨。揭榜时，卢文弨发现第九名是阎循观，激动地对大家说："当年卢某为其抱卷流涕的阎循观这次真考中了，我们可以为他鼓掌了！"

清朝杭州文人学士多有藏书的习惯，甚至有为购书出卖家中良田，出售半生积蓄而得的庄园，还有以家中美婢换书之人。卢文弨平生鲜声色之好，却喜聚书，"官俸脯修所入，不治生产，仅以购书"，虽财力不济，但卢文弨仍将微薄的收入用于藏书，遇有善本，尽力购藏，闻亲朋有异本，必辗转借抄。卢文弨如此积少成多，几十年间藏书竟也达数万卷，万松书院山长金甡以"矧当退食百城拥"赞其藏书之丰。卢文弨所藏书籍，不仅有多种珍异版本，且手自校勘，精审无误，实属罕见。

因藏书，卢文弨与秦大士之间还发生了"灵前焚帖"的故事。秦大士是金陵人，乾隆十七年（1752）的状元，现在南京有个地方叫"秦状元里"，就是以秦大士命名的。卢文弨是这一年科考中的探花，与秦大士为同科进士，交情也很深厚。卢文弨藏书中有汉《张迁碑》拓片，拓技极为精巧，秦大士见后爱不释手，屡屡上门请卢文弨转让给他，但卢文弨无论如何都不愿割爱。秦大士一心想要拓片，寝食难安，竟不惜自毁名誉，决意盗书。乾隆四十二年（1777）二月某日，秦大士盯梢瞧准卢文弨外出，偷偷溜进卢家书楼擅自把拓片拿走了，心想卢文弨碍于面子必不会讨要。谁知爱书如痴的卢文弨回家发现后，马不停蹄追至秦家将拓片夺回。事后不到半月，秦大士暴病而亡，卢文弨前去祭奠亡灵。祭奠完毕，卢文弨从袖中取出拓片，大哭道："早知将与君永别，当时我何苦如此吝啬呀！对此我耿耿于怀，今天特地到灵前来补偿我的过失。"说完，卢文弨当众把心爱的拓片焚烧，以送秦大士亡灵。袁枚听闻此事，对卢文弨义举极为感慨，作诗云："一纸碑文赠故交，胜他十万纸钱烧。"看来，卢文弨对书对人，都是至情至性。

校书精审而科学

清人洪亮吉在《北江诗话》中，称卢文弨为藏书家中之校勘家，所言不虚。卢文弨一生最大的成就，在于校勘古书。校勘学乃有清一代之显学，校勘名家辈出，校勘成果累累。卢文弨以一己之力，钻研经典、校对群书，归纳了诸多实用的校勘通例，总结了一整套颇为科学的校勘方法。

卢文弨一生，所校之书既精且多，据统计，其钞校题跋的书籍多达308种，其中经部74种，史部59种，子部94种，集部81种，诸多书经卢氏之手校勘，堪为善本，为藏书家所珍视。他自校的《抱经堂丛书》向以校勘精善、质量上乘而著称于世，是清朝校勘学集大成之作；他所著《群书拾补》校勘与补遗并重，共校正补遗经史子集四部书计 40 种，校勘成果多为后人所采用；他的学术笔记《钟山札记》《龙城札记》《读史札记》论及古书体例的条目，考证精当，具有极高的学术价值。卢文弨以个人能力校书达到如此数量和品质，可以说是一种奇迹了。

年少的卢文弨在抄书、读书之时，就发现书籍多处文字谬误，便有了校勘文字内容，考察书籍版本源流的想法。然而，年仅十五六岁的卢文弨交友有限，也无法走进藏书家的书斋饱览宋元珍本，并不具备校书的条件。

入京为官后，卢文弨很快就迎来了机会。乾隆十二年（1747）夏，朝廷在大学士张廷玉宅内丽景轩，设馆校录唐李善所注《昭明文选》，卢文弨有幸参与其中。有了这次经历，此后卢文弨又多次被选中参与官方组织的校书。乾隆十五年（1750），卢文弨迎来了校勘生涯的重要转折，这一年，他结识了著名学者黄叔琳，受聘于黄氏家塾，有机会接触黄家藏书。黄叔琳家的"养素堂"有万卷藏书，不少书是清初孙承泽、王士禛的旧藏，是从事校书难得的珍本，令卢文弨心仪不已。

黄氏藏书为卢文弨校勘带来了极大便利，而高中探花又任职翰林院后，卢文弨社会地位提升，得以结交诸多校勘名家，他们或商讨版本的选定，或参与正文的审定与校勘，与卢文弨通力合作，共校群书。以校勘《经典释文》为例，参校者有钱大昕、毕沅、段玉裁等 36 人，每遇疑难，往往切磋琢磨，反复讨论。《大戴礼记》也是卢文弨与戴震共同校勘的成果，《墨子》一书，则是卢文弨、孙星衍、毕沅同时治之。

辞官乞养后，卢文弨在教书的同时，也以校书遣生。他每日"早昧爽而起，翻阅点勘，朱墨并作……日且冥，甫出户散步庭中，俄而篝灯如故，至夜半而后即安。祁寒酷暑不稍间"[1]。卢文弨校书寒暑不辍，天明即起，天黑始罢，若因教书和友朋应酬占用了日间时间，夜则必点灯又校，翻阅其所校之书，可常见"晚间阅此""灯下阅读""灯下校""灯下草草一览"等题识。晚年卢文弨身体多病，自言"常为风寒所乘"，校勘一事仍不倦怠，在聚珍本《邺中记》末页题识可见"卢文弨因疡病，早起阅"字样。如果说卢文弨早年从事校勘只是为方便读书治学，到了晚年，校书对于卢文弨而言，已是无法割舍的爱好和自觉的文化担当。

卢文弨对待校书，态度极为精密谨慎，在重考据的清朝校勘家中也属罕见。许多古籍在流传过程中，往往出现版式、行款、篇目被妄改的情况，后世校书之人又常以一己之见随意解释，结果造成新的错误，以致古籍失真现象更加严重。卢文弨校书在谨慎细致方面做足了功夫，他不仅精熟地运用"小学"知识以及名物、史实、典制进行校勘，而且本着"存疑存真"之旨，强调校勘时不可因不知妄改。当时王念孙校书，喜欢删改旧注，然后自己随意解说，卢文弨极不认同这种做法，专门写信与他探讨。卢文弨在信中一再强调，校勘不能放过任何讹误，但也不能妄下结论，所有校正之处，都须有据可引，若遇到实在无法解释的地方，则应留待后人去解决。后来，卢文弨在自己的校勘工作中一直坚持这种做法，他将存疑之处，用小字的形式注于原文之下，说明原书讹误衍脱的情况，以及其他书籍解释的异同，他自己的看法也注于旁边，与正文泾渭分明。有时，他也会将自己的看法记入札记，但决不以私见改书。这种做法后来被众多校勘学家继承，阮元刻经、顾广圻校群书都用了卢文弨的方法。

在多年的校勘实践中，卢文弨总结出的广罗众本、再三对校，

1　段玉裁：《翰林院侍读学士卢公墓志铭》，见张波、赵玉敏编著：《清卢文弨〈抱经堂诗钞〉系年考释》，远方出版社，2019年，第291页。

摒弃门户之见、唯善是从等科学校勘方法，受到了同时代校勘家及后代学者的高度赞誉。

教书以经术导士

乾隆三十五年（1770），54 岁的卢文弨辞官返乡，受江浙各地书院之邀，开始了长达 23 年的书院讲学生涯，先后在南京钟山书院，杭州崇文书院、紫阳书院，太原三立书院，太仓娄东书院及常州龙城书院等多所书院执教。

乾隆四十三年（1778），卢文弨离开了掌教七年的钟山书院回到杭州，第二年受聘主讲崇文书院，一年后又改任紫阳书院山长。担任山长后不久，恰逢乾隆帝第五次南巡，卢文弨受命至庆春门外接驾。当年八月，卢文弨离杭至京，掌教紫阳书院前后仅几个月时间。这是卢文弨第一次出任紫阳书院山长。

乾隆五十九年（1794），卢文弨已 78 岁高龄，浙江盐运使阿林保和督理盐政全德，听说卢文弨在家暂居，立即上门恳请他掌教紫阳书院，于是卢文弨再次出任书院山长。阿林保和全德还筹集资金逾千金，并亲自监工，花费一年多时间将紫阳书院修葺一新，卢文弨撰写《乾隆五十九年重修紫阳书院碑记》以纪念此盛举。在文中，卢文弨回顾了书院的来由，要求诸生尊崇书院学规，成就德性品学兼优之才。

卢文弨两次掌教紫阳书院的时间并不是很长，但他在书院讲学育才，努力著述校勘并带动生徒参与其中，开创了书院学术新风。

卢文弨所处的乾隆盛世，正是汉学如日中天的年代，他潜心汉学，在书院"以经术导士，江浙士子多信从之，学术为之一变"。

以"经术"引导士子，而不专重"制艺"，无疑让以科举制艺为主要教学内容的紫阳书院也弥漫着学习"汉学"的气氛。在日常教学中，卢文弨希望诸生学习经史，以明求学之根底，要求生徒为学务必穷经研理。在他眼中，杂学不如经学，而"穷经之道，又在于研理。理何以明？要在身体而力行之，时时省察，处处体验"。紫阳书院在卢文弨经术训导下，治学"佻达之习，慢易之风"得到了较大改善。

卢文弨虽精于汉学，也有深深的理学情结。由于科举考试以朱熹对四书五经的注解为蓝本，学习程朱理学有助于在科考中取得理想成绩，卢文弨在书院极力尊崇朱子之学，尤其是关乎躬行实践，更是强调朱子集诸儒之大成，又品学兼优，当成为诸生学习的榜样。因此，卢文弨教学虽不专重制艺，但也"讲习制举文"，甚至反对为标榜理学色彩的"讲学"而放弃"举业"。在《答朱秀才理斋书》中，卢文弨说："今之课举业者，亦不可不谓之讲学也……若置举业不讲，而号于人曰吾讲学，吾讲学，其不哗且笑者几何也。"[1]卢文弨客观地承认书院科举教育"行义利物"的功能，力图在书院谋求讲学与时文的相济，尽可能通往"绩学能文"。掌教紫阳书院期间，卢文弨对书院考课就相当重视。"课期必盛服坐讲堂，镝院户，按名给卷，五日发案，评阅详悉，如钟山、晋阳时。"[2]

卢文弨在紫阳书院所校之书，亦多为讲学所用，他在教学中注重对生徒的校勘训练。其门生严元照曾回忆说，抱经先生嗜古好书，每现罕见之本，辄课生徒分抄，抄竣，亲以朱笔校勘，所抄之书，卷以百计。带动书院生徒参与校勘，不仅提高了生徒的校勘水平，

1　卢文弨:《答朱秀才理斋书》,《抱经堂文集》卷19,中华书局,1990 年, 第 270—271 页。
2　臧庸:《翰林院侍读学士卢先生行状》,见张波、赵玉敏编著: 《清卢文弨〈抱经堂诗钞〉系年考释》,远方出版社,2019 年, 第 294 页。

也让生徒从中学会了学术研究的诸多方法，为其今后治学打下良好的基础。

卢文弨中年时从官场急流勇退，视荣华富贵如敝屣，却视学术如生命，所坚持的严谨务实为学之风，后经好友孙志祖、学生龚丽正等山长传承得以在紫阳书院发扬光大。

笃学能文，根经务实：东南硕师王宗炎

柏翠松苍健自如，纷纷余子付刊除。

尘根解脱还真朴，眼界宽闲想太虚。

谷口人归云卧后，山头猎罢雁来初。

论功大树封侯事，且扫空庭伴校书。

这首名为《落叶》的诗，是作者王宗炎终身不仕，一生甘愿如"草莱"般隐没世间的人生写照。他在诗中以苍松翠柏自喻，表达自己傲视功名利禄，愿在山水间感悟自然天真，在校书中体味生命真谛的乐趣。

王宗炎（1755—1826），原名宗琰，字以除，号谷塍，别号晚闻居士，浙江萧山人，著有《晚闻居士遗集》9卷。

◎ 王宗炎《晚闻居士遗集》书影

王宗炎一生都在追求相对自由与独立的文人生活，虽满腹经纶，却淡于仕途，或收藏古籍，或校勘古本，或著书立说，或课士授徒。嘉庆八年（1803），王宗炎出任紫阳书院山长，掌教书院达20年之久，他讲学根经务实，指引不倦，育才无数，赢得了"东南硕师"的美誉。

萧山王氏世进士

清代萧山流传着这样一句俗语："萧山县好当，黄鳝汤难吃。"百姓口中的"黄鳝汤"，指的是当时萧山最具社会影响力的王、单、汤三姓家族。

单氏家族世居西河以西，也被称为"西河单氏"，元末明初家族成员单道（字俊良）发明牛转水车后，逐渐成为萧山名门望族，族中有中国第一位出国的女旅行家单士厘，以及著名学者单不庵等。"西河单氏"还是秋瑾的外婆家。

汤氏家族的历史则更为久远，早在南宋时就定居杭州，康熙五十二年（1713）前后，西兴关里汤氏迁居至萧山成家弄，也就是如今的江寺菜场一带，被称为"东门汤氏"。从同治十二年（1873）到1903年，短短30年间，"东门汤氏"就有父子兄弟叔侄考中四举人一进士，光耀门楣。到了晚清，王宗炎弟子、太子太保汤金钊名扬天下，此时萧山人所说的汤氏，指的已经是居住在万寿桥一带的"西门汤氏"了。"西门汤氏"的祖上从萧山长河迁至县城西门外开小酒店，积累钱财后世世代代多行善事，如今萧山的东旸桥，就是由汤氏家族捐资兴建的，汤氏还出巨资，将萧山科考时一年录取20名秀才，增至25名，收获了当地士子的感激与敬重。

萧山排名第一的望族便是王氏了。萧山有许多王氏，根据其聚居地，可分为车里庄王氏、三槐堂王氏及王宗炎所在的庙西王氏。庙西王氏有一处宅邸，就在萧山城厢镇西河东岸，这是一座康乾时期建造的缙绅豪宅，高踏步的轩昂台门朝西而开，青砖砌成的高大楼屋外观如同城堡，右侧两排五开间楼屋立于花园之北，整个宅第从南药桥到鲍家池一线曲曲折折，由若干座城门相连而成，占地逾3000 平方米，而最显眼的，是大门口悬挂的"世进士第"题匾。

按清朝典制，"父子相继"称"世"，"世进士"即父子相继为进士的意思。王氏家族的世进士，指的就是王宗炎和他的儿子王端履。王宗炎的父亲王继曾，只是一名廪贡，却书香传家，对王宗炎寄予厚望。乾隆四十五年（1780），25 岁的王宗炎高中进士，这个年龄中进士在全国不算罕见，但在当时的萧山县，颇为稀奇，因此当地百姓都称王宗炎为"小进士"。出人意料的是，朝廷任命王宗炎出任知县，他却不愿入仕，回到家中以书文自娱。也许是深受父亲影响，嘉庆十九年（1814），王端履得中进士，被钦点为翰林院庶吉士，也无意仕途，仅一年就乞假归乡，不再复出，隐居家中"重论文斋"三十载潜心学问。

要知道在读书做官为普遍价值取向的时代，官职高低不仅决定着个人的名气地位，甚至会影响到诗文治学的成就。如左宗棠，他在布衣时已显诗才，但坚持不出诗集，友人问及原因，左宗棠回答说他父亲、祖父均有诗集问世，但由于身份低微，诗集难以流传，因此他决定不达高官决不出诗集。在那样的环境下，王宗炎父子的选择，让我不得不佩服他们的自信和勇气。

自王宗炎父子中进士后，王氏宅邸就成了"世进士第"，王氏家族也一飞冲天，族中眷属后辈多人得中进士。乾隆五十八年（1793），王宗炎族弟王绍兰考中进士，后官至福建巡抚、闽浙总督；族人王纳臣不仅为进士，更被誉为清末萧山最有学问的人。王宅大门门斗里悬挂的"世进士第"题匾，从右至左竖写"父子兄弟叔侄舅甥登科"十个大字，向世人述说这个进士世家父子、兄弟、叔侄、舅甥同为进士的传奇经历。

如今,随着萧山城市建设的发展,这座萧山唯一的"世进士第",房屋绝大部分被拆除了,行走在高墙陋巷间,已很难分辨出旧时模样,王氏族人也早散居全国各地,只留下一点破残痕迹,供我们回味这座宅院昔日的轩昂。

绝意仕途成硕师

按说金榜题名已铺就了王宗炎的锦绣前程,族人、好友中也不乏名宦、名吏,他本人又个性忠厚、为人正直,王宗炎若为官,仕途估计较为顺利,也绝对是个才能、品性俱佳的好官。

怎奈王宗炎对做官毫无兴趣,不求闻达,他一直有自己的人生追求,立志以教民诵读,训诲生徒,实现治国平天下的儒者胸怀。王宗炎先是在萧山县办"望闲家塾",后受巡盐使延丰聘请,主讲紫阳书院。王宗炎凭借渊博的学问和对经训的深刻理解,向书院生徒讲授义理学说,分享自己写作文章与诗赋的经验:"欲为文,文言曰'修辞立其诚',《论语》曰'辞达而已矣';欲为诗,诗大叙曰:'吟咏性情。'亦不外乎诚与达,无他巧也。"[1] 王宗炎认为写文章关键在一个"诚"字,也就是《论语》所要求的言辞能表达清楚意思;赋诗,则要明白诗歌的意义和价值在于吟咏性情,即抒发人的思想感情。得名师如此点拨,紫阳书院生徒诗文水平自然不俗,科考场上也笔头生花,成绩喜人。

曾几何时,杭城读书人中流行着这样的说法:只要成了王宗炎

---

1 王同:《杭州三书院纪略》,见王国平主编:《西湖文献集成》第 20 册,杭州出版社,2004 年,第 532 页。

的学生，必能考中举人，努力些中进士，入翰林，甚至高中状元都有可能。王宗炎垂教50年，被士子奉为魁艾，其学生中不乏惊才绝艳之辈，如：汪继培，博通文史，官至吏部主事；潘揩兰，诗文俱佳，且擅音乐绘画。学生中以汤金钊、陆以庄最为有名。

汤金钊（1772—1856），字敦甫，一字勖兹，浙江萧山人，乾隆五十九年（1794）解元，嘉庆四年（1799）进士。汤金钊从乾隆到咸丰，历经四朝，官至太子太保。为官60多年，汤金钊刚正不阿，平冤狱，又谏直言，曾力荐林则徐虎门销烟。

陆以庄（？—1827），字履康，号平泉，浙江萧山人，嘉庆元年（1796）进士，官至工部尚书，得嘉庆、道光两朝皇帝恩宠。

你看，王宗炎就是这样一个淡泊名利、好学慎行的人，他绝意仕途，却把紫阳书院当成了心目中的另一座巍峨庙堂，以学识激励着一代代生徒济世化民，也收获了"东南硕儒"的美誉而名垂史册。

不负重托编遗稿

能把学生培养成举人、进士，王宗炎的学问自不用说。清朝著名经学大家王引之在《晚闻居士遗集》序言中称：

萧山王晚闻（宗炎）先生，东南硕学，祖述三代，两汉之书而发为文，故其辞质，其义醇，其出之也有章，其言之也有物。昔人谓文章尔雅，训辞深厚者，先生之文，其庶几乎！

从王引之的叙述中，当知王宗炎精于义理，博综载籍，对经史之学，更有着自己独到的见解。王宗炎的学术观点和立场，除《晚闻居士遗集》外，在他为章学诚整理的《章氏遗书》中展露无遗。

　　章学诚是清代一位杰出的史学家，毕生致力于讲学、著述和编修方志，在史论方面成绩尤为卓著，如他提出"六经皆史"的观点，反对历史研究陷于烦琐考据，强调经世致用；他继承了刘向、郑樵的目录学理论和方法，以"辨章学术、考镜源流"为基础，在目录学上较早提出编制索引的方法；他反对学术上的泥古保守，批判桐城派流弊，因此后世学者将其与唐朝刘知几推为中国史论两大家，与戴震并列为清朝考证学代言人。

　　章学诚在世时，学术成就并不为学界知晓，直至去世后，遗著刊行，才学始为世人了解。章氏遗作能面世，离不开王宗炎对遗稿的整理。汪辉祖在所著《梦痕余录》中详细记录了章学诚去世前向王宗炎托付文稿一事。

　　章学诚晚年双目失明，但仍放不下手头未竟书稿，撰述全靠回忆并找人笔录进行，每遇不确定之处，哪怕只是几个字，也要与朋友书信商讨。嘉庆六年（1801），知道自己时日无多的章学诚，思虑再三，决定把生平撰述委托友人代为完成。选谁好呢？章学诚在好友中反复比较，觉得既可完全信赖，学问又足以让自己信服的，非王宗炎莫属。

　　王宗炎果然不负重托，收到凝聚章学诚一生心血的手稿，很快形成了编修思路，并写信征求章学诚的意见：

　　奉到大著，未及编定体例，昨蒙垂问，欲使献其所知，始取《原道》一篇读之，……至于编次之例，拟分内、外二篇。内篇又别为子目者四，曰《文史通义》，凡论文之作附焉；曰《方志略例》，凡论志之作附焉；曰《校雠通义》；曰《史籍考叙录》。其余铭志叙记之文，择其有关系者录为外篇，而以《湖北通志》传稿附之，此区区论录之大概也。[1]

王宗炎不但提出以《文史通义》和《校雠通义》作为校订重点，将章作编成内、外两篇，还考虑了目录编写、抄写之人的安排等具体细节，考虑不可谓不周详。他还在信中与章学诚讨论经学古今之争的问题：

> 来谕以儒者学识不广，囿于许、郑之说，此言深中近日之病。鄙人尝谓西汉经学，深于东汉，董、刘无论，即匡衡亦岂易几？若叔重《说文》，自是一家之学，而谓违此者即非圣无法，此拘虚之见，非闳通之论。若郑不及毛，则近人已见及之矣。阁下以为然否？[2]

王宗炎这段话被后世经学研究者广泛引用。王宗炎意在调和古文经学和今文经学，与章学诚通经致用的立场十分接近，这估计也是章学诚选择王宗炎为他编订书稿的重要原因吧。

然而，王宗炎并没有等到章学诚的回信，却在这年十一月，等来了章学诚去世的消息，王宗炎只能按自己设想校编章氏遗作。可手稿卷帙浩繁，体例复杂，又没有目录，王宗炎花费多年，才将其编成 30 卷，雇人誊录，并亲自写定目录，谁知未及付刊，自己也撒手人寰。1919 年，吴兴嘉业堂主人刘承干，从沈曾植处得到王宗炎编定的这 30 卷抄本及目录，增补后于 1922 年秋刻成《章氏遗书》51 卷出版，是称"嘉业堂本"。

《章氏遗书》现在有许多版本。有章学诚次子章华绂刊印的"大梁版"，包括《文史通义》8 卷和《校雠通义》3 卷，但内容不及

---

1 《王宗炎复书》，见章学诚著，仓修良编注：《文史通义新编新注》下册，商务印书馆，2017 年，第 1087 页。
2 《王宗炎复书》，见章学诚著，仓修良编注：《文史通义新编新注》下册，商务印书馆，2017 年，第 1087—1088 页。

全稿三分之一。1920 年浙江图书馆刊印的《章氏遗书》，共 24 卷 12 册，具有全集意义，但在内容上编辑校勘不精，脱误颇多。此外，还有同治二年（1863）谭廷献在杭州书局所刻的"浙刻本"、光绪四年（1878）季真在贵阳所刻的"贵阳本"等等。比较而言，以王宗炎编订为基础的嘉业堂本，是当时收罗最为丰富的章氏著作刻本，基本汇集了章学诚一生治学成就，具有较高的学术研究价值。

桑梓为重扬美名

王宗炎虽好学不仕，杜门不出，但也并非不食人间烟火，他重视桑梓之情，凡县中有人向他请字，都有求必应。你可不要小看了王宗炎的书法水平，他一手好字有王羲之的书风，有吴道子的笔力，为时人仰慕。王宗炎在书法理论上亦见解独到，有专著论书法。1936 年，《美术丛书》将他遗稿中有关论述学书法则、作书之道的理论一一摘出，编辑成《论书法》一书并出版。

王宗炎将学书法与学习经训联系起来，认为"学兰亭如读经，浅者见浅，深者见深"。他把书法比作画竹，提出：

> 画竹者先有成竹于胸中，作字者先有成字于指下。若如元美所云，腕中有鬼，岂能工哉。[1]

画竹子必须先胸中有完整成形的竹子，才能画好，同样，写字也必须先有完整成形的字在手指下，就像元美所说的，手腕有不协调之处，又哪里能写好字呢？

1　王宗炎：《论书法》，见罗自立主编：《千古绝唱》，三环出版社，1991 年，第 813 页。

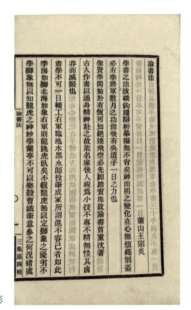

◎　王宗炎《论书法》书影

关于书写的具体方法，王宗炎说：

作书之道，规矩在心，变化在手。体欲方而用欲圆，指欲实而腕欲虚，神欲行而官欲止。审量于此，方可学古人法帖。[1]

临摹古人法帖，要懂得规矩尺度在心而变化在手的道理。想要方，那么应用则欲圆，手指欲实，那么手腕就要虚，神情奔驰放纵，那么身手就须收敛。

读着这些书论，别说我这种外行，即使练了几十年的书法爱好者，恐怕也会感觉自己在学习书法的道路上，尚停留在起跑线，想超越古人，何其难哉。

王宗炎对家乡最大的贡献，就是亲自筹划参与了西江塘疏浚工

────────
1　王宗炎：《论书法》，见罗自立主编：《千古绝唱》，三环出版社，1991 年，第 813 页。

程。乾隆五十七年（1792）夏，西江塘张神殿、荷花塘等处塌陷，绍兴知府李亨决定借款抢修，并把部分地段改为石塘，便向民间集资，最终山阴、会稽两县合计捐银2万两，绍兴盐商捐银1万两，而萧山县单独捐银2万两。资金问题是解决了，那么由谁来负责工程的管理与稽查？当地官员选定了在民间颇具威望又热心公益的王宗炎。第二年，恰逢汪辉祖返乡，浙江巡抚又力请他共管修塘事宜。

可那时汪辉祖患上了足疾，东奔西走之事只能由年过花甲的王宗炎一力承担。乾隆五十九年（1794）四月初十，全塘告竣。除工程款项外，一应人员从经费中领取了伙食、薪水等费用，而奔波辛苦的王宗炎却不取分文。

疏浚工程历时近两年，所涉事项虽不复杂，但十分细琐，王宗炎办得一丝不苟，且光明磊落，最后还不肯收取报酬，官民大悦。

嘉庆十三年（1808），西江塘再次溃堤，浙江巡抚阮元为防有人以修堤塘为名，行贪污之实，于是找上了王宗炎主持修筑工程。此时王宗炎主讲紫阳书院，且忙于校勘藏书，但仍以桑梓为重，不畏艰辛，投入了两年精力，直至工程竣工。

王宗炎关心家乡、投身公益的拳拳之心，也感染了他的学生，其弟子中多有热心家乡建设之人。萧山弟子陈圻，在家乡闻家堰江水决堤时，毫不犹豫地出面负责修筑堤坝。平日里，陈圻常建义庄，修道路，施医药，赈贫乏，凡有益于乡里之事，无不为之，事迹被载入县志。镇海弟子胡钧，于家乡饥荒时在街上设粥赈灾，又与同乡乐涵筹资12000贯，组织修筑了义成碶，造福后人。

十万卷楼载史册

"世进士第"内那座青砖砌成的高大楼屋，是整个宅邸最核心的建筑，其形制独特：东面向内，有木制门窗；西面向河，只开了几个高高在上、阔两尺的石雕窗户；楼北有墙，砌有小型石库门堂。据传，这就是王宗炎用来藏书的"十万卷楼"。

古代读书人对书籍可谓一往情深，他们相信"黄金满籝，不如一经"，愿散尽家财，搜集典籍，建楼藏书。王宗炎也不例外，王家有田30顷，在当时的萧山属于中产，加上王宗炎的山长束脩，家中应该比较富裕，但王宗炎把收入多用来购藏书籍，使得生活只能解决温饱问题。有的时候遇到珍本，因手头拮据，只能亲自手抄。这样日积月累，藏书数量竟以万计，为存放书籍，便修筑了一座以"十万卷楼"命名的藏书楼。这可是当时萧山最著名的藏书楼之一，与陆芝荣的"寓赏楼"、陈春的"湖海楼"并称萧山三大藏书楼。

明清时期，以"万卷"名藏书楼的，不下数十家，已显泛泛，似乎不足以显示藏书之巨，于是以"十万卷楼"命名的藏书楼便出现了，除王宗炎外，湖州陆心源、永康胡丹凤、广西陈柱子皆有"十万卷楼"。

藏书楼既以"十万卷楼"命名，10万卷藏书或许有点夸大，但不会差很多，晚清文史学家李慈铭以"甚富"二字来形容王宗炎的藏书。金石学家叶昌炽在他的《藏书纪事诗》中说"十万卷楼"是"充栋盈车"。看来，王宗炎藏书之富确实惊人。要知道，著名的天一阁巅峰时期藏书也就7万多卷，孙衣言父子的玉海楼藏书是9万多卷，位列晚清全国四大藏书楼之一的湖州皕宋楼，藏书也就15万卷。

"十万卷楼"藏书如今在哪里呢？1939年，王宗炎六世孙王仁溥正好60岁，作了一首《六十自述》长诗，并在诗中感叹"藏书十万今何在"，可知王宗炎辛苦收藏的 10 万卷书，后代已不知所终了。著名藏书家傅增湘曾提及，他手里有几部王宗炎的旧藏，包括《松漠纪闻》《吴中旧事》《河朔访古记》及《圣宋名贤五百家播芳大全文粹》126 卷。丁丙也收藏了一批王宗炎藏书。丁丙之子丁立中，在为其父编写的《先考松生府君年谱》中提到，同治九年（1870），丁丙命侄子丁立诚到四明访购四库遗书，无意中得到了 800 册古籍，书上有"湖东不住住湖西""宗炎图书""小学楼"等王宗炎藏书专用印章，才知道这是王宗炎"十万卷楼"旧本。因此，丁丙的《八千卷楼善本书志》中就著录了很多王宗炎的旧藏。后来，被丁丙"八千卷楼"所藏的那批书籍，由两江总督端方买下，存放于江南图书馆。

兼资文武，贵有独知：状元山长石韫玉

银榜秋悬耀路衢，官书一夜入姑苏。

金瓯得士能如此，玉尺量才信不诬。

谁说文章憎命达，试观科举负人无。

醴泉芝草神仙种，伫听声华满大都。

这是石韫玉恭祝朋友沈芷得中乡试第一后所作的志喜诗，寥寥数语反映了他本人对科举由衷的崇敬和热爱。石韫玉无疑是科举场上的幸运儿。乾隆四十四年（1779），年仅24岁的石韫玉参加己亥恩科，以江南乡试第十三名考中举人。乾隆五十五年（1790），参加乾隆帝八十大寿"万寿"恩科，会试第十四名，殿试初拟为第四名传胪，谁知名单上呈后，意外被皇帝拔置为一甲一名，成了钦点状元。

石韫玉（1756—1837），字执如，一字琢如，号琢堂、竹堂，自称花韵庵主、绿春词客、独学老人，江苏吴县人。石韫玉为官清正廉洁，文武兼通；为人律身清谨，和易博达；为文不专一家，贯穿古今，堪称全才；为学注重独知，以著述育人为己任，归田后30年间主讲于江南各书院，育才无数。这样一位颇具文名与时誉的状元，于嘉庆十三年（1808）至嘉庆十五年（1810），主讲杭州紫阳书院，是书院历史上唯一一位状元山长。

◎ 石韫玉像

能文善武的好官

乾隆二十一年（1756），石韫玉出生在苏州经史巷五柳园一个普通的小户之家。石家祖上三代从未有人考取功名，父亲见石韫玉自幼颖敏过人，便对他期望颇高。在石韫玉5岁时，父亲亲自为他开蒙，并请舅父徐元孚为其讲授《孝经》。他6岁入塾，勤奋好学，一心苦读求取功名。13岁起，石韫玉先后师从冷秉垣、张含光、郏南阳，学习诗书、古文，18岁应举童子科，补吴县博士弟子员，随后进入苏州紫阳书院学习，得彭启丰、郏锦等名师教导。

虽有名师指点，但石韫玉的科举之路并非一帆风顺，秀才、举人各考了两次，参加会试也十年不第。幸运的是，第六次参加会试，因乾隆帝亲擢而成了第一，石韫玉激动异常，写下《闻喜》诗六首。诗中石韫玉描述自己不敢相信高中榜首，竟"三听传宣尚未通"，又以"君恩特敕魁天下，御笔亲题墨未干"之语表达高中魁首的荣宠，连赴状元宴都"九十七人同与宴，宫花独占一枝芳"，享有特殊待遇，高中状元后的欣喜、感激之情溢于言表。

乾隆五十六年（1791），石韫玉供职翰林院，充任武英殿协修官，此后历任福建乡试正考官、湖南学政、重庆知府兼护川东道、陕西潼商道、山东按察使兼署山东布政使等职，经历了18年的仕宦生涯。

石韫玉为官勤政爱民，政绩卓著，多次考核名列一等。就任湖南学政时，石韫玉不仅跑遍各书院，了解诸生情况，还对湖南久而不决的苗民关系、洞庭水利问题都作深入了解，离任时把自己所知毫无保留地告诉湖南巡抚姜晟，其不争名利、一心为民的举动令姜晟动容。石韫玉不仅是上司眼中的优秀下属，也是百姓心中的好官。他就任重庆知府兼护川东道前后七年，"宽而明，敏而断，循绩美政，有不胜书者"。他曾妥善处置饱经战火蹂躏的妇女数千人，没有按以往官员那般，将所解救的被白莲教掳掠妇女分给兵丁，而通知所属州县将她们领回与家人团聚，民众感泣膜拜。任陕西潼商道时，正值山西一带闹灾荒，米价暴涨，每石竟高达白银17两，石韫玉毅然开官仓平粜，不少山西饥民才得以活命。在山东任按察使时，恰逢干旱，大运河山东段有干涸的迹象，北京的漕船被迫滞留，有人主张雇民船分批运送漕粮到京，但石韫玉担心这样做会增加百姓负担，于是和当地官员疏浚运河水源400多处，使漕船顺利通过。

中国历史上状元不少，但文武双全的却极少，石韫玉则是其中之一。在重庆任职期间，适逢白莲教5000多人由开县进犯重庆，石韫玉下令严防死守，还以攻为守，亲自率兵主动出击，屡次击败敌军，活捉贼首。为保境安民，石韫玉以宋人医方治愈众多疫病患者，在城中设置团练，将百姓编成保甲，"分班训练，更番休息"。经略大臣勒保发现石韫玉的军事才能，将其调到军营协助军务，令都司以下官员，均尊听调遣。石韫玉在军中不仅协助勒保处理军政要务，还总结对敌方略，撰成《守寨方略》十二则，力主修筑长寿县城，对白莲教采取坚壁清野、分兵合围、隔而歼之之策。每遇军事行动，必率军"昼则上马追捕，暮则坐庐理牍"。因数次立下军功，石韫玉被同僚笑称为"军事歪才石状元"。石韫玉《独学庐全稿》中有不少诗篇记录了这段军旅生活，如《桂门关营次作》：

> 石碛秋风劲，营门杀气深。
> 官同牛马走，士识鸟乌音。
> 刁斗晨炊黍，胡床夜摊衾。
> 前山新破贼，磷火满青林。

全诗描述了在瑟瑟秋风、萧索悲凉之下隐含杀气的军中氛围和四川地区遭受白莲教众侵扰的官民百态。

为官18年，石韫玉所任官职中不乏肥缺，但他一直以清廉自律，不以权力兼职营生。由于没有灰色收入，仅凭俸禄，石韫玉的日子过得十分拮据，他几次外放州官，居然凑不出家属的路费，只得只身上路，将家中妻小托付好友照料，待攒够了钱才接家人前去团聚。辞官归乡后，石韫玉也无"寸田尺宅"，祖上留下的城南老屋已"芜秽不蔽风雨"，于是石韫玉受聘到杭州紫阳书院主讲，把家安置在紫阳山麓，直到嘉庆十七年（1812）筹资重修老屋后才返乡居住。

敬惜字纸的全才

敬惜字纸是清朝文昌信仰中最具特色的习俗，意思是对载字之纸，当心存敬意，不可阅读与撰写淫词艳曲，污秽字纸。石韫玉自幼学有根底，于各种学问均有广泛涉猎，可谓博学多识。他以敬惜字纸自律，杜绝一切淫词艳曲，即使闲暇时解闷也从不接触，所研读书籍皆是官方认可的正规出版物。在石韫玉眼中，那些污秽字纸的作品，皆是洪水猛兽，会毒害人之心灵，须不遗余力予以销毁。

于是，石韫玉自掏腰包购买市面上的"不良书籍"，置于家中一间名为"孽海"的库房后集中焚毁。几十年间，经"孽海"收毁的淫词小说、得罪名教之书，多达几万卷。这让手头本不宽裕的石韫玉经济更加拮据，但这并不能动摇这位民间"扫黄打非"志愿者的决心。同治年间进士陈康祺在《郎潜纪闻》中记载了这样一则故事：某日，石韫玉在街上闲逛，无意中发现南宋叶绍翁的《四朝闻见录》内有弹劾朱熹的文字，勃然大怒，准备把书买下付之一炬，无奈大街小巷出售此书多达几百本，他所带钱款无力购全。石韫玉情急之下，跑回家中，不由分说拽下妻子所戴全部首饰拿去换成了现金，又走街串巷遍搜坊肆，购得此书 347 本，拿回家一把火烧毁，方略解心头之气。石韫玉如此行事，颇具堂吉诃德的风格，陈康祺也评价其"以一穷诸生，毅然以辟邪说、扶名教自任，其胸襟气节，岂复第二流人物所有"[1]。

石韫玉是典型的正统读书人，闳览远识，著述涉猎经史子集各领域，学生陶澍在《石公墓志铭》中评价其"撰述甚富，所刊《独学庐诗文稿》若干卷，为海内所称"[2]。《独学庐诗文稿》包括了石韫玉所撰诗词歌赋、文章、公牍等，基本可以代表他的学术成就和文学水平。石韫玉其他留存的著述，包括纂取《诗经》鸟兽草木之名编录而成的《多识录》9 卷，戏曲作品《花间九奏》9 卷、《红楼梦传奇》和《花韵庵南北曲》1 卷，等等。

纵观石韫玉著述，发现他对戏剧、藏书、目录、校勘学均有研究，而他的书法也堪称一绝。

明清两代科考，考官极重视书法的工拙，故有"以书取士"的说法，这也造就了"能文章未有不娴翰墨者"的局面，尤其是进士

1 陈康祺：《郎潜纪闻初笔二笔三笔》，中华书局，1984 年，第 64 页。

2 眭骏：《石韫玉年谱》，中国书籍出版社，2020 年，第 7 页。

举人们，在书法舞台上身影绰绰。石韫玉善书，虽然没有以书法家的名号称世，书法水平却不容小觑。他曾与刘墉切磋过书法，作品被编入《小莽苍苍斋藏清代学者法书选集》。窦叔英《国朝书画家笔录》中，石韫玉也赫然在列。

乾隆五十八年（1793），38 岁的石韫玉干了一件在中国书法史上特立独行之事。一日，他从京师太学处得到一本《兰亭序》，读着这篇沁人肺腑、感召心灵的千古绝唱，石韫玉突发奇想，把人们耳熟能详的 324 字《兰亭序》全部拆散后重新组合成一篇新作，世称《颠倒兰亭序》。时隔 30 年，道光三年（1823）夏天，石韫玉到了绍兴兰亭，以范钦天一阁所藏神龙本字，将《颠倒兰亭序》摹勒上石，碑刻于兰亭，以期"他日艺林又增一雪中鸿印"。如今，《颠倒兰亭序》碑依然镶在右军祠内回廊壁间，石碑拓文多种版本也被名家收藏。

《颠倒兰亭序》无论内容还是风格与《兰亭序》都大相径庭，学术界对其也褒贬不一，现代著名学者施蛰存评说此文"不知所云"。作家王蒙颠倒重组了李商隐的七律诗《锦瑟》，自以为创举，直到1997 年到绍兴兰亭参观，才发现清朝的石韫玉早就有了这样的尝试，于是写下《重组的诱惑》一文，指出"当一篇文字打动了接受者的心弦，……接受者也会沉迷于它的语言文字场中"[1]，给予了《颠倒兰亭序》充分肯定。

不过，撇开《颠倒兰亭序》的文学价值，石韫玉这幅书法作品神形俱佳，露锋露收的笔法，起笔藏露的结合，行笔妍美，收笔洒脱，点画处理独到，笔笔见流畅，字字见功夫，是难得的书法佳品。

1　王蒙：《重组的诱惑》，《读书》，1997 年第 12 期。

贵有独知的良师

嘉庆十二年（1807）六月，石韫玉代理山东布政使，因审理柳氏一案出现疏漏被革职，改任国史馆编修。这一年石韫玉已52岁了，深感在官场已有志难酬，恰逢软脚病复发，于是引疾乞归，此后便开始了他长达30年的讲学生涯。他先后主讲杭州紫阳书院、江宁尊经书院、苏州紫阳书院，令这些书院文风丕振。

许是石韫玉肄业于苏州紫阳书院，又掌教该院20多年，人们提及石韫玉的书院讲学，往往只关注他在苏州紫阳书院的日子，而忽略了主讲杭州紫阳书院的这段经历。事实上，石韫玉的讲学生涯就是从杭州紫阳书院开始的。辞官回到苏州的石韫玉，家中无田可耕，老屋也破败无法居住，只得投奔在浙江任知县的长子石同福。携家眷来到杭州的石韫玉，卜居紫阳山麓。嘉庆十三年（1808），地方官得知状元公在杭，遂请他出任紫阳书院山长，直到嘉庆十六年（1811）正月，极为看重石韫玉才干的勒保出任两江总督，招其入幕，石韫玉才离开杭州紫阳书院。

状元出任山长，杭州紫阳书院一时名声大噪。石韫玉为学，最重"独知"，他在《独学庐铭并序》中讲道："心有所独，知神有所独，注意有所独，得业有所独……学问之道当有所独立，而不可有人之见者存也。独者，人所不知而己独知之地也，惟己有独知，故人虽不知而不惧遁世而无闷也。"[1] 石韫玉认为做学问贵在有自己独立的见解，切忌人云亦云。

以独知为核心，石韫玉要求紫阳书院诸生做学问须联系实际，做文章须有感而发。在紫阳书院，石韫玉发现许多生徒文风浮艳，谆谆告诫诸生："浙为才薮，士非无才之患而才多之患也。贪多者，

---

1 叶瑞宝、金虹：《石韫玉的独学庐与独学庐思想》，《江苏图书馆学报》，2000 年第 3 期。

第五章　名宿鸿儒教泽深（上）

繁称博引而类于钞胥；振奇者，索隐钩深而邻于吊诡。之二者余雅所弗喜。书曰：'辞尚体要。'文而不知体要，亦何取乎词费耶！"[1] 细读这段文字，发现石韫玉特别强调文章是人的心声，落笔务求切实简要。浙江是人才渊薮之地，他不担心士子们无才，而是担心才学太多，导致诸生行文或喜烦琐而旁征博引，与誊录员无多大差异，或行文爱用隐喻僻典，文章诡异。

石韫玉当年在苏州紫阳书院就读时，常有师长讲论题旨及作文之法，诸生也相互交流心得，使其获益匪浅。掌教杭州紫阳书院后，石韫玉也希望以师友互助提高考课水平。他对书院会课十分看重，主持师课，常与诸生分享自己参加科举体验，讲解科举文评判标准，要求生徒作文先求理通，后重文通。

石韫玉书院育才，不仅注重提升生徒文章学问水平，也重视生徒个人修养，在他看来，唯有做人、做文都发自内心，才有可能达到"独知"。他提出的"心兮本虚，应物无迹""人有秉彝，本乎天性""哲人知几，诚之于思"等箴言，明确规定生徒在视、听、动方面的一言一行。

掌教杭州紫阳书院山长的几年，石韫玉结交了不少文人雅士，常幽赏湖山美景，诗文酬唱。嘉庆十五年（1810）初春某日，大雪纷飞，石韫玉与贾仲平、吴锡麒、项墉、杨昌绪等共游吴山三茅观，把酒言欢，作纪事绝句五首，其中一首写道：

> 如今高卧学袁安，幸有山梅共耐寒。
> 独立吴峰最高处，无边清景尽人看。

石韫玉在诗中，描述的是远离庙堂，处江湖之远的悠闲生活。

1　杨镜如：《紫阳书院志（1713—1904）》，苏州大学出版社，2006 年，第 262 页。

此时的他，只想一心读书著述，讲学育才。

石韫玉就任杭州紫阳书院山长期间，整理编辑"灵隐经藏"一事值得一提。此事还得从"灵隐书藏"说起。嘉庆十四年（1809），翁方纲写信委托紫阳书院山长石韫玉将他的《复初斋集》置一部于灵隐。如何才能完成友人的托付？二月十九那天，浙江巡抚阮元邀请石韫玉、顾星桥（敷文书院山长）、陈桂堂（崇文书院山长），以及何梦华等名士同游灵隐，石韫玉顺便谈及翁方纲想藏书灵隐之事，阮元表示赞同，说"好学之士，半属寒酸。购书既苦无力，借书又难"，当即决定在灵隐寺大悲佛阁后造置木橱，号召文人藏书于此，并订条例、刻印章，形成书藏，以供文人翻阅。书藏的设立让石韫玉和灵隐寺的接触多了起来，得知寺内藏有大量佛经，十分散乱，于是发愿要恢复灵隐经藏。在嘉兴楞严寺修治经版的会一法师的指点下，石韫玉与灵隐住持若水、品莲，汇集大藏经、论等1655种，装成1438册，又另附贮藏外论疏语录各书150种，装成456册，综为二柜，藏于灵隐寺之莲灯阁上。经藏整理完成之时，石韫玉特撰《灵隐藏经碑》，期望从此灵隐经藏"典守有司，绍隆无替"。

道光十七年（1837）五月五日，82岁的石韫玉在城南经史巷宅第无疾而终，入葬西碛山祖茔，入祀苏州沧浪亭五百名贤祠。

潜园颐养，紫阳授徒：潜园老人屠倬

> 石臼冈前独往时，金鳌院底得归迟。
>
> 一官百里江淮海，三绝千秋书画诗。
>
> 仙骨通身闻芋熟，禅机微笑有花知。
>
> 相逢恰在弦歌地，桃李桑麻要总持。

这首《屠孟昭大令枉顾并见贻〈是程堂诗集〉新刻即日迟谢先以诗报》，是清代著名诗人舒位为好友屠倬所作。嘉庆二十年（1815），51岁的舒位在江苏仪征盐商巴光诰、巴光奎兄弟家中做清客。一日，仪征知县屠倬登门拜访，以刚刚刊印的诗集《是程堂集》相赠。屠倬诗歌得以刊刻成集，舒位深感欣慰，于是赋诗追忆两人交往情谊，一句"一官百里江淮海，三绝千秋书画诗"，是舒位对屠倬一生的评价。

屠倬（1781—1828），字孟昭，号琴坞，又号耶溪渔隐，晚号潜园，浙江钱塘人，嘉庆十三年（1808）进士，曾任江苏仪征知县。

屠倬是嘉道间颇具名气的艺术家，其诗伉爽洒脱，内含韵味；其书画堪称一绝，与陆飞、丁敬等被称作"杭州八逸"；其篆刻风格雄健，是杰出的浙派印人。屠倬还是极具吏才的地方官，他以入世拯苍生的情怀，在近六年为官生涯中仁政惠民，政声大振，直达上廷。晚年屠倬因病退养杭州，创立"潜园吟社"，与友人诗酒酬唱。这样一位全能型人才，于道光三年至四年（1823—1824）担任紫阳书院山长，虽只有短短一年多时间，屠倬却以一己之力，口讲指画，扭转了书院重八股、轻词赋的学风。

◎ 屠倬杭州石刻像

寒窗苦读成全才

南宋绍熙年间，屠倬先祖屠道因与权贵不和，抱琴携酒，归隐诸暨山中，自号禾琴居士，并将所居之处命名为"琴坞"，朱熹还专门为他作过一篇《琴坞记》。屠倬是屠道十七世孙，他自号"琴坞"，就是为了表怀先祖名德。

屠氏家族一直秉承先祖"不希无妄之福，不作非礼义之事"的遗训，坚守其醇厚家风，族中子弟多重耕读，尊孝悌。到屠倬父亲屠邦瑞时，因家人不善治生，田宅尽卖，不得不移居杭州，从事贸易，家境才得以改善。

屠邦瑞（1746—1816），字鸣岐，号兰渚，以太学生加封承德郎。屠邦瑞为人正直，品行端庄，时人多有赞誉，诗人王昙称他的品行可作朱丝绳、玉界尺，为他人典范。屠邦瑞对父母极为孝顺，本有机会任官，因感念父母年迈，毅然放弃机会回乡颐养父母20年。对族人屠邦瑞也尽力照顾，五服之内亲戚，他都分以资产，率领同姓之人合食，教以孝悌和睦。

严谨的家风，父亲的表率，都在潜移默化中影响着屠倬的为人处世。平日里，屠邦瑞对屠倬的教导既严厉又卓有远识，王昙曾有过这样的描述：

举孝廉而不使之急公车也，庭训而读等身之书；第进士而不使之仅工词馆也，庭训而读经济之书；宰雄州、尹赤县而不使之仅通一邑之治谱也，庭训而读天下利弊之书。[1]

从举孝廉，中进士，到出任地方官职，每到人生关键时刻，父亲对屠倬的"庭训"，都为他指明方向。屠邦瑞一直教育屠倬，读书的目的不仅仅是考取功名获得利禄，更要成为一个对社会有用之人，因此，他希望屠倬做人做事不可过于急功近利。屠倬年少时，屠邦瑞就安排他广泛阅读经史、诸子、汉唐以来的古文词以及星纬、兵家之书，为屠倬打下深厚的古学基础。嘉庆六年（1801）诂经精舍设立，屠倬因"古学识拔之士"得以顺利入选，成为阮元门生。在精舍，屠倬既得名师指点，也结识了查揆、陈文述、陈鸿寿、蒋炯等一众好友，学术视野日渐开阔。这年秋天，屠倬参加乡试考取举人，父亲考虑他身体羸弱，没有让他赶赴第二年的春闱，而是送他到杭州清平山继续读书。屠邦瑞的用意非常明显，博取功名不在一时，沉心静气苦读，才可厚积而薄发。

---

1 王昙：《屠孟昭大尹尊甫兰渚封君七十封安人宏农君五十八岁寿序》，见王昙著，郑幸点校：《王昙诗文集》卷六，人民文学出版社，2014年，第375页。

在清平山，屠倬一待就是六年。这里地处吴山之南、凤凰山之北，环境清幽雅致，屠倬读书之处是拂尘庵右边的三间北向小屋，房屋周围种满竹子，浓绿交窗疏，名小檀栾室。由于位置偏僻，常有朋友来访不得的事情发生。好友戴敦元常听屠倬讲在小檀栾室读书，其乐无穷，便前往探访，谁知入了清平山，寻访了三天仍不知书室在哪里，只得作罢。后来见了屠倬提起这事，屠倬笑称自己的小檀栾室位置僻陋，无宏伟的楼观堂宇，只在参天古木环抱中，难怪你找不到。不久，屠倬专门偕戴敦元到书室，从早上痛饮至日落，才尽兴而散。

在清平山读书的几年，是屠倬人生的重要起点，后来屠倬曾忆及这段成长经历，不无感慨：

余自戊午迄丁卯十年间，伏处乡里，所尝以文字受知诸先达名宿，吾乡则梁山舟、吴毅人、朱青湖、潘德园、何春渚、魏春松、宋茗香诸先生。于吴中则钱辛楣宫詹、王述庵侍郎方主讲敷文书院，洪稚存太史则时游西泠，得与文酒之会。阮芸台先生视学浙中，以倬古学擢取，特加赏识。漕帅许秋岩先生、少司寇刘诚甫先生前官浙江时，皆以文字受知特厚。[1]

那段时间，屠倬结交了许多前辈名宿，他拜陈白云为师学习经史文词，向浙西名家郭麐、陈鸿寿、陈文述等讨教书画及篆刻，还得到梁同书、朱彭、何春渚、魏春松等名师指点和提携，逐渐成长为通才之士。

舒位说屠倬是"三绝千秋书画诗"，其实，屠倬在印学上也颇有造诣，可以说是集诗、书、画、印于一身的"四绝"人才。

1　屠倬：《舟夜怀人十六首》自注，《是程堂集》卷十二，嘉庆十九年真州官舍刻本。

屠倬在乾嘉诗坛有着重要地位，他18岁跟随朱彭学习诗作，开始了创作之路，写下了大量诗作。舒位在他的《瓶水斋诗集》中称读屠倬的诗"如六山鼓琴，沉思忽往。木叶渐落，石气自青"。郭麐形容其诗"气慷以爽，音大而宏。不名一家之学，而发扬蹈厉，有幽并烈士、河朔少年之风"。阮元称其诗句"精思隽句，颇自不凡"。

屠倬交友广泛，好游山水又必有诗，大量的山水诗就是这样吟咏而成的。吟咏杭州这座烟柳画桥、风帘翠幕山水城市的作品，自然是少不了的，如这首《南屏归舟口号》描写了傍晚归舟时所见的山光水色：

> 云气欲成雨，万山都是烟。
> 烟开见山色，落日又归船。
> 时有白鸥影，飞来水底天。
> 疏灯出湖口，已泊藕花边。

此诗节奏轻快，洒脱自然，选取云、烟、山、落日、归船、白鸥、疏灯、藕花等意象，呈现了云烟散开，山色可见，以及夕阳徐徐降落，归舟缓缓前行，白鸥不时飞掠而过，湖岸边灯火点亮的画面，被文学家法式善评价为"飘逸豪宕，以古为律，惟青莲腕下有之"。

又如这首《富春江上望云中双瀑》：

> 云气浓遮半截松，松颠忽透两三峰。
> 瀑流更在松云上，天半飞来双白龙。

描写的是在富春江上望山中瀑布的景象，萦绕的云气遮挡住山峰上的松树，透过隐约的松顶还可以看到两三座山峰的顶部，飞流而下的瀑布从松云之上倾泻，好像是飞舞在天空中的飞龙。

同诗歌创作一样，屠倬的书法也堪称绝妙。屠倬篆、楷、隶、行都运用自如。杭州孔庙碑林，有迄今为止我国最早的楹联汇刻石碑，因楹联为历代名人所撰，书法为明清两代名人所书，碑石也由名人所刻，因此被誉为"三绝碑"，其中就有屠倬所写行书碑刻，碑文内容为"证验古今，雕琢情性；贯练雅颂，洞鉴风骚"。

绘画上，屠倬也颇有天赋，少时向著名书画家奚冈学习技法，后来受董源和米芾画法影响，加上他深厚的文学积淀和飞扬的诗歌才思，他的山水画沉郁秀浑，墨气浓厚而有出尘之意。屠倬尤喜画竹，他所居之处必有竹，清平山的小檀栾室就前后翠竹环绕，仪征为官时，特用竹建了"就竹亭"，以便观赏临摹。屠倬常自比郑板桥，说"民则已肥吾竹瘦，此心只有板桥知"。幸运的是，仪征是郑板桥读书之地，屠倬为学板桥竹画，专门一一走访郑板桥曾经游玩的地方，实地采风。多年的练习，屠倬的画竹苍劲而有气韵，风格独具匠心。

屠倬在金石篆刻上也毫不逊色，他的绘画老师奚冈，是西泠前四家印人之一。屠倬从他那里接受了篆刻的启蒙训练，后来又得到西泠名家陈鸿寿、陈豫钟的指点，成为浙派印学的传承者。只是屠倬30岁步入仕途后，因公务繁忙很少再刻印，年仅48岁又离世，留下的存世印章，数量不多。资料显示，在阮元之孙阮常生辑录的《团云书屋藏印谱》（上海博物馆收藏）有47方，另外还散见于《杭群印辑》《传朴堂藏印菁华》《丁丑劫余印存》《乐只室印谱》，日本二玄社编的《中国篆刻丛刊》《明清篆刻流派印谱》等，有印章数十方。

仁政惠民享清誉

嘉庆十五年（1810），朝廷任命屠倬为仪征知县。临行之际，阮元和翁方纲在翁氏苏斋为他饯行，并以诗作相赠。阮元作了《门生屠琴坞以翰林改宰仪征，翁覃溪先生倡咏饯送，遂亦以诗赠行》长诗，其中写道：

> 展我泰华碑，磨我八砖研。
> 别斋倡吟篇，旧友共相饯。
> 屠君正壮年，出宰我乡县。
> 乡县尚不陋，长江绕芳甸。
> 近者集盐艘，民风少为变。
> 枭徒颍泗来，小斗竟如战。
> 我昔谋增兵，请者议未善。
> 为此多隐忧，保障匪易见。
> 我早识屠君，洗洗吴越彦。
> 清名满湖海，高文冠翰院。
> 百里非宠才，帝欲使之练。
> 孰意赤紧州，巧得颜谢选。
> ……

阮元在诗中提到了与屠倬的友情，也说明了仪征是他的故乡，这里自古以来就是长江与淮河的交汇点，漕运与盐运的必经之地，周边食盐都在此地中转，盐船云集，盐枭、盐贼猖獗，是历任知县在任时需要面对的头等大事，希望屠倬能胜任。因为担心屠倬难以应付仪征盐枭，阮元特意让他带上自己手下捕盗高手一同前去赴任，其中就有以铁枪名扬天下的张永祥。

张永祥，字侠君，河南怀宁人，虽看似书生，却枪法精绝，人称"张铁枪"，曾随阮元缉捕海盗多年。也正是靠着张永祥，屠倬才解决了仪征的盐枭之乱。

屠倬一到仪征，就因蒋光斗案而名声大振。前任们十年内无法抓捕的罪魁祸首，屠倬仅用三个月就悉数擒获，还仪征一片清明。

老百姓津津乐道屠倬智捕盐枭蒋光斗的故事：盐枭蒋光斗，侨居城南三棵柳，聚众几千人，为非作歹，官府几次抓捕，都因消息走漏，被他逃脱。屠倬一到任，就接到了江苏巡抚章煦密令，要求三个月之内抓捕蒋先斗。于是屠倬先让人偷偷找到他的藏身之处，然后放出风声，说自己将于当晚坐船到省城拜见布政使，还佯装把行李搬到船上，并以保护自己的名义召集兵勇携带武器跟随。等到登船之时，屠倬借口人多船重，影响了速度，告诉大家自己带随从由陆路到江口再上船，众人信以为真。谁知屠倬却带兵丁前往蒋光斗的住处将其团团包围，以送密信的名义叩开大门，将在床上的蒋光斗抓捕归案。

蒋光斗被绳之以法后，盐枭的嚣张气焰被压制了，接下来的工作就顺利多了。屠倬一方面让张永祥带领兵士抓捕其他作乱之人，另一方面又十分用心地化解矛盾。他特意写了一首通俗易懂的宣传诗《枭徒横》，劝解盐枭弃恶从善："枭徒多如毛，淮盐白于雪……君不见，朴树湾，纱帽洲，官兵缉私挨户搜。又不见，辰州蛮，巴杆老枭徒，性命贱如草……"仪征一地大小盐枭多如牛毛，屠倬说："你们并不是生来就是做盐枭的，一切无非为了利益，其实江边有很多田，如果你们愿意耕种，官府为你们免费提供犁、锄头等工具。"屠倬以说理打动了人心，盐枭们感动于屠倬的仁心，改邪归正。

在屠倬的治理下，仪征四境慑服，社会治安得以改善。他上任不过一月有余，百姓纷纷在家门口悬挂"官清民安"字幅，以示对屠倬治理仪征的肯定。

彼时仪征有一种特别的布料，人称"屠公布"，这是屠倬在仪征取得的另一项重要政绩——引桑入农的成果。仪征土地贫瘠，耕种稻麦收成不高，屠倬因地制宜，引导百姓种桑养蚕。屠倬用自己的俸禄从吴兴购买了 12000 株桑苗，免费分发给了农户，又自费从杭州请来有养蚕缫丝纺织经验的技工给农户传授技术，还亲作《种桑诗》三首劝导，当地农桑和纺织逐渐兴盛。百姓感激屠倬为他们所做的一切，便将所产布料命名为"屠公布"。

五年多的辛苦，屠倬收获了当地百姓的信任，卸任之时，设香灯相送的百姓数不胜数，不少人哭泣不止，难舍这位受人爱戴的好官。

徜徉山水立吟社

屠倬早年患有肺病，常需喝药调理，甚至考中进士后，还因病乞假回杭州养病半年才入翰林院。仪征为官的几年，奔波劳碌，政绩越来越喜人的同时，他的身体却越来越差。嘉庆二十一年（1816）夏，屠倬因父亲屠邦瑞去世回杭州丁忧，从此过起了在潜园颐养的日子。

屠倬将所居之处命名为"潜园"，是要表明自己将遵从本心，不再为官，只想享受徜徉山水的隐居生活。"潜园"在当时的杭州算是名园，钱泳《履园丛话》和梁章钜《浪迹续谈》都有描述，结合《武林坊巷志》的记载，"潜园"应在杭城东面"平安坊四"所属下的张御史巷。园中湖石甚多，池中有一石，因其形状巧似鹭而将其命名为"鹭君"，园内有盟山堂、招隐岩、宝颜斋、半笠亭、回波池、一宿觉庵等景观，园周围有万树绿荫环绕。

屠倬急流勇退，很多人为之感到可惜，有朋友劝他再次参选为官。道光元年（1821），屠倬被朝廷授予江西袁州知府，不久又调为江西九江知府。"受恩千载重，无用一身多"，屠倬虽感有愧于道光帝的信任和提拔，但还是以身有疾患和需要奉养母亲为由辞不赴任。看来，屠倬这是一意追求与家人团聚共享天伦，与好友交游唱和的生活了。

明清以来，杭州文风鼎盛，结社之风如春潮怒上，应运勃兴，尤其是乾道间，文人社团十分活跃。颐养潜园的屠倬，日与宾客往来，诗酒吟唱，共享雅趣，吟出了杭州历史上一个知名大社——潜园吟社。

潜园吟社，也称潜园诗社或西湖诗社，入社成员除屠倬外，有屠倬长子屠秉，屠倬儿女亲家黄安涛之弟黄若济，吟社名誉社长马履泰，马履泰之子马庆孙、马怡孙，马履泰外甥锁成，屠倬好友叟庆源、范崇阶等，多达四五十人。吟社的集会唱和活动，主要记录在屠倬与长子屠秉纂辑的《是程堂倡和投赠集》第十九、二十卷中；屠倬所绘《潜园吟社图》，吟社成员的诗歌别集中也有一些记载。

闲居潜园，屠倬"逮鼓祥琴，宾客稍集，觞咏间作，于是吟社兴焉"。前面几年，吟社活动差不多是一月一集，主持人也"迭为宾主"，或即席赋诗，或布置社题，由社团成员在集会后的一定时间内完成创作。集会诗歌创作多是咏物或抒怀之作，如嘉庆二十三年（1818），吟社的即席赋诗就包括潜园消夏、尝包山蟹壳泉、南园怀古、西溪秋泛、御校场等，集后社题则有苏公祠观荷、忆圣果寺桃、杨铁崖读书处、表忠观看桂花、顾侯虎儿歌等。

众多社员聚集吟咏，彼此切磋，思如泉涌，创作了颇多清新流畅，读之别有趣味的作品，如咏物社题"表忠观看桂花"，屠倬吟有绝句二首。

其一曰：

> 丛祠古木太萧森，几日秋光渐渐深。
> 树杪青山青不得，斜阳染出淡黄金。

其二曰：

> 黄雪霏霏糁径铺，香多吹得入城无。
> 筇声帽影西风里，一半吟情属外湖。

同是在表忠观赏桂，前一首重在描绘赏桂的氛围，秋光渐深，万物萧索，青山不青，丛祠古木间，桂花悄然开放，斜阳的金黄与桂花的黄金色交相辉映，美不胜收。后一首则咏赞桂花的形态及香味，纷纷扬扬的桂花密如霏霏的黄雪粒，花香渐渐飘远，消失在竹声帽影里。屠倬这独特的写法，细细品读，别有一番韵味。

人生的最后十几年，屠倬身体时常抱恙，很大一部分时间是在养病和参加吟社活动中度过的。道光三年（1823），屠倬受浙江巡抚帅承瀛聘请主讲紫阳书院。此时的杭城，文风昌盛，浙省其余十郡的词赋，皆以杭州为绳尺，屠倬顺应时势，在紫阳书院教学中强调词章为本，在考课内容中增加了词赋一项，把考课中的优秀词赋作品编辑成《紫阳书院课余选》，成为紫阳书院所有课艺集中唯一以诗赋为内容的课作选集。

道光八年（1828），屠倬病逝于扬州赞化道院，林则徐为他作挽联："病榻恩来，叹息膏肓难再起；潜园人去，流传诗画定千秋。"

第六章

名宿鸿儒教泽深（下）

耽精思当，融会中西……数学名家项名达

读书教文，悬壶济世……江南儒医陆以湉

学究「永嘉」，难通古今……特立之儒孙衣言

察理揆情，振兴士习……清廉帝师夏同善

翰苑词臣，丹心未泯……外交使臣许景澄

风流蕴藉，书画传家……末任山长王同伯

耽精思当，融会中西：数学名家项名达

竟古人未竟之绪，发古人未发之藏。

　　这是著名数学家项名达为潜心研究数学立下的宏愿。项名达生活的晚清，考据之风盛行，学术界致力于发掘和整理古籍，他不愿墨守成规，立志在前人基础上，进行创造性的研究。项名达是这样想的，也是这样做的，他一生痴心沉醉于数学世界，注重中西数学的融会，主张把微积分推广到中算之中。项名达在无穷级数领域，尤其是三角函数幂级数展开式、椭圆求周和二项式定理方面取得的重要成果，在中国数学史上颇具特色和难能可贵。

　　项名达有缘于数学，得益于近代西方数学知识的传入。那时，康熙皇帝对西方数学极其热衷，曾向比利时的南怀仁、安多，葡萄牙的徐日升、苏霖，法国的张诚、白晋等西方传教士学习西洋历算知识，并常与群臣论算数，亲自给皇子、皇孙讲授几何学，而且告诫各地巡抚也要懂点数学，甚至多次公开批评大臣算数水平不精。在最高统治者的倡导下，许多书院出现了聘请数学名家执掌的情形，如匡文涛出任江西鹅湖书院山长、华世芳出任常州龙城书院山长。道光二十二年（1842），项名达应邀主讲紫阳书院，成为紫阳书院历史上少见的数学家山长。

有官不居论算学

项名达（1789—1850），原名万准，字步莱，号梅侣，浙江钱塘人，家宅位于杭城上珠宝巷，相传为于谦旧居。《清史稿》及诸可宝的《畴人传三编》称项名达为仁和人，此说法被当代一些数学史著作沿用。其实不然，项名达祖上项成澐由徽州迁杭，入钱塘县商籍，俞樾在为项名达之侄项晋蕃所作墓志铭中写道"其先由歙迁杭，遂为钱塘人"；民国《杭州府志》、阮元的《两浙轩录》和《清代进士题名碑录》也明确记载项名达为钱塘人，其数学著作也均题名"钱塘项名达著"。当然，仁和人也好，钱塘人也罢，总之项名达是杭州人。

项名达祖籍徽州歙县。项氏家族据说是项羽后代，自唐朝隐居歙县桂溪村。桂溪村文风昌盛、才俊辈出，有"父子进士""四世一品""五子登科"佳话。清初，项名达祖上项成澐由小溪村来杭，入钱塘县商籍，并考取府学秀才。他的孙子项守约（胡绳的六世祖），曾协助浙江巡抚李卫整饬盐务，功绩卓著，事迹被收录入《两浙盐法志》。也是从项守约开始，项家日益发达，所居莱园"擅林泉之胜，地不广而境甚幽"，与皋园（金衙庄）齐名。此后项氏后人有不少通过科举入仕从事盐政，项守约玄孙项晋蕃，曾任两淮盐运淮南监掣同知、泰州盐运分司运判、通州盐运分司运判、海州盐运分司运判等职，并编有《淮北票盐续略二编》10 卷。

项名达出生在钱塘项氏这样的盐商家庭，家境自然富裕，且家庭学习氛围也极浓厚，祖父项丰为举人，父亲项本诚为钱塘国子监学生，担任过儒林郎布政司。项名达自幼心无旁骛，一心读书。嘉庆二十一年（1816），项名达考中举人，授国子监学正，负责执行学规，考校训导。道光六年（1826），项名达又高中进士，朝廷任命其为知县，怎奈他淡泊功名，辞而不就，时人宗稷辰直言他"有官不漫居，甘老深山中"，说"海内真能忘名禄、全性命者，伊人之外，吾未见之"。清代学者梁绍壬也誉其"舍花封之烂漫，甘槐市之萧条，亦可想其襟怀之冲淡矣"。看来，项名达参加科举，只是想向世人证明其才华，绝非有意仕途，因为那时的项名达，已经醉心于数学研究了。

为与友人谈数论学，项名达在京城盘桓了 4 年多时间，并完成了《勾股六术》1 卷。《勾股六术》将直角三角形勾、股、弦各边互求之法列为六术，包括 26 个正题和 53 个附题，都一一作图详解，内容浅显易懂，是初学数学者理想的入门级教材。

算学经世掌书院

道光十年（1830），项名达离京回到杭州。此时的杭州，在阮元的倡导下，研究数学的风气大开，涌现了一大批卓有成就的数学家，诂经精舍更是一度成为清代数学研究的中心。借助杭州浓郁的数学学术氛围，项名达先后主讲于苕南书院和紫阳书院，以算学经世，作育人才。

苕南书院位于余杭镇东门桥北首白塔寺前，由章太炎的曾祖父章均于道光七年（1827）捐资三万缗创立。道光十七年（1837），项名达受聘担任苕南书院主讲，在其执掌下，书院采取以集中讲解、个别钻研、相互问答的教学形式，培养出一大批算学人才。数学家夏鸾翔和天文学家王大有，就是其中的佼佼者。章太炎祖父章鉴也拜入项名达门下学习三角与几何知识。讲学之余，项名达把主要兴趣和精力都投入数学研究之中，数学家李锐的弟子黎应南说他："眈精思当，穷极要眇，时虽寒暑饥渴不暇顾，苟有得，则欣然意适，若无可喻于人。"从黎应南的描述中，我发现项名达对数学已到了忘记寒暑饥渴，如痴如醉的程度，一旦有新的发现，就如儿童般手舞足蹈，无比兴奋，仿佛意外获得了什么珍宝一样。

主讲咨南书院期间，在钦天监任职的朱筠麓曾专门向他求教黄赤大距升度差的计算问题，项名达列出平面三角和弧面三角和较术六种，并作图示，为朱筠麓解答疑惑。

道光二十二年（1842），项名达开启了长达九年的紫阳书院山长生涯。彼时诂经精舍大力推崇汉学，社会上汉学、宋学又针锋相对，令紫阳书院诸多生徒心生困惑。项名达悉心为诸生讲明汉、宋学术各自的特色，要求生徒们能秉持兼容态度，客观看待考据学和义理学。日常讲学中，项名达注重启发学生思维，"每质疑问难，谆谆然指陈义蕴，心扃为之一开"。

执掌紫阳书院期间，项名达对三角和较术的研究取得了重大进展，他巧妙论证了平三角、正弦三角和斜弧三角的和较相求，于道光二十三年（1843）撰写成《三角和较术》1卷。当代数学史专家李俨评价项名达在三角和较术研究上的成就，说："自三角术输入，中算家乃知角度的应用，而说过此义最精的，当数罗士琳、项名达。"[1]《三角和较术》和他早年完成的《勾股六术》《开诸乘方捷术》后被合刻为《下学庵算数》刊行于世。

项名达还精审校阅，选订了道光十七年（1837）至道光二十八年（1848）生徒课艺180篇，刊刻成《浙江紫阳书院课艺》6册。

融会中西留成果

自明中叶意大利传教士利玛窦来华，西方的数学知识陆续传入中国。虽然这些知识并不系统，也不是最新的研究成果，但其带来

1　李俨：《三角术和三角函数的东来》，见李俨：《中算史论丛》第三集，科学出版社，1955年，第198页。

的新思路、新方法，在中算界引起了极大的反响，由此引发了盲目崇洋或极度排外的两种倾向。项名达是较早接受"西法"研究的中国数学家，他对西方算学无门户之见。他说："守中西成法，搬衍较量，畴人子弟优为之。所贵学数者，谓能推见本源，融会以通其变……"[1] 项名达极力主张吸取西算之长，以弥补中法之不足，他融会中西数学知识，力图把微积分推广到中算之中。他撰写的《割圆捷术》，其中关于"割圆术率"的论述，已具有初步的微积分思想，得到了学术界的一致认可，正如著名汉学家、英国传教士伟烈亚力所评价"其理有甚近微分者"。项名达融会中西的研究成果，后来被戴煦和李善兰等学者继承，在中国数学从传统向近代的转变中发挥了承上启下的作用。

对前人的研究成果，项名达也十分尊重，他说："算数古疏今密，习此道者往往以辟古自矜。不知无古之疏，安得有今日之密，不但无密，恐并疏亦不可得。"在项名达看来，后世的研究是前人成就的继续和发展，切不可自以为是，忽视古代算术成果。他对二次曲线的研究，就是在准确分析法国传教士杜美德的 3 个无穷级数展开式、前辈明安图论证的 9 个求圆周率公式，以及董祐诚的椭圆求周、堆垛求积等成果的基础上推演而成的。

项名达还广交习算之士，博采众长。他与黎应南、陈厚耀、何国宗以及戴震、钱大昕都探讨过数学问题。不过，与项名达交往最密的，还是戴煦与陈杰。项名达特别推崇比他小 17 岁的同乡戴煦。道光六年（1826），戴煦初成《四元玉鉴细草》，项名达拜读后十分欣赏，相约见面后一见如故，遂结为忘年交。得知戴煦完成《对数简法》，项名达第一时间阅读此书并为之作序。他还在戴煦开平方简捷算法的基础上，推算出了开任何高次方的简捷之法，于是有了《开诸乘方捷术》。而项名达的成果，反过来也促进了戴煦的研

1　王钟翰点校：《清史列传》卷七十三，中华书局，1987 年，第 6035 页。

究。戴煦于道光二十六年（1846）撰成的《续对数简法》，就是项名达和戴煦共同发现的指数为有理数的二项式定理。

项名达与乌程籍数学家陈杰也十分投缘。道光二十三年（1843）初夏的一天，曾为国子监算学助教的陈杰因事到杭州，听闻项名达对平弧三角问题颇有研究，便冒雨到紫阳书院拜访。项名达热情地接待了陈杰，交谈中，他将自己的研究成果毫无保留地向陈杰介绍，与陈杰认真探讨了他正在研究的"平三角两边夹一角径求夹角对边之术"，发现两人的观点竟不谋而合。此后，项名达与陈杰成了挚友，常相互切磋。

能有代表自己一生学术成果的著作留世，应该是多数研究者的追求，项名达也不例外。道光二十八年（1848），项名达为集中精力撰成他的代表作，辞去了紫阳书院山长一职。他早就想好了自己著作的名字——《象数一原》，"象"代表空间形式，"数"代表数量关系，象数两相成，而得其原。遗憾的是，原定计划 6 卷的著作，项名达因病只完成 3 卷，卷四仅书写 6 页，便无力继续写作。自知时日无多的项名达，致函戴煦，言及"病体颇顿，精力日衰"，希望戴煦帮忙将手稿整理成书。道光二十九年（1849）十月，项名达病情加重，他用尽最后的力气为书稿作绝笔序。序中介绍卷四后续内容的主要设想，说明卷五、卷六使用已定旧稿情况，还提及自己"残灯微焰，断难久延，而是书从此搁笔矣。缺而不完，世间事大都如是，何必恋恋"，满纸都是对生命的眷恋和对未完成研究的牵挂。

项名达去世后，咸丰六年（1856），其子携遗稿，恳请戴煦校补。手捧遗稿，戴煦想起老友临终嘱托，心中感慨万千。戴煦没有辜负项名达的期望，他根据原著思路，经过几个月的努力，不仅补全了卷四和卷六未完稿，还补写了卷七"椭圆求周术图解"。

为让项名达的著作能尽早面世，戴煦将定稿托付给数学家徐有

◎ 项名达《象数一原》书影

壬出版。可惜刻印刚完成，太平军便攻陷苏州，徐有壬被杀，书版亦被毁。不久，该书底本被张文虎所得，珍藏了近20年。张文虎终究是担心如此学术成果埋没在自己手里，希望为书稿找一个好的归宿。他思虑再三，最终寄赠著名数学家华衡芳。后经高斋汇刻，《象数一原》得以面世。

项名达学识渊博，一生著述颇丰。据史料记载，除了数学著作，他还留下《大衍历》《授时历》等历法文辞杂著数十卷。可惜也因兵乱，项氏家居遭火灾，书稿被毁，其内容只能从时人论著中了解一二了。

读书教文，悬壶济世：江南儒医陆以湉

此去真为泛宅行，扁舟江上订鸥盟。

酒从黄叶声中醉，诗向青山影里成。

高枕连宵酣旅梦，小笺沿路记归程。

掉头笑谢风尘侣，图史萧然万虑清。

这是陆以湉的《改官诗》，平淡、自然的语句，作者改官任教后的兴奋之情跃然纸上。这一年是道光十九年（1839），陆以湉被吏部任命为浙江台州府教授，他怀着对朝廷的感激和对未来生活的憧憬，写下了两首《改官诗》。在另一首诗中，他吟诵"簪笔雍容志已虚，不如归去旧蓬庐"，抒发对教书生涯的向往之情。原来，三年前，35 岁的陆以湉考取进士，被派往湖北就任武昌知县，但陆以湉对仕途心存忧虑，上任仅几月即向朝廷陈请改官，朝廷便准许他改任府学教授。从此，陆以湉开启了教书育人、悬壶济世的人生之路。

陆以湉（1802—1865），字敬安，号定圃，浙江桐乡人。陆以湉先后担任过台州和杭州的府学教授，两次掌教杭州紫阳书院。他以立品勤学为教，衡文清真雅正，并在闲暇之余，潜心医学，治病救人，是紫阳书院山长中难得的一位儒医。

无意宦海改教职

俗语道："父行子效。"陆以湉改官任教与父亲陆元鋐有颇大关系。陆以湉出身于乌镇一个官宦之家，又是书香门第，陆以湉父、兄都在朝为官，父亲陆元鋐官至礼部员外郎，兄长陆以瀚担任过广东花县知县。然而，一次宦海波折，令陆元鋐对仕途不再热衷。陆元鋐出任广东高州知府时，因所辖县府出现银库亏空，被朝廷以失察罪惩处。这件事令他大受打击，他为官多年，一直坚守清正廉洁，谁知最后因下属过错受到牵连，看来这官也不是那么好当的。出于对仕途险峻的担忧，陆元鋐辞去了官职，后半生辗转任教于各书院为生。

受父亲影响，陆以湉本身对入仕没有多大兴趣。考取进士被朝廷授予知县一职后，父亲又担忧他心思单纯，不适应复杂的官场，力劝他辞官回乡，于是陆以湉陈请改官。

无论在府学还是在书院任教，陆以湉总是严于律己，为人师表。他勉励诸生，认为"人无贤愚，非学曷成；理无精粗，惟学乃明"，希望大家勤奋好学，常动笔展卷，则典故纯熟终生不忘，日积月累，自然博洽。

教书育人、著书立说的日子对陆以湉来说应该是相当舒心的。他在《山斋留客图》一诗中这样描述自己在台州府学教授任上的生活："空斋闭门居，闲散伍丞掾。经世愧无术，幸惬庭闱恋。"[1]邀三两好友，吟诗作画，好不惬意。道光二十九年（1849）至咸丰六年（1856），陆以湉掌教杭州紫阳书院，讲学之余，也常与好友徜徉西湖山水，探讨学问，博古论今。这种闲云野鹤的日子在咸丰十年（1860）因太平军攻占杭州而结束了。为躲避战祸，陆以湉携家带口，流离颠沛，由杭迁沪。时局动荡，市井凋零，在上海定居的五年里，陆氏一家生活困顿，幸得时任江苏巡抚李鸿章的赏识，聘他为忠义局董事，资以薪水，才使全家渡过难关。太平军退出杭州后，陆以湉回到家乡，发现家遭洗劫，所剩无几，生活仅勉

1　陆以湉:《冷庐杂识》卷二，上海古籍出版社，2012年，第58页。

强糊口而已。浙江巡抚蒋益澧得知陆以湉回杭，便聘请他出任紫阳书院山长，于是64岁的陆以湉再次掌教了紫阳书院。只是陆以湉经历了战争创伤，心中悲苦之情难以散去，加上积劳成疾，半年后便溘然长逝了。

陆以湉生平富于著述，其作有《冷庐杂识》8卷、《冷庐医话》5卷、《冷庐诗话》8卷，以及《再续名医类案》16卷，另有《苏庐偶笔》4卷、《吴下汇谈》2卷、《楚游录》1卷、《寓沪琐记》4卷、《杭城记难诗》1卷等，其中部分作品未见藏本，估计已经散佚。

随笔满录成"杂识"

《冷庐杂识》著成于咸丰六年（1856），全书900条，另附续编2条，共27万余字，内容可谓"不拘一代，不守一格"。陆以湉将任教经验、读书心得、诗词典故、金石碑文、地理沿革、社会时弊，或平日见闻，或能警示后人的人物史实、奇闻逸事等，均"随笔漫录，不沿体例"。陆以湉在自序中谦逊地解释"学贵莫于纯，纯则不杂"，而他因所学不纯，只能退而求其次，将见闻记录成"杂识"。

《冷庐杂识》中有不少有关西湖山水名胜的逸闻典故。提及西湖，陆以湉认为"天下西湖三十有六，惟杭州最著"。他记述了有美堂、烟霞洞、冷泉亭、巢居阁、朱庄等景点，以及徐冲晦、方懋如、屠倬、袁枚等众多文人名士的学行、经历和交游情况。综观全书，言多切近，小有考据，故李慈铭在《越缦堂日记》中评价此书："颇有史学，记时事亦多可观，较近时梁绍壬《两般秋雨庵随笔》、梁

◎ 陆以湉《冷庐杂识》书影

章钜《归田琐记》诸书为胜一筹。"[1]

　　《冷庐杂识》是清代颇具影响的史料笔记，为很多小说家提供了创作的素材。如《冷庐杂识》卷三的《茌平旅壁词》，是道光十三年（1833）陆以湉参加完春闱考试后，从北京返家途中路过茌平，在旅馆墙壁上所见"京师沿途旅壁题咏"中的"佳者"，其内容被著名小说家二月河引入《雍正皇帝》的创作中。小说第六十二回"苏舜卿含冤归太虚，刘墨林暴怒斥禽兽"，二月河虚构了雍正登极恩科钦点探花郎刘墨林和当时京城第一歌妓苏舜卿的爱情故事，刘墨林曾为苏舜卿写了一首词。这首词就是陆以湉在茌平旅馆墙壁上发现的"茅店月昏黄"，二月河稍作改动，并认为此词为他的小说增色不少。

1　李慈铭：《越缦堂日记》，见姚继荣：《清代历史笔记论丛》，民族出版社，2014年，第361页。

喜研岐黄著"医话"

俗语道："秀才学医，笼里抓鸡。"意思是说，无缘仕途的秀才为了谋生可以学医，很快就能上手，成为大夫。历史上许多良医，早年无不受儒业熏陶，由儒入医或儒医相兼。陆以湉家学渊源，外祖父家三代为医，医术精湛，又乐善好施，陆以湉耳濡目染，早年就喜研岐黄。后来，陆以湉的弟弟不小心中暑，却被医生误诊为伤寒，胡乱治疗而一命呜呼，他的儿子患内风，居然也因误诊为外风最后丢了性命。痛失亲人的陆以湉深感庸医误人，遂苦心钻研医道，行医济世，成了江南著名的儒医。

陆以湉为医，崇尚医德，医术精湛。他提出"医者之品学不同，必取心地诚谨，术业精能者，庶可奏功"，坚持医生的品质和学识有所不同，患者就诊要选择诚心施诊、作风严谨、医技精湛的医生。行医之时，陆以湉则注重辨证施治，强调问诊需望、闻、问、切四诊互参，切不可有一己之偏。如《伤寒论》的大陷胸汤证与《金匮》的大乌头煎证，脉都沉紧，但一则属热，一则属寒；又如中风闭证与脱证的鉴别，阴厥与阳厥的鉴别等，若不推求原委，斟酌利弊，必造成误诊。甚至在用药上，陆以湉也强调因人而异，反对滥用或喜用某种药物，如他治妇人肝病，不用疏肝攻伐药，使肝阴受伤。

陆以湉将生平所读先秦至清朝近百种医学著作所述医论、医案、典故及个人治病切身体验，撰成《冷庐医话》5卷：前2卷论述医德、保生、诊法、慎药和用药等问题；后3卷则为历来名医对多种病症的治验医案，又阐明自己临床所悟，详评前人之不足。全书篇幅短小精悍，言语简明扼要，十分中肯，在医话著作中素负盛名，被后世评价为"文笔流畅、立论有据，是古今医话类著作中不可多得的珍品"[1]。近年来，《冷庐医话》多次出版，篇末附列了1卷，

1　沈澍农：《中医古籍珍本集成·医案医话医论卷·冷庐医话》，科学技术出版社，2014年，第5页。

第六章　名宿鸿儒教泽深（下）

219

◎ 陆以湉《冷庐医话》书影

是民国时期浙江名医曹炳章将《冷庐杂识》中有关医事内容择录而成的。

　　翻看《冷庐医话》，其中记载了一个揭示朱熹去世之谜的医案。医生张修之在给晚年的朱熹治疗脚气病时，竟把朱熹给治死了。治疗脚气病能治死人，简直是闻所未闻，但却发生在 800 多年前的朱熹身上。如今，因缺乏维生素 B_1 会引发脚气病已是常识，古人在《汉书》中也记载了饮食结构不合理者易得脚气病。治疗脚气病，孙思邈提倡用大豆、乌豆、赤豆等粗粮，李时珍在《本草纲目》中建议用米糠，也有用中药黄芪和罂粟壳辅助治疗，这些与今天改善膳食结构，多食富含维生素 B_1 的粗粮，有异曲同工之妙。陆以湉在医案中详细记录了张修之的用药过程，发现他光想着治疗朱熹的脚气病，一味用攻伐之剂、破积之药，却忽略了朱熹年高体弱的虚候，导致朱熹身体无法承受而丧命。陆以湉在此医案后感慨道"观此高年之人，慎不可用攻药也"，给老年人用药时，一定要考虑老年人脏腑气血衰弱的特点，合理用药，避免出现毒副作用。

苏轼的死因，《宋史》中未曾提及，而在《冷庐医话》的《慎药》篇中，陆以湉记录得十分清楚，他说："士大夫不知医，遇疾每为俗工所误。又有善谈医事，研究不精，孟浪服药以自误。如苏文忠公事，可惋叹焉。"[1]苏轼竟是因自病自诊，误开药方而致死的。据史书所载，苏轼虽是文人，却酷爱医术，通晓药理，常替人开药治病，导致对自己医术过分自信，不料却酿成了悲剧。当苏轼结束了岭南贬谪生涯回到常州后，与好友米芾共游常州西山，可能是在海外待久了，苏轼无法忍受酷暑，晚上就在船上露天坐着，又食用了大量冷食消暑，导致半夜急泻不止。可自认为精通医术的苏轼却不当回事，照吃照喝，病情加重后，又按图索骥，错误地选用了人参、黄芪、茯苓等温补药，还自以为是对症下药。殊不知苏轼当时的病情，须先用清热解毒之剂化解热毒之症，才可服用人参等补气的药，结果药不对症，以致伤生，最终丢了性命。陆以湉以苏轼的案例，告诫士大夫术业有专攻，切不可在不精医术的情况下擅自滥用药物。

都说医不自医，陆以湉也没有打破这个规律，最后因心脏病发去世。

1　陆以湉：《冷庐医话》，山西科学技术出版社，1993年，第20页。

学究"永嘉"，难通古今：特立之儒孙衣言

廿年得失共名场，今日东南两紫阳；

乱后鬓眉都小异，狂来旗鼓尚相当。

主盟坛坫谁牛耳，载酒江湖旧雁行；

寄语执经诸弟子，莫争门户苦参商。

这首七律诗是晚清著名学者俞樾所写。孙衣言和俞樾，同为浙江人，也是同年进士，情同兄弟，又为诗友。更巧的是，同治四年（1865），孙衣言出任杭州紫阳书院山长，而俞樾在这一年不约而同地当上了苏州紫阳书院山长，因此有"东南两紫阳"之说。然而令人烦恼的事发生了，两人虽是惺惺相惜的知己，但门下弟子却为标榜各自师门，彼此诟病，大有愈演愈烈之势，于是俞樾漫铺纸笔，书就上面这首七律寄予孙衣言。诗中末句"参商"二字，典出杜甫五言古诗《赠卫八处士》首联"人生不相见，动如参与商"，参商二星，参星在西，商星在东，此出彼没，永不相见。俞樾以此为诗眼，感叹人生无常，活着不易，相逢亦难，还有什么不可以消解？不如一张酒案，数碟小菜，共此灯烛光。当孙衣言收到诗札，被俞樾化干戈为玉帛的处世智慧折服，将诗示于门下弟子，竟打开了所有人心结，缓解了这场书生意气的门户之争。

孙衣言（1815—1894），又名克绳，字劭闻，号琴西，晚号逊学，浙江瑞安人。

孙衣言是晚清颇有名望的学者，其诗思清而敏，自成一家，辑《逊学斋诗钞》10卷、《逊学斋诗续钞》5卷，以及《芸根吟》《娱老词》传世；其文自成机杼，无所依傍，著《逊学斋文钞》12卷、

◎ 孙衣言像

《逊学斋文钞续钞》5卷；其为学致力于重振永嘉学派，搜求乡贤之遗著、轶事，整理成《永嘉学案》《永嘉先生时文》《瓯海轶闻》等文献；其所建"玉海楼"，藏书近9万卷，是浙江四大藏书楼之一。同治四年（1865）至同治七年（1868），孙衣言主讲紫阳书院，两年多时间，他在书院倡导学术，整顿教务，访求撰写乡邦文献，教导和培养了一批经世之才。

宦海沉浮终返乡

嘉庆二十年（1815）八月十七日丑时，瑞安孙氏家族一个男婴在潘垟茂德里演下村岱街道砚演溪草堂呱呱坠地，谱名克绳，这便是清代孙氏家族的重要代表人物，后来与弟孙锵鸣、儿子孙诒让并称"瑞安三孙"的孙衣言。那时的孙氏家族，还不是地方望族，最多算是耕读之家，先辈中罕有科考得意者，孙衣言的父亲孙希曾虽好学善书，但在科场也无甚进取。祖母项氏就将希望寄托到了孙衣言几兄弟身上。孙衣言5岁时，祖母就要求孙希曾口授经书为他启蒙，后来请叔祖孙廷爵亲自教授。

承载着家族的期望，孙衣言15岁应童子试，道光十二年（1832），孙衣言获县试第一，府试第四，结果乡试数次落选。直到道光二十四年（1844），30岁的孙衣言才考取举人。道光三十年（1850），36岁的孙衣言，以会试第93名中贡士，殿试高中二甲第三名进士，选翰林院庶吉士。

孙衣言一生历经道光、咸丰、同治、光绪四朝，游宦京师、安徽、湖北、江苏、浙江等地，他的仕宦生涯，大致可分为在京充任文学侍从和外任地方官两个阶段。从道光三十年（1850）到咸丰八年（1858），孙衣言历任翰林院编修，实录馆协修、纂修，国史馆纂修，上书房行走，咸安宫总裁，文渊阁校理等职，直至实录议叙，赏加五品。尽管都是些以文史为主的职位，没有多少实权，但从提拔力度与速度看，可以说是颇受恩宠了。

虽然文采出众，甚至受到咸丰帝的赏识，但秉性刚直又具书生意气的孙衣言在政治上显然不够成熟。咸丰八年（1858），英法联军进犯天津，京师戒严，孙衣言两次上疏，请速定战，最终因言获罪，被外放安徽安庆知府，结束了充任京官的日子。

离开庙堂之地的孙衣言，先后担任过安徽按察使，江南盐巡道，湖北、江宁布政使等职，辗转各地。其间父母过世，委实波折，更是被卷入政治风波"刺马案"中，动摇了他的仕宦之志。

孙衣言宦游安徽定远县时，结识了时任庐州太守的马新贻，两人交谈甚欢，遂引为良友。马新贻任浙江巡抚期间，恰巧孙衣言母丧丁忧闲居于家，于是马新贻便请他就任紫阳书院山长。同治七年（1868），马新贻出任两江总督，向朝廷大力奏荐，将孙衣言升署江宁布政使。孙衣言以为又一次迎来了政治上大展身手的机会，连俞樾等密友也以为他将东山复出，纷纷道喜。然而天有不测风云，就在孙衣言候补江苏道不久，马新贻遇刺身亡。

"刺马案"一出，举国侧目，但当时的官方对此事讳莫如深，不顾案件疑点重重，就处决了凶犯张汶详，草草结案。然而朝野上下对幕后主使的猜测一直没有停止，矛头直指权臣曾国藩，这让孙衣言很快陷入了两难境地。孙衣言殿试时，曾国藩是阅卷师，对他颇为赏识，中进士后孙衣言成为曾国藩门生，仕途亦得到曾国藩的照顾与提拔。马新贻对孙衣言也有知遇之恩，两人结识后亦师亦友，甚至达到"知无不言，言无不尽"的亲密程度。如今马新贻被害，孙衣言虽多次参加会审，力图彻查真相，但作为主审官的曾国藩态度很是微妙，这让孙衣言意气难平，最后拒绝在结案奏章上签字。马新贻入土后，孙衣言又当仁不让，为他写下《马端敏公神道碑铭》以表心迹，言及为公力争，"亦岂独为公一人也"，言语间透露出对时局的沮丧失望之情。

"刺马案"尽管没有直接影响孙衣言的仕途，事后曾国藩也依然举荐孙衣言任江南盐巡道、安徽按察使，但孙衣言对政治的热情还是大受打击。随着曾国藩过世，孙衣言在仕途上再无人相助，心高气傲的他却不知隐忍，任湖北布政使期间与湖广总督李翰章不和，被调任江宁布政使，结果又很快与两江总督沈葆桢交恶。光绪元年（1875），沈葆桢被委任为两江总督兼南洋通商大臣到南京就任，巡抚等一应官员均到城外迎接，并为他接风洗尘。酒足饭饱后，沈葆桢发现一件怪事，那就是江宁布政使孙衣言竟然一直没有露面。原来，孙锵鸣是沈葆桢的恩师，此时正住在兄长府上，常言及沈葆桢对他不甚尊重，于是孙衣言想借此机会摆沈葆桢一道。他故意躲在家中不去拜见沈葆桢，让孙锵鸣以老师的名义给沈葆桢送去一封贺帖，迫使沈葆桢不得不上门拜见孙锵鸣，孙衣言也乘机摆出一副"世叔"姿态，想压沈葆桢一头。此事真假不得而知，但孙衣言与沈葆桢因个性差异及政务上意见相左而发生冲突之事，史料多有记载。光绪五年（1879），沈葆桢向朝廷奏请，说孙衣言"宜为文学侍从之臣，外官非其所长"，于是朝廷任命孙衣言为太仆寺卿，令他回京。接到诏令的孙衣言深感在官场已难有作为，又身患湿疾，便萌生退意，向朝廷乞假，假满亦不赴任，就这样结束了仕宦生涯，回到瑞安，自此专心振兴乡学，经营乡族。

早负诗名"孙绿杨"

孙衣言读书之初，以举业为第一要务，对诗词是十分陌生的。就读玉尺书院后，在山长曹应枢的引导下，他对诗词产生了兴趣，18 岁便开始尝试写诗。两年后，孙衣言将自己的诗作编成《芸根吟》，请曹应枢指点。曹应枢读后很是欣赏孙衣言的诗词天赋，称赞"其诗蕴藉，咏古诸作，见读书论事之识"[1]。得到赞赏的孙衣言从此笔耕不辍，佳作频出，为时人传诵。25 岁那年，孙衣言作《扬州》七律四首，其中一首：

> 二月烟花奈客行，小红桥外雨初晴。
> 最怜明远伤时后，犹有隋家水调声。
> 六代山河残雪尽，早春城郭绿杨生。
> 千秋呜咽邗沟水，入世樊川别有情。

残雪已消尽，早春的天气忽冷忽热，而城内外的杨柳已发芽萌绿，烟花、旅人、红桥一片繁盛。这首扬州怀古诗，孙衣言虽似写景，实是借李白"烟花三月下扬州"，杜牧"谁家唱水调，明月满扬州"，以及王士禛"绿杨城郭是扬州"等名句，感慨这座备受诗人青睐、被称为"春风十里"的扬州城曾经的遭遇。诗中"六代山

---

1 孙延钊：《孙衣言孙诒让父子年谱》，上海社会科学院出版社，2003 年，第 3 页。

河残雪尽，早春城郭绿杨生"一句，被时人赞为绝句，孙衣言被称为"孙绿杨"也由此而来。

孙衣言的诗赋才华，使他入京后很快融入了士绅文化圈。他常常应邀参与文人雅集唱和，经祁寯藻、黄爵滋等名家的指点后，一跃成为翰林词臣。孙衣言所吟作品，从哀危邦之辱到叹民生之艰，从羁游风土的书写到日常生活中的有感抒发，内容丰富，诗风清莹见骨。

孙衣言的抒情诗作，有不少描写杭州湖光山色的作品，如这首《至塘栖顺风抵武林门》：

> 登舟已十日，九日南风颠。
> 毒哉风伯虐，令我归期愆。
> 晨兴转风色，仰见高帆悬。
> 船头飘细雪，暗浪鸣溅溅。
> 舟师坐倚柁，有时歌扣舷。
> 滞淫既以解，无意争人先。
> 须臾两高峰，苍苍盈我前。
> 流波远照耀，翠眉舒连蜷。
> 知是湖上山，清光为谁妍。
> 垂杨过微雨，新荷浮绿钱。
> 明朝买斗酒，去醉西湖船。

这首诗于道光二十五年（1845）所作，这一年，孙衣言南归行至杭州塘栖，登船前往武林门，不料风向不顺，令他担忧。一日晨起，眼见船帆高悬，顺风而行，孙衣言心情由阴转晴，开始欣赏两岸风景。船行湖上，湖面波光照耀，远处青山连绵，行至武林门，两岸杨柳随着细雨飘散，湖上新荷绽放，与荷叶相映成趣。此时孙衣言早已忘了之前行程不顺的烦闷，沉迷于当地秀丽的风景之中，买酒游西湖去了。

咸丰元年（1851）冬，孙衣言携眷北行，在舟中过年，次年正月初一自桐庐出发前往富阳拜访其舅项几山。舟行途中，作《元日桐庐放舟计薄暮可抵富阳》一诗：

> 晨光朝未熹，晴雪有先炯。
> 长年习江寒，早起移我艇。
> 客行逐良辰，岁酒晨已醒。
> 解驳初阳升，篷窗纳新景。
> 前山远迎人，刻画出诸岭。
> 数日桐庐城，烟雾苦未屏。
> 及此新岁晴，宁惮川路永。
> 梅花九里峰，云端屡矫颈。
> 高斋项氏翁，相见烛当秉。

孙衣言经常乘船往来各地，早已习以为常，除夕这样阖家团聚的节日客行舟中，也毫无伤感之情，反而起兴饮酒。大年初一晨起，他酒意已散，欣赏窗外雪景，描写晴雪、初阳、前山、诸岭等景象。孙衣言此时高中进士，荣归故里，此次入京赴职，诗中自然难掩意气飞扬、悠然自得之情。

乡学重振辑文献

以陈亮、叶适为代表的永嘉事功学派，曾是宋学翘楚，只是到了清朝早已衰微，很少被纳入宋学范围。孙衣言对宋学情有独钟，在他看来，乾嘉汉学虽占据了学术体系的半壁江山，但以名物文字训诂的治经之法并不可取，而程朱理学为代表的宋学又有空谈义理、浮慕求利的弊端，于是，孙衣言有心重振永嘉之学，以融贯汉宋。

如何复活沉睡在历史记忆里的永嘉学术？孙衣言认为，整理乡邦文献自然是最好的起点。因此，在文渊阁任职时，孙衣言已然注意从《四库全书》中检阅温州乡贤的著作。宦游期间，他特别留心对永嘉诸先生遗文佚作的访寻搜购，获得多种古籍。多年的积累，购买和抄写的图书数量已十分可观。去官返乡时，行囊中除了随身衣物，竟全是这些书。

回到瑞安，孙衣言再无烦琐官务缠身，整理、辑录和校勘乡邦文献成为他日常生活的重要部分。光绪八年（1882），孙衣言刊刻成《永嘉丛书》15 种 253 卷。丛书较为系统地呈现了两宋年间永嘉学派的源流发展，使诸先贤依托文字，重新展示于世人面前。

另一部代表作《瓯海轶闻》，则是凝聚了孙衣言、孙诒让、孙延钊祖孙三代前后近 60 年的治学之功，才编纂而成。孙衣言用了整整 18 年时间，亲自通读并评点了《浪语集》，撰写《大郑公（郑伯熊）行年小纪》，4 次校勘叶适《水心集》，重纂《叶水心年谱》，这才编辑成 58 卷近百万字的《瓯海轶闻》。《瓯海轶闻》共甲、乙、丙、丁四集，孙衣言以人物为纬线，用"永嘉学术"的经线予以串联，甲集为永嘉学术之专编，介绍学术总略、学术之始、经制之学等内容，其余三集则以名臣、科第、忠义、隐逸、山川、物产等按类分设。可惜丛书尚未最后定稿，孙衣言就过世了。其子孙诒让子承父业，与孙衣言的学生共担书稿的校正、补写，直到孙诒让逝世，编纂工作仍在进行，后经孙延钊承父祖遗志，最终在 1926 年将全书刻印完毕。

孙衣言在修撰《永嘉丛书》和《瓯海轶闻》之时，还搜集摘抄了大量温州籍诗文，编成了《永嘉集内外编》74 卷传世。

书院育才重经世

65 岁返乡之前，孙衣言曾两次掌教书院。咸丰十年（1860），孙衣言主讲瑞安玉尺书院，五年后，又主讲杭州紫阳书院。孙衣言借书院讲学，实践他"务求知古如君举（陈傅良），尤喜能文似水心（叶适）"的人才培养理念，力图造就永嘉经世之才。

同治四年（1865）十月，因母丧闲居在家的孙衣言，接到了浙江巡抚马新贻的来信。马新贻十分挂念老友，力邀孙衣言到紫阳书院担任山长。孙衣言于十一月五日抵达杭州，当天就走马上任。

此前的紫阳书院，遭受了成立以来的最大一次重创，书院在咸丰十一年（1861）基本毁于战火。孙衣言到任时，见书院破损不堪，立即向马新贻提出重建要求。在官府的支持下，孙衣言废寝忘食，亲自监工，短短几月，不但修复了坍塌的屋舍，还扩建学生斋舍 20 间。时任按察使杨昌濬将新建斋舍命名为"景徽堂"，孙衣言特撰《紫阳书院景徽堂记》一文以示纪念，并解释徽州是朱子的故乡，所谓"景徽"，乃是表达对朱子的景仰之情。面对焕然一新的书院，孙衣言心潮澎湃，他漫步于书院古迹遗址及新修之建筑，或吟咏山水台榭之胜，或介绍书院历史掌故，撰成《紫阳书院十六咏》。

永嘉学派重"事功"，提倡功利之学，体现在学术上便是重视经史研究，主张"经世致用"。孙衣言掌教紫阳书院伊始，就训诫诸生要笃信儒家经典，他说：

自元明以来，天下读经者皆尊用朱子说，可谓甚盛。夫朱子之于经勤矣，其自谓不能俯仰就功名，而欲求圣人立言之意，以待后人者，用心何其至耶？今天下皆知读经皆宗朱子，然自取富贵利达外，若无用于经，此岂朱子之教也哉？[1]

显然，孙衣言希望在书院强化经史学习，以消解程朱理学与永嘉学派之间的隔阂，拉近永嘉之学与宋学主流之间的距离。因此，他要求诸生坚持日日读经，经不必背得滚瓜烂熟，但必须字字解得；史书也要每日读上一二十页才行，亦是不求速度，但求精详；他为生徒指明读史顺序，即先看《史记》《汉书》《三国志》，再读《明史》，然后才是其他史籍。对生徒中有意于诗赋者，孙衣言也积极鼓励，每月考课，生徒可自由选择是否加试古文、古诗。

讲学之余，孙衣言自己也勤于治学。掌教紫阳书院期间，孙衣言完成了《蒋氏莫如楼时文后序》《吴桐云孝经古今文传说注辑论跋》《丁松生书库抱残图序》等的写作。看来，没有了日常行政事务的牵绊，短短两年多时间，孙衣言取得的学术成果还是较为丰硕的。

早已学有所成的山长，仍如此勤读不辍，书院生徒读书亦精神奋发。同治六年（1867）八月，孙衣言挑选自他任山长以来生徒课艺100篇，刊刻成《紫阳书院课艺》，并亲自作序。序中他说生徒"弦诵之声彻闾市，夜则林樾间灯火荧然"，"今诸生之文，揣词设色，务为圆熟可喜，可谓善趋时矣"。可见他对书院学风及教学成果充满了自豪与欣喜。

孙衣言掌教紫阳书院才两三日，一位特别的客人出现在紫阳书院，他就是来自琉球国的东国兴。孙衣言曾于道光二十一年（1841）至道光二十四年（1844）在国子监担任琉球教习，时逢琉球官生东国兴、向克秀、阮宣诏、郑学楷前来留学。孙衣言得知琉球尚未实行科举，因此四人对中国举子必修的课艺——试律诗并不熟悉，遂悉心指导，还极有创意地将四位留学生的所作试律诗编成《琉球

1　孙衣言：《紫阳书院景徽堂记》，见孙衣言：《孙衣言集》，浙江古籍出版社，2017年，第309—310页。

诗课》4卷，附上评点式批阅，并在自序中夸赞琉球留学生"慕效华风之诚"实为可嘉。孙衣言此举被后来的琉球教习所继承，试律诗也因此得以在琉球本土传播开来。

任琉球教习的三年多时间里，孙衣言与琉球留学生结下了深厚的师生情谊，他的《逊学斋诗钞》中有《学生作琉球食戏述》一诗，记述了他与学生们一起品尝海鳗、海马、美姬酒的趣事。东国兴父亲曾以草书、小刀、花布相赠谢师，向克秀父亲也托人带来海马干及笺纸等礼物，孙衣言一一作诗答谢。

几位留学生回国后，虽远隔重洋，却总是千方百计与恩师保持联系。同治四年（1865）十一月，东国兴因事过杭州，特意到紫阳书院拜访孙衣言，并带来了阮宣诏问候老师的信函。孙衣言大喜，招画工作《重谈瀛海图》以纪其事。第二年三月，东国兴又过杭州，想再次探望恩师，可惜孙衣言因事回瑞安未能谋面。同治六年（1867）夏，阮宣诏因谢封赴京城，特意取道杭州，携其子克绩、成勋到紫阳书院拜访孙衣言，并赠琉球折扇50把。孙衣言将扇分赠在杭友人，诸先生也以诗馈之。三日后，东国兴因出任贡使路过，也赶到紫阳书院与大家相见。孙衣言与他的琉球学生，中外万里之别，近30年后在紫阳书院得以相聚，实属意外之喜。

藏书致用建"玉海"

孙衣言、孙诒让父子为整理乡学文献，搜集了八九万卷，计3万余册书，回到瑞安后，这些书的安置成了一个大问题。光绪十四年（1888），孙衣言仿照天一阁，建造了一座占地约8000平方米的藏书楼用于存放书籍，藏书楼取名"玉海楼"，工部尚书潘祖荫题写匾额。孙衣言一直敬慕南宋学者王应麟，故以其巨著《玉海》作为楼名，意喻藏书"如玉之珍贵，若海之浩瀚"。这下，孙氏父子的书籍总算有了一个好去处。

私家藏书楼，能有八九万册书，数量上已相当可观了，但玉海楼能与宁波天一阁、杭州文澜阁和湖州嘉业堂并称"江南四大藏书楼"，可不仅仅是靠数量，而在于所藏书籍的内容与品质。这些书中，有丰富的地方文献，其中温州地区先贤著作就逾460种，还有明清全套原刊的《温州府志》和《瑞安县志》，大量名家手校本、抄本和稿本收藏其中。

玉海楼建成后，孙衣言一直践行"以藏为用"原则，毫不吝啬地将所藏书籍对外开放，其缘由，他在《玉海楼藏书记》中说："乡里后生有读书之才、读书之志，而能无谬我约，皆可以就我庐读我书，天下之宝我固不欲为一家之储也。"[1]

古代藏书家，往往爱书如命，只想将所藏书籍束之高阁，秘不示人。晚清著名藏书家叶德辉就是一个典型的例子，他在书架上张贴"老婆不借，书不借"的条子，以杜绝有人向他开口借书。宁波天一阁藏书，虽允许人阅读，但藏书柜的钥匙却由多人掌管，非各方集齐无法开锁，还制定四个"不得"之规定限制借阅之人，即外姓人不得入阁，不得私自领亲友入阁，不得无故入阁，不得借书给外房他姓。玉海楼向读书人开放藏书，是令人意想不到的，很多人即使听说这个消息，也不敢相信。玉海楼还发生过这样一个故事：当地一好学青年，很想进玉海楼读书，但自觉才疏学浅，没有资格入楼。于是每天一大早，他就守在玉海楼门口，待仆童出来倒字纸，便从中挑拣一些回去阅读，久而久之，居然对孙衣言所读书籍和研究内容了如指掌。孙衣言从仆童口中了解情况后，主动将青年请入楼中阅读，后来还培养他成了孙诒让的助手。

—————— 1 孙衣言：《玉海楼藏书记》，见孙衣言：《孙衣言集》，浙江古籍出版社，2017年，第630页。

第六章、名宿鸿儒教泽深（下）

为规范对书籍的管理，孙衣言专门制定了《玉海楼藏书规约》十六条，内容涉及贮藏、流通和阅读三个方面，甚至连读者看书的姿势都有详细要求。根据规约，藏书楼雇有一名粗通文理的管书人，负责书籍的翻检、修护以及借阅。因此，昔日的玉海楼，常可以见到这样的场景：读者将所需书籍告诉管书人，管书人登记后替他们找书，读者阅毕将书交还，再由管书人放回原处。这与现代图书馆借书程序何其相似。

孙衣言一生虽致力于永嘉学术，倡导"明庶物，知古今"，但面对晚清千年未有之大变局，他显然没有如同时代林则徐、魏源般能开眼看世界。他曾撰《永嘉县学撰写碑记》，细读之下，发现其实他的思维还是局限于传统儒学，对器物相当轻视，对西学十分陌生，对洋务也是想当然，甚至认为中国学习西方工业技术以抵御外敌，是用自身短处进攻对方长处。从这个角度看，孙衣言能究永嘉之学，却难通古今之变，他的经世致用，也终究是纸上谈兵，难怪章太炎先生评价他为"晚清特立之儒也"。

察理揆情，振兴士习：清廉帝师夏同善

读书以明律，察理揆情，平多少沉冤久案；
衡文而取士，振衰起废，拔几许磊落奇才。

这是一副悬挂在乌镇"夏同善翰林第"厅堂的楹联，形象生动的语句高度概括了夏同善的主要功绩。在"杨乃武与小白菜"一案中，夏同善挺身而出，多次仗义执言，使冤案得以平反。

夏同善（1831—1880），字舜乐，号子松，浙江仁和人，咸丰六年（1856）进士。同治七年（1868）至同治九年（1870），夏同善掌教紫阳书院，是书院山长中唯一的一位帝师。

◎ 夏同善像

平步青云成帝师

夏同善的出生颇具传奇色彩。据传，夏同善的曾祖父夏简斋曾梦见一老人在船上载了一个十多岁的童子，并对他说："这小孩送给你。"巧的是，简斋公一梦醒，夏同善正好出生了，这令他兴奋异常，对梦中所见确信不疑。夏简斋在世时，对夏同善十分宠爱，常抚摸着这位小曾孙，反复叮咛孩子的父亲夏寿松道："好好抚养他，将来荣耀我们家的人一定就是他！"母亲周夫人对他也异常爱怜，见他身体孱弱，每遇天气恶劣，就舍不得送他去私塾，又怕落下功课，便亲自讲解文章大义。更幸运的是，夏同善幼年丧母后，继母萧氏对他视如己出，见其父经商常年在外，将他带至娘家——乌镇萧家倾力培养。出于对萧家的感激，夏同善中进士钦点翰林后，没有把御赐的"翰林第"匾挂在杭州的夏宅，而是悬于乌镇萧家大厅，还请旨改建萧家宅院，将圣旨诰命供奉在正厅中梁一对雕花镂金红漆木盒内。自此，位于中市观后街的"夏同善翰林第"成了乌镇一处独特的景观。

承载了家族厚望的夏同善5岁入私塾，师从张诵言、沈润言、沈德章等，几年时间就把外祖父的藏书读了个遍，对涉及儒家伦理的内容，尤其感兴趣。当时乌镇有一位鲁姓木匠，擅讲古今忠孝故事，夏同善只要一见着他，就一定缠着他讲古人尽忠尽孝的事迹，百听不厌。正是通过人们耳熟能详的小故事，儒家仁义忠孝的种子在夏同善年幼的心灵生根发芽了。

夏同善也确实没有让家人失望，道光二十八年（1848），18岁的他参加乡试，名列前茅。五月应院试，又列第二，进入杭州府学就读，不久到敷文书院深造。此时的夏同善已展露其才华，敷文书院山长朱朵山对他十分器重，浙江督学赵光见到夏同善的文章，也啧啧称奇，断言他"文度洪博，他日必成大器"。咸丰五年（1855），夏同善中举人，次年赴京赶考，以殿试二甲第二十八名的成绩，赐进士出身，授翰林院庶吉士。他的仕途也十分顺利，29岁任编修，补右庶子；30 岁充日讲起居注官；34 岁转补左春坊右庶子，升翰林院侍讲学士；后又历任少詹事，兵、刑、吏部侍郎，顺天、江苏学政等职。

光绪元年（1875）十二月，慈禧太后因欣赏夏同善的才华与品行，选他为新即位的光绪皇帝"侍读"，一起入选的还有后来在维新变法中赫赫有名的内阁学士翁同龢。任帝师，造贤君，这可是为人臣一生难逢的荣耀。然而接到懿旨的夏同善，深感帝师一职责任重大，更何况要把一个不足 5 岁的孩子培育成一代君主，谈何容易。夏同善思虑再三，上奏请辞，他解释说："伏念帝王之学与儒生异，读经则师其意，读史则师其迹，务在得其要旨，措之事业……今皇上典学伊始，养正之基所关尤重，侍讲帷者必当于解析章句之际，约其大义，委曲开陈，方是仰裨圣德。浅陋如臣，何以胜任？"[1] 在夏同善看来，帝王之学与儒生所学是完全不同的，光绪帝正在打基础的关键时期，重在讲明义理，而自己学识谫陋，且"土音未改"，并不适合当帝师。当然，他的请辞没有得到允准，慈禧太后为这事还专门召见了夏同善，要他"尽心竭力，济此艰难"。就这样，夏同善与光绪帝有了一段师生的缘分。

夏同善和翁同龢是最早负责光绪帝启蒙的，夏同善开始主要负责教授书法，三个月后改到毓庆宫侍读，由于他地方口音重，年幼的光绪帝听起课来十分吃力，这令他十分无奈。四年时间转瞬即逝，光绪四年（1878）十一月，江苏学政林天龄逝于任上，朝廷令夏同善接任，由于事发突然，夏同善甚至来不及向光绪帝辞行就前去赴任。那日，光绪帝迟迟未见夏同善来授课，便问翁同龢："夏某何以不来？"听说他已去江苏就职，光绪帝竟觉得不适应，经过翁同龢"百方开譬"，才开始读书。也许光绪帝觉得夏同善只是短期外放，常询问翁同龢"夏某何日归"，等着夏同善回京继续做他的老

1　杨镜如主编：《紫阳书院志 1713—1904》，苏州大学出版社，2006 年，第 343 页。

师。谁知两年后，等来的是夏同善因病卒于任上的消息，皇帝不禁
"嗟叹陨涕者两次"。

忧国爱民尽心力

光绪六年（1880），夏同善积劳成疾，忙于公事，耽误了治疗，
一病不起，于七月二十四日病逝。就在去世前一天，他躺在病榻上，
向长子夏庚复口述了一份遗疏，以将死之言，恳请朝廷"欲御外侮，
先弥内忧"，并"减海疆虚縻之费"。明知自己随时会撒手人寰，
夏同善所想所言仍是国家的前途和命运，其忧国爱民之心，令人
钦佩。

夏同善关注的一直是国计民生，他以一己之力，殚精竭虑，为
民请命。上至皇帝，下至官员，夏同善遇过必谏。同治十年（1871），
听闻同治帝欲赴惇亲王府召集梨园作乐事，夏同善直言劝谏，同治
帝为此专门发谕旨解释，称自己必以天下为先，绝不会沉湎于耳目
嗜好，要求惇亲王切不可安排梨园之事。朝廷历来就有捐纳制度，
夏同善以国家长远发展为计，奏陈捐纳有碍仕途，无裨国用，请朝
廷停止各省捐局。

成为光绪帝师后，夏同善很好地利用了这个优势，屡屡奏疏为
民请命。光绪二年（1876）始，河南、山西、直隶、山东一带连年
干旱，广东、福建则遭遇前所未有的水灾，夏同善为此心急如焚，
跪陈饥民困苦，并在一年多时间里，不下六次奏疏救灾良方，包括
在干旱省份开井灌田，缓征夏粮，拨关税和海防银赈灾，以工代赈
等。光绪四年（1878）夏秋之季，山东境内黄河多处漫决，尤以白
龙湾为甚，于是夏同善上陈"疏海口""直河湾""通支河"三大
措施，并请拨机器局经费以疏治。这些颇有见地又切实有效的方案
均被朝廷采纳实施。

如此多的良策，夏同善不是凭空想象，而是奔波各地，实地考察所得。"黄河疏治三策"就是夏同善得知灾情后专门请旨前往查实，在当地走访了每一处决口，并"博求众论"后所提。提议长江炮台应"重点修固"，而不是处处设防，则是夏同善先后在镇江、江阴、吴淞等地实地视察各处炮台后所得出的结论。

夏同善忧国爱民不仅有言，而且有行。他常以微薄薪俸捐资助赈，尽可能为民多办些实事。见京城周边地区出现旱灾，夏同善带头捐银 300 两，动员其他官员筹集了 9600 余两，委托工部主事赵昌言、郭之桢赴交河一带就地散发，赈济灾民 11100 多户；光绪六年（1880），他为救济直隶灾民捐银 500 两；赈抚黄河白龙湾决口灾民，又捐银 100 两；查看长江炮台时，发现江阴城河淤积，舟行困难，他力主开浚，主动出俸银 400 两。《江阴县续志》记载了夏同善就任江苏学政期间捐银植树造林的故事。夏同善曾到访江阴君山梅花书院故址，见历来被文人墨客称颂的君山因战事成了荒山，随即捐出俸银托人购得松秧 36000 株（一说 52000 株），亲自登山，与当地百姓和驻军满山栽种。由于担心所栽树苗无人照料难以存活，或被人损坏，他专门与驻扎在当地的提督唐定奎商量，请兵丁巡驻。多年后，人们望着松树成林、郁郁青葱的君山，感念夏公善举，便把君山称为"夏公山""夏君山"。

度量情理平冤案

夏同善为官生涯中，最令他声名远播的，莫过于促成"杨乃武与小白菜"一案的平反。

"杨乃武与小白菜"一案，案情扑朔迷离，几度曲折，轰动朝野，几乎家喻户晓，最终惊动最高统治者才沉冤得雪，使百余位官员丢了乌纱帽，影响之大，被列为"清朝四大奇案"之首。

此案本是杭州余杭县一起普通的案件。同治十二年（1873）十月，余杭县一豆腐店伙计葛品连暴病身亡，知县刘锡彤怀疑他并非病故，而是本县举人杨乃武与葛妻毕秀姑（绰号"小白菜"）有奸情，两人合谋用砒霜毒害了葛品连。严刑逼供之下，杨乃武与小白菜屈打成招，双双被投入死牢。

案件经县、府、省和钦差大臣多层审理，一度被定为铁案。但就在案件上报刑部批复执行时，杨乃武的姐姐杨淑英带着杨乃武在狱中写下的诉状，进京向都察院告状，都察院将案件发回浙江重审。令人始料不及的是，案件牵扯到了官员的派系斗争，他们官官相护，案件的二次审理结果仍是"通奸杀夫"，维持原判。杨淑英曾在夏同善家为下人，于是二次进京到夏同善府上哭诉冤情。夏同善听后义愤填膺，当即允诺帮忙申冤，将杨家的诉冤状和该案案卷送到了同为帝师的翁同龢手中。翁同龢阅后亦发现案件疑点重重，遂上报慈禧太后。同时，夏同善介绍杨淑英遍访在京浙籍官员，最终说动18位官员联名上书都察院，慈禧太后最后下诏再度重审案件。

案件再审时，因官员之间的复杂关系及初审官被厚贿，对杨、毕二人再次动用酷刑，日夜熬审，再度裁决维持原判。结果一出，舆论哗然，《申报》详细报道了案情，分析了此案诸多可疑之处。夏同善借机向两宫太后陈请将案犯提京审讯，以彻查真相，陈言杨乃武是读书人，如蒙冤无法平反，"浙江将无一人肯读书上进矣"。慈禧太后权衡利弊后，采纳了夏同善的提议，下令将此案所有卷宗、人犯和证人，连同葛品连尸棺一并押运到京，由刑部和都察院、大理寺会审。刑部经开棺验尸，查明葛品连并未中毒，乃是病死，案件终于真相大白。在民间，随着"杨乃武与小白菜"一案通过野史笔记、小说弹词等多种文艺形式广为流传，夏同善为民申冤的清官形象也深入人心。

夏同善是在充分度量案件情理后，为杨乃武与小白菜平反仗义执言的。夏同善对审理案件和执法量刑有着自己独到的见解。在担

◎ 杨毕馆内的杨乃武与小白菜蜡像

任刑部右侍郎期间，夏同善常提醒自己需慎之又慎，切不可主观臆断，以免造成冤狱。每遇死刑案，他更是再三审核，并同其他官员反复商议才敢签署。夏同善重视依法审案，注意处理法与情的关系。他与儿子谈及自己断案与秋审时的不同心态，说："断案时当为死者设想，秋审时又当为犯者设想。"[1] 审理案件时要充分考虑受害者及家属的感受，替他们伸张正义；判刑时则又要站在犯罪人的角度，对那些残暴的主犯，固然要依法严惩，但对那些受牵连又情有可原的从犯，则尽力为他们减刑。夏同善能以共情思维处理案件，在当时实属不易，而他"应分首从""罪疑惟轻"等观点，与当今司法实践中区分主犯和从犯、主责和次责等原则是基本一致的。

---

1 夏禹龙：《纪念我的高祖夏同善》，见葛涛编著：《思想之自由乃我毕生不渝之追求——夏禹龙先生口述历史》，复旦大学出版社，2017 年，第 118 页。

清正廉洁传家训

夏同善为官 28 年，清廉自律，除廉俸外，不取一钱，更不以私求人。同治六年（1867），继母萧太夫人故世，官员、乡里人纷纷前去吊唁，又相赠丧金，夏同善均辞而不受。光绪四年（1878），夏同善赴山东查访，每到一州县，均自行食宿，拒绝当地官员招待，连当地官员出城迎接也予以拒绝。担心当地官员从他身边人下手，他一再告诫随从的四名家丁，如有私收一钱一物者，必严惩。光绪六年（1880），恰逢夏同善五十大寿，同僚朋友向其馈赠礼物，夏同善一一退还；对赠送诗文祝贺的，则细细品读，见多为赞赏与溢美之词，他当即表态："吾何以当！惟当益自策励，期副朋好之相勖耳！"夏同善还借此事教育子辈，说："时事孔艰，正我辈惕励之日，家中人宜体此意，勿多一事，勿费一钱！"[1] 别的官员借寿宴敛财，夏同善倒好，把它变成了现场教育大会，他谆谆教导，希望子孙能理解他的做法，并将清廉自律作为家风传承下去。

因为夏同善为官一生清廉，且以施济为乐，导致官屡迁而清贫如寒士，在京任职多年也没有购置私宅，更令人难以想象的是，他所捐银款中居然有不少是借来的，最后只得请儿孙们代他偿还。

夏同善以做官发财为耻，以替子孙后代积累财富为耻，离世时没有为子孙留下任何遗产，但却为他们留下了弥足珍贵的"四不准"家训世代相传。他要求后代"不准捐官，不准纳妾，不准吸食鸦片，不准行贿受贿"。在他严格家训下，几个子女家境虽清苦，却颇具才学。其子夏庚复、夏敦复皆为进士，三子夏偕复曾历任工部主事、中国留日学生总监督、驻美国纽约总领事、外务部云南交涉使、天津造币总厂总办等职，其孙夏循元，为我国著名毛纺织专家。

1　杨镜如主编：《紫阳书院志 1713—1904》，苏州大学出版社，2006 年，第 348 页。

为国育才振士习

同治六年（1867）秋，朝廷任命夏同善担任江苏学政，尚未赴任，继母萧氏就去世了，于是夏同善奉萧氏灵柩回籍丁忧。同治七年（1868）五月，浙江巡抚马新贻听闻夏同善闲居在家，遂请他担任杭州紫阳书院山长，夏同善欣然接受。在掌教书院的两年多时间里，夏同善尽心尽职，朝夕讲学，以"振兴士习为务"，每见诸生，必推心置腹，不厌其烦地劝诚他们不要一味埋头读书而忽视了品行修养，读书人"先行后文"才是正道。若遇书院考课，他必正襟危坐，亲自监督秩序，批阅诸生文章昼夜不息，发现佳作，情不自禁地拍案叫绝，兴奋不已，甚至会把诸生一一唤至案前，说明文章瑜瑕。

就任学政后，夏同善屡屡担任乡试、院试考官，他衡文取士，秉公选才，为朝廷选拔了大量有用之才，著名实业家张謇、教育家唐文治都是他的门生。在顺天督学，夏同善每月都会调取诸生课卷评阅，发现北方学子不擅诗学，他特意从经史典籍中选出 100 道诗题，令大家练习，所作诗文，可随时呈送批阅。在江苏，夏同善发现读书人中吸食鸦片成风，深感痛心，于是订立《戒烟章程》十二条颁发各学，同时把觅得的戒烟良方广为宣传。每次考试前，夏同善都要派人逐个检查考生的左手食指，凡查到有吸食鸦片痕迹的，经调查取证核实，在其履历中注为劣等。唐文治每每回忆起当年被夏同善录取入学的情景，称夏公训诚考生切勿沾染鸦片，语气极为严厉，"此情此景，宛在目前"，"每饭不忘"。看似严厉的做法，却透露着夏同善对学子的拳拳关爱。

夏同善去世后，朝廷赐谥"文敬"以表彰其一生功绩，并葬于杭州之江畔的龙坞镇大清谷。

◎　中北社区内的同善亭

翰苑词臣，丹心未泯：外交使臣许景澄

算今世犹多未了缘，顾他不得；

愿来生莫作有情物，还我本真。

同治四年（1865）八月，浙江嘉兴一位 21 岁的考生因病未能参加当年的恩科乡试，颇感惋惜，某日突发灵感，吟咏上面这联抒发一时的郁闷之情。别人听后，都说这是不祥之言，彼时的他还不以为意，可命运偏偏捉弄于他，此联最终竟成其一生的真实写照。他，就是晚清悲情外交家许景澄。

许景澄（1845—1900），原名癸身，字竹篔，浙江嘉兴人，

◎ 许景澄像

同治七年（1868）进士。许景澄早年入仕，担任过翰林院编修，出任过四川、顺天等地乡试考官；光绪六年（1880）起，先后为驻法、德、奥、俄、意、比、荷七国公使；回国后许景澄又被朝廷委以重任，命他在总理各国事务衙门行走，同时担任吏部左侍郎、督办全国铁路并兼任中东铁路公司总办、京师大学堂总教习等职。1900年，义和团运动汹涌澎湃，许景澄因反对向各国开战而获罪入狱被杀。在许景澄55年的人生历程中，人们很少会注意到，他于光绪八年（1882）二月至光绪九年（1883）八月为父丁忧期间，曾任紫阳书院山长，以一身骈文特长教授生徒，是紫阳书院历史上一位颇具国际知名度的山长。

科举入仕早成名

道光二十五年（1845），许景澄出生在嘉兴城南门内徐家埭许氏祖宅。许家祖上曾担任过祭酒，许景澄的曾祖父许溶、祖父许廷梧、父亲许丙熹都被朝廷授予资政大夫一职。资政大夫在清代只是散官虚职，不是通过科举正途所获，许溶终其一生只是一名附监生，许廷梧、许丙熹也不过是国学生、例贡生，于是家中把希望都寄托到了独子许景澄身上，希望他能科考中第，光耀门庭。

许景澄自幼聪慧敏达，勤奋好学，同治六年（1867）乡试中举，第二年又连捷高中进士，以庶吉士身份入翰林院。24岁即中进士，许景澄也算得上是少年得志，带给家族的荣耀自不待言。

年纪轻轻就科举入仕，是许景澄多年苦读的结果。虽然求学期间恰逢社会动荡，家庭也遭遇变故，却丝毫没有动摇许景澄向学之心。许景澄入县学学习的第二年，太平军攻至江浙一带，家乡嘉兴也受战火波及，他不得不随家人在县城北闻湖边避难。学业受阻，家境也日渐恶化，许景澄"不以贫困稍挫志。暑夜读书，辄身披重葛,足置瓦缶,非夜午不止"[1]。从许景澄的这段回忆中,我发现他几乎是以头悬梁、锥刺股的精神,在困顿的环境中坚持学习。

同治四年（1865）,虽战乱平息,但许家因贫困日子越发难过,为继续求学,许景澄借住到了新溪教谕许大钧家中。《许文肃公年谱》中记载:许景澄每天早晨,都要到卖饼的王翁那里去吃粉食,王翁见他经济贫困却一意苦读,颇为怜惜,从不向他索要赊欠的钱。多年之后,许景澄因丁忧还乡时,还专门去看望了王翁,正值王翁做寿,于是以五十金作为寿礼相赠,报答当年的体恤之恩。此事在当地一直传为美谈。

艰苦的环境造就了许景澄坚忍不拔的性格,多年的苦读为许景澄打下了坚实的儒学根底。入京后,许景澄因工骈文、擅书法而获得了京城文人的认可。

明清时期,读书人几乎没有不会八股文的,但能写骈文的却很少。许景澄喜好骈文,也善写骈文,他的文章言辞精湛,笔功深厚,好友李慈铭在《越缦堂日记》中夸他"质敏气锐,刻意学骈文,具有领悟"。有骈文写作的经验,与其相近的八股文,许景澄写起来也是得心应手,一些文章被学子作为科考范文观摩。

如果不是被政治名气和悲情命运掩盖,许景澄说不定还能以书法名世。据资料介绍,他擅长行书,用笔洒脱,点画收放自如,线条伸缩有度,处处透着他率真的个性。这倒是让我有点意外,以为许景澄是八股文高手,书法必然以科考专用字体"馆阁体"见长呢。

1　许景澄著,朱家英整理:《许景澄集》第5册,浙江古籍出版社,2015年,第1531页。

投身外交欲强国

许景澄在翰林院一待就是十余年，政务之余，与一二好友诗酒酬唱，也常参加京官的酒食征逐，生活倒也清闲雅致。但许景澄从政之时，国势日艰，朝廷推广洋务之风正浓，许景澄在与传教士、西方商人的接触中，对国际形势也有了初步了解。这些都促使许景澄认识到"国家大势必重邦交"，他逐渐把精力从钻研经史文章转到了学习经世之学和西洋事务上来，凡中外典章制度、边疆史地、国际法、外交史等新知，都是他了解和学习的对象。多年的积累，许景澄成了朝中为数不多通晓外交事务的官僚，每遇中外交涉，往往能提供有效建议。光绪二年（1876），清政府与英国签订《烟台条约》，许景澄闻讯，在给户部郎中葛金烺的书信中说："……烟台更约，通商口岸迭有增加，乍浦独不置议。卧榻之侧，未容酣睡……"[1] 光绪六年（1880），使俄大臣崇厚因越权签订条约被弹劾，政府派英法使臣曾纪泽兼任并办理伊犁事务，许景澄上书总理衙门谏言"科布多、乌里雅苏台、乌鲁木齐三处毋设领事，其次争乌里雅苏台、乌鲁木齐两处"[2]。后来曾纪泽就是根据许景澄的提议同俄国谈判的。

几件事下来，许景澄关心时务、善谈洋务之名，逐渐为朝廷上下知晓。他也因此受到了军机大臣文祥、北洋大臣李鸿章的赏识，屡次被推荐为使外洋人才。

自光绪六年（1880）出使日本，至光绪二十三年（1897）卸职回国，十余年间，许景澄四次接受谕命，两度出洋，驻扎七国，时间之长，国别之多，恐怕无人能及。

1　许景澄著，朱家英整理：《许景澄集》第5册，浙江古籍出版社，2015年，第1533页。

2　王钟翰点校：《清史列传》，中华书局，1987年，第4568页。

光绪六年（1880），经文祥保举，朝廷下令由许景澄接替何如璋就任驻日公使，这是许景澄初次接到出使任命。在中国传统的"华夷之辨"思想束缚下，朝廷多数官员对出使外洋持不齿的态度，认为这是去服侍洋人。而国力贫弱，处理外交事宜自然极为困难，稍有不慎，出使官员就会被诟病为卖国贼或汉奸，因此，一般人都不愿担任外交官职。当时有朋友劝许景澄拒受任职，过从甚密的好友李慈铭就反对他担任外交官职，说："坊局之选，得于凿空，侍从之华，用以媚夷，饕无名之厚禄，被非分之服章，虽为无识者所艳称，终非志士所乐道，吾深为竹筼惜之也。"[1]在李慈铭看来，许景澄有翰林身份，仕途前景颇为光明，从事外交事务，非但吃力不讨好，还有辱晚节，因此替许景澄感到惋惜。

　　在官场浸淫了十几年的许景澄不可能不明白这些情况，因此也多少有些犹豫不决，在写给老师赵桐荪的信中，他说："东人兼并，吾力不足代谋持节者，目击其间，尤为无色，受业尚幸当日之得免也。"[2]许景澄在信中表露自己能力不够，担心无法胜任日本使臣一职，如今免于赴任，也算是幸运。

　　朝廷已下谕令，许景澄为何可以不去赴任呢？原来，就在许景澄准备就任事宜动身前往上海坐船出洋时，接到了父亲去世的消息，于是回家替父亲守丧了。可能是老天见许景澄还没有做好足够的思想准备，他的第一次外使任命就这样因替父丁忧而未能成行。

　　光绪九年（1883），法国侵略越南，并窥视中国西南边境。怀忧国之思，一心想要以外交强国的许景澄，终究觉得自己无法置身

1　李慈铭：《越缦堂日记》第12册，广陵书社，2004年，第8870页。
2　许景澄：《上赵桐荪师》，《许文肃公书札》卷一，见《许文肃（景澄）公遗稿》，《近代中国史料丛刊》，文海出版社，1982年，第812页。

事外，决意摒弃心中杂念，一意投身外交。此后，许景澄于光绪十年（1884）奉诏出使德、法、意、荷、奥五国；次年又兼驻比利时公使；光绪十六年（1890），又出任俄、德、奥、荷四国公使。许景澄身兼七国使职，兼使之多，算是冠绝群伦了。

然而理想与现实总是有差距的。上任后的许景澄很快发现，他在国内学习和熟知的外务终究是纸上谈兵，外交强国的理想在弱国无外交的现实面前也变得举步维艰。他只能凭借自己坚忍不拔的性格和强大的自学能力，耗费大量精力和心血去完成那些艰巨的使命。

在他十多年的外交生涯中，打交道最多的是德、俄，尤以俄为最。许景澄与沙俄政府进行了近十年的交涉，其中主要是中俄四厘借款的谈判、帕米尔交涉、旅顺大连湾租借问题交涉。学生陆徵祥评价他在中俄外交上的成绩，说"百年来中国对俄外交历史最久，知彼最深者要以许为第一"。

许景澄是对沙俄的野心认识较早且较清楚的为数不多的人之一。在三国干涉还辽之后，许多人都对俄抱有很大的幻想，慈禧太后和李鸿章都有联俄制日的想法；然而许景澄对沙俄的凶恶本性早有认识，他预见三国还辽以后，"俄人怀自便之谋，德人挟责报之意，从此事更多矣"。此话不久便被沙俄的强盗行径证实。他在兼任驻俄、德两国公使时，建议朝廷向俄、德两国分遣两使，不再兼任，以应付日益纷繁的交涉，清廷采纳了他的建议，派他为驻德专使。赴任不久，由于俄国强占旅顺，继而索租旅顺、大连湾，许景澄又受命为头等专使赴俄，会同驻俄使臣杨儒与沙俄交涉，并代表中国政府签订了《续订旅大租地条约》。

在《续订旅大租地条约》谈判和签约过程中，身为外交官的许景澄敏锐地洞察了俄国人的阴谋，他们想趁修建中东铁路南满支线的机会，将铁路各线南移，使其靠近沈阳，为以后内侵中国埋下伏笔。于是在接下来与俄国签订的《中俄续订东省铁路支线合同》中，许景澄步步为营，最终使铁路确定了有利于中方的走向，将中东铁路交会点也就是枢纽总站设在了哈尔滨。

许景澄的努力，让哈尔滨从一个小渔村，在中东铁路工程局建设下，迅速发展成为国际化的大都市，对哈尔滨的开创之功显而易见。虽然许景澄一生没有踏上过哈尔滨的土地，但在这座城市的记忆里，始终有许景澄的一席之地。1922 年，中东铁路建成 25 周年时，拨款 3 万卢布在哈尔滨市山街（今南岗区一曼街）修建了一座许公纪念碑，并在今道外区景阳街修建了许公路，还命名了一处许公桥，以纪念许景澄的功绩。哈尔滨曾经还有一所以许景澄命名的学校，称许公实业中学，后又改为许公纪念储才学校，赵尚志就是这所学校的学生，如今此处因赵尚志成了市级保护单位。

丹心未泯身先死

除了外交家，许景澄还有另外一个身份标签，那就是北京大学第二任校长。光绪二十四年（1898）七月二十七日，因病请求卸任的许景澄回到故乡嘉兴，打算好好在家休养一些时日。可没几天，朝廷就任命吏部尚书孙家鼐为刚成立的京师大学堂管学大臣（相当于校长），许景澄和美国传教士丁韪良，分别出任中、西总教习。催促许景澄回京的电令很快就到了。十多年的外交生涯，虽然许景澄觉得已是身心疲惫，说自己"时事日非，一身将老，每一念之，凄然泣下"[1]，亲朋好友也都劝他不要再出山；然而，立志以身许国的许景澄还是慨然返京就职。

为国育才，是许景澄一直以来的愿望。他早年就曾主讲桐乡翔

---

1 许景澄著，朱家英整理：《许景澄集》第 5 册，浙江古籍出版社，2015 年，第 1556 页。

云书院，后来在为父丁忧期间，受聘出任了紫阳书院山长。许景澄主讲紫阳书院之时，把之前四年的生徒课艺佳作，编成《紫阳书院课艺五编》传世。尽管主讲紫阳书院只有一年半时间，但许景澄将自己撰写骈文的特长倾囊相授，并时时告诫书院生徒当通今知古，并顺应时势，关心国故时政，成为有用于当世之人。

到了京城，许景澄当起了京师大学堂中学总教习。第二年，许景澄代替孙家鼐暂时管理大学堂事务，成了京师大学堂历史上的第二任负责人。许景澄很快着手在大学堂推行改革，他先是将"诗、书、易、礼"四堂改名为"立本、求志、敦行、守约"，又另外设立了"史学、地理、政治"三堂。显然，许景澄是想让京师大学堂成为培养实用人才的基地，只是担任管学大臣才一年，义和团运动爆发了，京师大学堂办学经费没有着落，学生也纷纷离散，而他自己也因言获罪，于 1900 年 7 月 28 日被杀。

按说，当了多年外交使臣的许景澄，完全可以在抓捕之前到外国使馆寻求庇护，但许景澄不愿逃避，也无视死亡，在被捕前还一直牵挂着京师大学堂的办学经费，担心俄国人在他死后赖账，冷静地去了一趟俄国银行，将存放在俄国银行的一笔 40 万两白银的经费取出并归还国库后，才从容赴死。

许景澄被杀不到一年，光绪帝下令为许景澄等平反并官复原职，遗体归葬嘉兴。诂经精舍山长俞樾为其撰写了约 1600 字的铭文，铭文由晚清篆刻四大家之一的胡钁镌刻于墓碑。如果许景澄地下有知，恐怕不会想到，当他的灵柩南下归乡安葬时，沿途所经之处，居然出现万众瞻仰的惊人场面。

宣统元年（1909），朝廷追谥许景澄为文肃。同年，经浙江42 名士绅联名吁请，在西湖孤山诂经精舍之左，专门建起了"三忠祠"，祭祀许景澄及一同遇难的袁昶和徐用仪。

◎　浙江西湖美术馆（原三忠祠所在）

　　历史是无法假设的，可我有时候又会禁不住想，如果许景澄没有罹难早逝，在跌宕起伏的历史变局中他会扮演怎样的角色呢？

风流蕴藉，书画传家：末任山长王同伯

山沿十八里，门临七二峰，于三竺六桥外别具奇观，喜此间梅竹万重福，自几生修到；

风经廿四番，木垂数百载，从一气两仪中推求化理，卜他日子孙千亿兆，占五世其昌。

这副吟咏风木庵的楹联，上联说的是风木庵拥有西溪沿山十八里之奇观，可聚生修养，下联赞颂风木庵为风水宝地，占千年福瑞，惠及子孙。风木庵由杭州著名藏书、刻书家丁申、丁丙兄弟为终身守奉父母灵位，取"树欲静而风不止，子欲养而亲不待"之意，在西溪西穆坞筑屋数楹而成。后因丁氏昆仲在此抢救文澜阁散佚的《四库全书》，风木庵一时名重杭城，成为诸多文人争相拜谒之地，留下许多传世文字。上面的楹联，就是丁氏兄弟的好友王同所题咏，王同还别出心裁地将道学思想与戏剧人生联系起来，为风木庵写过另外一副文字排比别致的楹联：

儒为戏，生旦净丑外副末，呼十门脚色，同拜一堂，重道尊师大排场，看破世情都是戏；

学而优，五六工尺上四合，添两字凡乙，共成七调，唱余和汝小伎俩，即论文行亦兼优。

王同（1839—1903），字同伯，一字肖兰，晚号吕庐，浙江仁和人，光绪三年（1877）进士。王同熟悉杭州历史掌故，所撰《武林掌故录》《杭郡麈谈》《塘栖志》，是研究杭州地域风俗文化不可多得的文献。他与文澜阁、西泠印社及杭州多所书院都关系密切，拥有文澜阁第一任董事，西泠印社重要赞助人，紫阳、梅青、龟山和慈湖书院及栖溪讲舍山长，诂经精舍监院等多重身份。光绪十八年（1892）至光绪二十八年（1902），王同主讲紫阳书院，成为书院历史上最后一位山长，也是唯一一位为书院撰写志书的山长。

讲学书院撰纪略

王同出身书香世家，家学传承源远流长，据说出自山东琅琊王氏一脉，是晋代书圣王羲之的后人。先祖南宋时迁至杭州定居，传至其父王言，已是第十五世了。王言字健夫，号兰谷，嘉庆二十三年（1818）举人，曾担任过寿昌训导，编有《桂阳草堂集》。也许受家庭影响，王同自幼于诗文、训诂皆富修养，书法、金石无不涉猎。同治五年（1866），王同得中举人，十年后高中进士，朝廷授官刑部福建、江西司主事。可是，执着于吟诗作画、收集拓片的王同，实在是对仕途提不起兴趣，最后遵从自己本心，以替母养老为由辞官归家。

回到家乡的王同，先后主讲于杭州梅青书院和紫阳书院，担任了余杭龟山书院和栖溪讲舍山长，也掌教过宁波慈湖书院。

王同何时开始主讲紫阳书院，史料记载不一。《杭州三书院纪略》的前言中讲，王同于光绪十五年（1889）出任山长；孙延钊在《浙江紫阳书院掌故征存录》中，记载为光绪十九年（1893）；王同自己在《紫阳书院课艺九集》序言中提及"讲艺于此，盖忽忽逾三年矣"，序言末标识写于"光绪二十一年（1895）嘉平月"，嘉平月即农历十二月。相比之下，王同自己的讲法应该比较准确，由此可见，王同应是在光绪十八年（1892）前后到紫阳书院就任山长。王同掌教紫阳书院前后达十年，他卓然师表，虽博学多才却十分谦虚，总是以己为例，说自己为学多年，仅是略通章句而已，以此劝导生徒学无止境。

就在王同到紫阳书院主讲的当年，浙江巡抚叶赫崧骏、布政使刘树堂将敷文书院从万松岭迁至城东葵巷沈宅，更名为敷文讲学之庐，并举行了隆重的庆典。观摩着典礼，王同突然意识到杭州几所书院虽声名远播，却都没有专门的书院志记录历史，实是一大憾事。于是王同开始在讲学之余，收集敷文、崇文和紫阳三书院史料，撰写《杭州三书院纪略》。

遗憾的是，书稿还在写作之中，就遭遇光绪二十八年（1902）书院改制，第二年王同又撒手人寰，于是《杭州三书院纪略》成了残稿，全书前后既无序跋，内容也残缺不全。从王同所列目录看，他原先是计划写作 6 卷，但现在看书稿：首卷"恭录宸章"，只列出了标题，估计王同还没来得及编写；末卷"考古"，内容未经整理，错误较多，应该是未定之稿，或是备用内容。不过，已编写完成的图说、纪文、纪诗、院长纪 4 卷，详细记录了三书院的历史沿革，相关碑记、诗赋，60 名院长的生平，是如今我们了解和研究三大书院的重要史料。

记录风俗和掌故

作为土生土长的杭州人，王同熟悉地方历史掌故，在讲学论文之余，他访求古迹，博考典故，完成了《塘栖志》《武林风俗记》及《杭郡麈谈》的编撰。

王同在栖溪讲舍讲学之时，走遍塘栖的山水园林、桥梁市井、寺庙道观，又以何琪所编乾隆《塘栖志》2 卷为基础，用了两年时间，于光绪十五年（1889）编成光绪《塘栖志》，并在第二年刊刻出版。王同所编《塘栖志》，分 14 目共 20 卷，是研究塘栖古镇及运河发展的重要史料。凑巧的是，王同的《塘栖志》成书于光绪十五年（1889），这一年是光绪己丑年，而何琪的《塘栖志》成书于120年前的乾隆三十四年（1769），那年也是己丑年。

《塘栖志》刊印前，王同特意拜访了诂经精舍山长俞樾，请他为书作序。俞樾得知王同来意，笑着说："我主讲诂经精舍20多年了，对西湖掌故了解十不足一二，如今你到栖溪讲舍才两年多时间，就写成《塘栖志》，我在这方面的才能与你相差甚远，怎么能胜任这项任务呢？"俞樾对塘栖颇有"桑梓之情"，塘栖镇北面与俞樾家乡德清交界，俞樾往返苏杭，多次经过塘栖，曾泛舟丁山湖，登超山赏梅，于长河桥嬉水，并赋诗留念。如今见王同一再邀请他为书作序，特别重视，于是仔细询问了王同书写过程，又反复阅读全书，甚至亲赴书中所描述的传经堂、大善寺等地考察，才下笔写就序文。俞樾在序中评价该志"其文繁富，而其体精严"，并说此前所见各镇志，以谢城广所编《南浔镇志》为最，如今见王同的《塘栖志》，并不比《南浔镇志》逊色。

《武林风俗记》是一部细致描绘杭州居民传统节日风俗及其变迁的著作。关于杭州的岁时习俗，宋人周密曾有《乾淳岁时记》作专门记录，但此后风俗多有变迁却无人续写，而吴自牧的《梦粱录》、周密的《武林旧事》、田汝成的《西湖游览志》及《西湖游览志余》等书，倒是记载了杭城旧时风貌与四时景致，但有关节日风俗的内容散落各处。于是王同以十二月为纲，以朔迄晦，详细介绍各节日习俗，又附以诗文、题咏、杂文等，对风俗之由来及变革娓娓道来，编成《武林风俗记》。王同编写的《武林风俗记》，内容分为辑录和自著两部分，凡辑录前人记载，都一一注明出处，成为后人研究杭州民情风俗的重要史料。《武林风俗记》完稿后，并未刊刻出版，在1920年之前一直藏于王家宅院。如今，《武林风俗记》藏于杭州图书馆，已成为图书馆善本古籍，并入选第一批"国家珍贵古籍名录"。

　　《杭郡麈谈》，是王同从宋代类书、方志、晚清志怪集中收集有关杭州奇闻轶事编成的一部志怪书，颇具文学性。该书同样没有刊刻出版，由王同之子王绮装订成 4 册，并作《题记》，说明书稿乃"先人墨迹，宜永保藏"，书稿现珍藏于浙江图书馆。

文澜补书尽心力

　　19 世纪末的杭州，金石之风盛行，文人雅士因风相聚，交流探讨。这让喜好金石篆刻的王同如鱼得水，讲学著书之余，到处收集碑帖拓片，忙得不亦乐乎。王同不仅收藏了大量汉魏六朝金石文字，所藏方法也独树一帜，拓片概不装裱，皆保持原始面貌，还在所藏拓片下衬纸，阐明收集过程并详细说明拓片精髓所在，令圈内同行佩服不已。

因金石雅好，王同与罗振玉、丁氏兄弟都颇有交情。罗振玉是著名国学大师，在考古学、古文字学、金石学、敦煌学、目录学等方面均有研究。在他的《石鼓文考释》序中，罗振玉自述王同是他金石铭刻的引路人：光绪七年（1881），16岁的罗振玉到杭州时，曾慕名拜访王同，并在王同带领下一起参观了杭州府学所藏《南宋太学石经》及多处碑刻。当见到府学堂壁上阮元临摹的天一阁本《石鼓文》墨迹时，罗振玉一下子就被吸引住了。等后来游玩西湖时，他又见到诸多题刻，更是反复摩挲，流连不愿离去，于是找遍坊肆，想购买拓本却不可得，从此迷上了金石篆刻。

王同和丁氏兄弟因在收集金石文字、整理乡邦文献上志趣相投，结下一生的情谊。尤其是丁丙，玩金石还玩出了一本《武林金石志》。丁氏兄弟是抢救《四库全书》和重建文澜阁的功臣，王同则撰写了《文澜阁补书记》，详细披露了丁氏兄弟冒险护书并补抄典籍的种种细节。

咸丰十一年（1861）冬，太平天国的战火蔓延到杭州，整座城市陷入混乱，文澜阁损毁，藏书散佚。第二年正月，避难西溪风木庵的丁氏兄弟，到留下镇购物时，无意中发现售货的包装纸，居然是《四库全书》的散页，大为震惊，于是查看了店主的包装纸堆，竟分拣出几十册已被污损的《四库全书》，才知道文澜阁藏书遭遇劫难，四处飘散，顿觉忧心如焚。作为读书人和藏书家，丁氏兄弟自然明白《四库全书》的价值，于是决定冒险抢救。他们在亲人故友中找了几位胆大之人，一起趁夜色潜入孤山，捡拾满地残籍，运回风木庵藏匿。王同《文澜阁补书记》称"不避艰险，每夕往返数十里，摭拾文澜阁残编"，字里行间充满了对丁氏兄弟的敬佩。一介书生，每夜从西溪行走近20里至孤山，中间还需涉山过河，时不时又会遭遇军队盘查，随时有性命之忧。如今读来，我依然很难想象丁氏兄弟是如何做到的。

为保护库书安全，丁氏兄弟决定将书籍运至上海保管。他们设计了一条相对安全的路线，即走水路，渡钱塘江先到宁波，再从宁波经黄浦江到达上海，但运书过程中还是险象环生，丁氏兄弟从容应对，才得以转危为安，最后到达上海。同治三年（1864）太平军撤离杭州后，丁氏兄弟又雇舟将文澜阁库书从上海运回杭州，加上之前雇人四处搜寻、沿街收购的阁藏图书，丁氏兄弟共抢救文澜阁图书 8689 本，但与原先 3.6 万余册藏书相比，尚不到四分之一。

王同在《文澜阁补书记》中记载了丁丙组织补抄库书的过程。由于文澜阁被毁，书籍只能先存放在孔庙的原府学尊经阁内，重建文澜阁刻不容缓。丁丙在浙江巡抚谭钟麟的大力支持下，亲自描绘重建的文澜阁图样，不辞辛劳，与应宝时具体负责工程事宜，不到一年就完成了楼阁的重建。其后丁丙又倡议补抄《四库全书》，他以家中"八千卷楼"所藏典籍为底本，对比《四库全书总目》，并

◎ 文澜阁

向全国著名藏书楼借用稿本，于光绪八年（1882）在东城讲舍开启了《四库全书》第一次补抄工程。丁丙此举得到了众多藏书家的支持，100余位学者参与了抄书，历时七载，至光绪十四年（1888）补抄工作才大体告一段落，共补抄库书247册，计612.4万字，《四库全书》的原貌大体算是恢复了。其后，浙江图书馆馆长钱恂、浙江教育厅厅长张宗祥及浙江图书馆分别又组织了三次补抄。据王同记载，4次补抄书籍包括编补残篇891种，全书补抄2174种，合计34769册，与原藏书相比，只缺1种26卷。王同与长子王寿抟全程参与了丁氏兄弟组织的补抄工作。文澜阁重开后，王同出任了第一任书阁董事，后王寿抟也担任过四年文澜阁董事，为书阁运行步入正轨出力颇多。

浸淫书画传家远

王同诗书画均有造诣，在杭城文化圈颇受欢迎。他的诗清新娴雅，他的书法崇尚汉魏，精通二篆，旁及隶古，自成一格，人称"同伯体"，因此请他题咏之人络绎不绝。现今杭州于谦祠大门悬挂的"于忠肃公祠"匾额，即为王同所书。诸暨市档案馆有镇馆之宝《梅岭课子图》长卷，是诂经精舍生徒傅振海，为纪念父亲傅岱，请友人胡琴舟所绘，"梅岭课子图"五字，分别由王同、俞樾、徐颂阁三人书写，其中王同的篆体题写，字体高约15厘米，古朴苍劲，蕴秦汉遗风。

都说"诗书传家远"，幼承家学，耳濡目染，王同的几个儿子也对书画篆刻较为痴迷，如：长子王寿抟，书法圆润秀逸，如行云流水；三子王寿保（王绮），一心想继承家学，收藏了不少隋唐墓志原拓珍品，并按王同之法作题记，偶尔还刻印；而最得王同真传的，是幼子王福庵。

王福庵（1880—1960），原名寿祺，后改名褆，字维季，号福庵，另有印奴、印佣、印侣、锄石农、微几、罗刹江民等多个称号，又因性素寡言，70 岁后自号持默老人。

王福庵自幼跟随王同在紫阳书院读书，从父亲那里接受了训诂、词章、金石、书画方面的启蒙，又常作为父亲的助手，参与书籍编撰和碑帖拓印工作，在书法、篆刻方面夯实了基础，小小年纪便领会了王同的书法精髓，谙熟金石书画门道。王福庵 12 岁已经沉醉于操刀治印了，虽然担心荒废科举，但他还是四处搜罗篆刻作品，潜心钻研，难以自拔。光绪二十六年（1900），21 岁的王福庵初显功底，为父亲双钩《石鼓集联》，王同震惊之下也十分得意，特在该书扉页题识"吕庐主人集字，命四子寿祺双钩成册"。

过人的天赋，浓厚的兴趣，再加上勤勉用功，王福庵在金石书刻之路上越走越远，27 岁便完成了人生的第一部文字学著述——《说文部属检异》，28 岁编成《福庵藏印》16 册，收录了 40 位印人的 254 方印章。此后更是精勤不懈，一生刻印逾 2 万方，钤拓印谱 103 册，成为"新浙派"印家代表和印坛翘楚。1920 年，北京政府聘请王福庵担任印铸局技正，为政府刻"中华民国国民政府印"。上海解放还不到一个月，周恩来总理也派特使陈叔通专程到王福庵家中请他出山主持"中华人民共和国中央人民政府之印"的铸刻。

光绪二十八年（1902），紫阳书院改为仁和县小学堂，王同担任了学堂第一任总理，一年后去世。人生最后时刻，王同内心是颇感欣慰的，几个儿子都承继家学，各有所长。尤其是王福庵，王同可以想到他未来必将在金石书画上成就一番事业，但王同没有料到，此时正在钱塘县学堂讲授算术与技术课程的王福庵，一年之后干了一件在印学领域意义非凡的事情。光绪三十年（1904），王福庵与丁丙从孙丁仁，以及出身碑刻工匠之家的吴隐、叶铭，为保存金石，研究印学，凭着一腔忧国忧民的热忱，在孤山西泠桥边，

◎ 西泠印社

第六章、名宿鸿儒教泽深（下）

创立了"西泠印社",并请吴昌硕出任社长,从而开启了这个被誉为"天下第一社"的传奇历史。西泠印社初创之时,几位创议人各出私产,王福庵捐赠了自己和父亲的一批金石作品,就这样王同成了印社的重要赞助人。

王同去世后,担任诂经精舍山长的好友俞樾,在挽联中表达自己对他的悼念和敬佩之情:

壮岁策名,北阙荣列白云司,廿载栖迟,洛社高风留故里;
去年访我,西泠清谈碧霞舍,一朝凋谢,湖楼旧雨失斯人。

这副挽联,极好地总结了王同辞官归乡20年,讲学著书,书画传家的人生经历。

◎ 西泠印社

第七章

英才萃处是圭璋

言论报国，教育救国…一代报王汪康年

倡导新学，先驱思想…近代学者夏曾佑

握笔为刀，借诗言志…近代诗杰蒋智由

贤名传世，革命传家…永嘉先生徐定超

泽沾桑梓，为国效力…一代廉吏吴品珩

半由天赋，半由勤勉…几何大家方克猷

投身教育，功在浙大…求是总理陆懋勋

时务致称，铁路见贤…布衣都督汤寿潜

书院的学生，称为"生徒"，他们就读书院，则称"肄业"，即修习课业的意思。紫阳书院有一流的山长，一流的课士授徒水平，自然造就了一流的生徒。翻看紫阳书院生徒名录，可谓群星闪耀，汪康年、夏曾佑、蒋智由、徐定超、吴品珩、方克猷、陆懋勋、王岱毓、王葆桢、彭顼、汤寿潜、刘振书、程秉钊、秋寿南等等。时人赞誉紫阳书院为浙省人文渊薮之地，并赋诗曰：

文藻平分星斗光，英才萃处尽圭璋。

鹅湖鹿洞千秋帜，正学何人继紫阳。

言论报国，教育救国：一代报王汪康年

　　1901 年 6 月 12 日，孙宝瑄在《忘山庐日记》中记录了一则"枚叔辈戏以《石头》人物比拟时人"的故事，枚叔是章太炎的字，《石头》指的是《红楼梦》。故事的大意是，章太炎与一群朋友纵酒论天下，以《红楼梦》中的人物刻画当世人物形象，他先把自己比喻成焦大，又说慈禧太后是贾母，光绪是宝玉，康有为是林黛玉，梁启超是紫鹃，荣禄和张之洞是王熙凤……当时汪康年也在座，一脸好奇地等着听章太炎会怎么形容他。答案很快揭晓，章太炎给了汪康年一个刘姥姥的封号，还得到了在场朋友们的一致认可。

　　确实，在朋友们心目中，汪康年虽外貌憨厚却洞察力敏锐，虽

◎　汪康年像

性情平和却为人仗义，与《红楼梦》中的刘姥姥最是相像。也正是这样的性格与为人处世作风，注定汪康年可以在风雨飘摇的社会变局中，投身报业，倾注教育，即使屡受质疑，报国之志却从未动摇。汪诒年在为他所作《汪穰卿先生传记》中说："百年后若知先生所值之时事如何，所处之环境如何，则于先生何以有此怀抱，何以发此言论，可洞如观火矣。"汪诒年是想把汪康年超然于时代又颇受质疑的行为，留待后人评说。如今汪康年去世已过百年，拨开云雾，我们会看到一个怎样的汪康年呢？

从士人转向报人

汪康年（1860—1911），初名灏年，字梁卿，小字初官，19岁时改名康年，字穰卿，中年后号毅伯，晚年又号恢伯、醒醉生，浙江钱塘人。

汪康年家族在杭州是大有名气的。汪氏祖上世居安徽黟县宏村，明万历年间，因经营盐业迁移至杭州定居，并逐渐转至典当行，奕懋典、恒泰典、宏兴典、宏丰典等都是汪氏名下产业。经历代勤俭积累，清中期汪氏家族已跻身杭城商界四大家族行列。受徽商"贾而好儒"传统影响，富裕之后的汪氏家族希望子弟能求取功名，步入仕途。到乾隆十年（1745），族中终于盼来了第一个进士，他就是汪康年的六世祖汪宪，清朝杭州著名藏书楼"振绮堂"的创始人。

自汪宪起，汪氏家族"一家四代，文雅风流，冠冕全郡"，到汪康年父亲汪曾本时，因遭遇咸丰年间太平军两次攻占杭州，家族财产在兵荒马乱中荡然无存，半数以上家族成员遇难，汪氏家族自此没落，振绮堂藏书也散佚殆尽。

咸丰十年（1860）初，妻子临盆在即，太平军即将合围杭州，汪曾本不得不携带身怀六甲的妻子及一家老小逃出城外，到三角荡的岳父家避难。正月初三，汪康年在外祖父家呱呱坠地。战争阴影冲淡了添丁的喜庆，离乱临世似乎也预示着汪康年一生的艰难坎坷。

这年秋天，汪曾本获得了景宁教谕一职，于是携家赴任，在母腹中就经历逃难艰辛的汪康年，开始饱尝流离之苦。三年后汪曾本到广东候补，汪康年又随父迁居广州，直到 19 岁时，因回原籍参加科考才返回故乡杭州。

回到杭州的汪康年很快遇到了他人生中的第一个贵人——军机大臣兼署户部尚书王文韶。光绪九年（1883），王文韶回家乡杭州省亲，得知刚从广州回杭的汪康年为养家糊口正四处求职，觉得汪康年"人甚驯谨"，便请他担任外甥的家庭教师，还将他介绍给自己的学生——浙江学政瞿鸿禨认识。巧的是，后来汪康年在光绪十五年（1889）入京应优贡考试时，瞿鸿禨正是初选主考官，于是两人结下了师生之谊。瞿鸿禨不仅是汪康年的老师，后来也成了他的支持者。

汪康年的科举之路并不顺畅，自光绪四年（1878）在杭州以院试第十名的成绩入钱塘县学，获秀才身份后，十年内汪康年遭遇了连续四次落第。其间，汪氏兄弟参加杭城书院甄别考试，汪康年求学于紫阳书院，汪诒年则成了崇文书院生徒。光绪十二年（1886），27 岁的汪康年在科举之路上终于迎来了转机，在岁试和科试中均获第一，并获得朝考机会。汪氏族人希望汪康年可以一飞冲天，高中朝元，甚至能得个一官半职，可惜汪康年因名列第三等而落榜，只考取了八旗官学教习一职。不过幸运之神最终还是眷顾了汪康年，光绪十五年（1889），汪康年和堂兄汪大燮、堂弟汪鹏年同时中举，同榜中试的，还有蔡元培和张元济。以为自己时来运转的汪康年打算一鼓作气，高中进士，谁知第二年参加会试还是落榜了。光绪十八年（1892），汪康年再次赴京参加会试，顺利考中贡士，却又因病缺席殿试，两年后补殿试，才得中进士。

科举之路的波折却让汪康年有了一段与洋务大臣张之洞的因缘际会。第一次会试失利后，在内阁学士兼吏部侍郎李文田推荐下，汪康年投奔张之洞。然而，善于识人的张之洞发现汪康年"书房气太重，故于天下大计及一人进退之大节，未能详思，自以为是"[1]。在张之洞看来，汪康年性格直率缺乏心机，又无为官经历，在揣度上意方面更无经验，实在是不适合官场，于是让他当了自己两个孙子的家庭教师，并推荐汪康年参与了湖北志局的参校及自强书院的编辑工作。

在张之洞幕府的五年，汪康年有机会结识了缪荃孙、辜鸿铭、华世芳等一大批云集张府的鸿儒，以及梁鼎芬、吴德潇等官绅。他们多是有心于维新的人士，在交流中，汪康年眼界和视野被进一步打开，他开始意识到，"非变法不足以图存"，而变法的关键在于"教育、政治，一切经国家、治人民之大经大法改弦易辙"。[2]

不入仕途的情况下，一个传统士人如何投身教育、政治改革？汪康年最初的设想是成立中国公会，为此他还草拟了公会章程二十三条。但汪康年没有官职，根本无法参与国家政治运作，设立公会显然困难重重，于是他决定先办报刊，希望以舆论的影响力，影响更多的国人。

彼时的中国，报刊多达近百家，其中有 50 余家为教会所办，20 余家为外国商人所办，中国人办的报刊不到 10 家，还基本被洋人入股，真正属于中国人自己的报纸寥寥无几。这些报纸操纵新闻，愚弄民众，尤其是甲午战争期间，上海报刊屡屡错误报道战事，社

1　上海图书馆编：《汪康年师友书札》，上海书店出版社，2017年，第 1718 页。

2　汪康年：《汪康年文集》，浙江古籍出版社，2011 年，第 691 页。

会上充斥着清军获胜、日本战败的假消息，这让汪康年极为不满。他早就萌生自办报刊的念头，恰逢此时，康有为邀请汪康年赴上海加入强学会，汪康年满怀希冀而去，期望自己在《强学报》有一番作为，却很快遭遇朝廷查封北京强学会。作为上海强学会主要资助人的张之洞随即下令关闭了上海强学会，停刊了《强学报》，并授意汪康年清理财务、收拾残局。

汪康年没有料到，强学会的终结居然给他带来了一次重大的人生际遇。他利用学会余款，又绞尽脑汁四处筹款，最终因王文韶的关系，得到黄遵宪的支持与捐助，于 1896 年 8 月在上海成功创办了《时务报》。缘此，汪康年由默默无闻的一介文士，转而迈向著名的维新言论家和报界闻人。

民族报业家先驱

自创办《时务报》，投身报界，汪康年的生命就再也没有离开过报纸。他短暂的 51 年人生中，竟有 26 个年头是在报馆中度过的。尤其是人生的最后 15 年，他以民办报人的身份，相继主持并创办了 6 家报刊，即《时务报》《时务日报》《昌言报》《中外日报》《京报》《刍言报》。他锐意改革报纸版式，拓新报纸类型，注重报纸经营，最终成为一名出色的职业报人。

1896 年在新闻史上极具纪念意义。这一年，汪康年、梁启超联手创办了《时务报》：汪康年担任报馆总理，负责馆中事务和外出应酬；梁启超出任撰述，主管报中文字。《时务报》，这份鼓吹维新变法的民办报纸一经创刊，便以其犀利的思想和虎虎生气赢得人心，朝野为之震动。

《时务报》出版后，因以旬为发行周期，每月只出三册，内容

◎ 《时务报》

又以提倡变法为主，不能顾及新闻时事，做不到"畅所欲言，无所避忌"。鉴于这种情况，汪康年便想再办一份日报，以弥补这一不足。1898年5月11日，汪康年和曾广铨、汪大钧等集资创办了《时务日报》，专门记载中外大事，评论时政。日报分张别行，记时务、新闻、商务等各为一张，读者可以全买，也可分开买，各取所需。

戊戌变法中《时务报》被改为官报，康有为受命前往督办。汪康年"不甘被制"，只得抽身而出另外创立《昌言报》，取其说真话、真实之意，并由章太炎任主笔。报纸栏目有译论、论说、谕旨、奏章、外文译编等，同《时务报》基本一致。虽然在传达信息的丰富性和评论的深度上不及《时务报》，但仍传达着改革者的一份执着追求。

《时务报》改为官报的同时，《时务日报》也易名为《中外日报》。汪康年主持的《时务日报》（《中外日报》）在中国报刊史上的一大贡献，即创新版式，改变了我国报纸原有的编辑排版方式。

俗话说"版面一张脸"，报纸有一个好版面，会直接激发读者的阅读兴趣，反之，版面编排不规范、不美观，则会直接影响宣传效果。汪康年多次对报纸编排进行改革创新，孜孜不倦地探索形式与内容的最佳结合。办《时务日报》时，《申报》《大公报》《新闻报》等都拥有大量读者，这些报纸均采用书本式，油光纸单面印刷，且版面编排上整版按谕旨、论说、说事从右到左依次排开，读来费劲耗时。汪康年为一争高下，仿照日本和西方国家的报纸格式，首创了"版面分刊，新闻分类"的编辑方法，不仅改用白报纸两面印刷，且采用4开8版，每版3个横栏，短行编排，行短字少并加句点的方式，阅读大为便利；新闻也分为"电报""各国""外埠""本埠"4类，再按地域分别排列，标题亦是"一事一题"。这些在当时都属于独创。多年后，《申报》等报刊因读者的要求，也转而采用了汪康年的编排方式。

十年报人生涯，让不惑之年的汪康年颇感心力交瘁，但深知报纸对政治改革的影响，内心一直追求的报国理想驱使他于1907年3月在京城创办了《京报》，自任社长兼总编辑。这份新报纸，因报道了轰动一时的"杨翠喜案"，得罪权贵，1909年被封禁了。

1910年11月2日，汪康年在北京出版了一份不登新闻，而专门记载和评论"旧闻"的报纸《刍言报》。《刍言报》是汪康年生平所办的最后一份报纸，5天一期，每月6期，每期8页，共发行82期。汪康年一人包揽所有业务，负责撰写、编辑和校对事务，直到他去世才停刊。从某种意义上讲，汪康年在人生最后时刻才办了一份真正属于自己的报纸。1911年，汪康年病逝，《刍言报》停刊。至此汪康年为自己作为民间报人的一生画上了句号。

作为近代新式民间报人，汪康年积累了大量的实用经验，做出了许多开创性和建设性的贡献。他以政府要改革、民间要安定为出发点，目光犀利，刚正不阿，从权贵高官到民间人士，一律抨击无误；同时他具有独立见解，从不人云亦云，捍卫个人理想，不管处境多么艰难，从不低头屈服。此外，他还曾协助策划创建过中国第

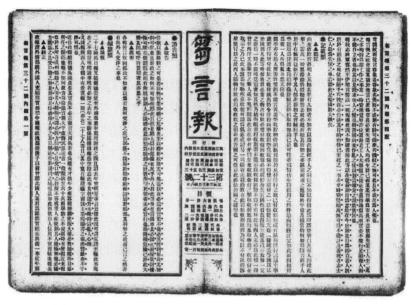

◎ 《刍言报》

一家总部设在国外的民营国际通讯社，为国家争取海外话语权。

兴学校广育人才

如果没有执着于报业，汪康年或许会成为一名出色的教育家。汪康年一生关注教育，尤其是在国家危难、民族危亡之时，他对教育寄予了振兴国家的期望。为此，他对如何兴学育才作了深入的思考和细致的论述：

立小学堂，堂中延一教西文师，延一教算学师，延教中文并各种初学书之师。

开一小学会，凡士子欲讲求时务、政法、算学、舆地者，可各联一会。购置会中应用书籍，一月数聚。

建小藏书楼，各州县应酿资购中西各种学问切要之书，置诸楼中，使人掌其籍，愿学者可就观之。

书院应兼试时务艺学，不能作或作而不当者，不得居前列。[1]

条条款款，从建小学堂，到设立学会，从建藏书楼，到改革书院，汪康年对兴学育才作了详尽规划。

汪康年兴学实践的第一步，就是在家乡杭州设立一所新式学堂。光绪二十一年（1895），尚在湖北两湖书院担任史学斋分教习的汪康年，考虑到杭州尚无一所讲授"实学"的学校，冒着酷暑返杭，四处拜谒名流，游说官府开办学堂，但一直难以落实。直到光绪二十三年（1897），林启出任杭州知府，利用寺屋作为校舍创建了求是书院，杭州第一所新式学堂终于诞生了。

1897年11月20日，我国第一所"女学堂"中国女学会书塾（又称中国女学堂或经正女学）创办，这里同样有汪康年的身影。此前，接受维新思想的汪康年，参加了上海"不缠足总会"，已经在为妇女解放奔走呐喊了。女学堂创办时，汪康年和郑观应、康广仁、梁启超积极辅助主办者经元善。为筹集经费，汪康年动员家中女眷捐款，还动员妻子出任女学堂的董事。女学堂开办后，汪康年特意将《上海新设中国女学堂章程》刊登于《时务报》，并通过《申报》《万国公报》的宣传报道，使其一时"声名鹊起，远方童女，亦愿担负而来"。

1898年，汪康年与罗振玉等一起创办了第一所日语专门学校"东文学社"。王国维听了第一时间前去报名，可当时他入时务报馆担任书记，每月12元的月薪对他来说十分重要，汪康年批准他半工半读，上午在时务报馆工作，下午去东文学社学习三小时日文。也正是在东文学社，王国维结识了罗振玉，并受到罗振玉的赏识。

1　张彬：《浙江教育发展史》，杭州出版社，2008年，第194页。

得知王国维经济较为困难，罗振玉不仅免去王国维的学费，还聘他任"庶务"一职，协助做教务管理工作，每月发给薪水，从此也开启了两人长达 18 年的合作关系。

从封建社会科举走出的汪康年，有根深蒂固的儒家济世思想，让他立志以天下为己任，时代变革，接受维新思想，又让他选择了办报救国的道路。这就是为报而生，为报而死的"一代报王"汪康年。

倡导新学，先驱思想：近代学者夏曾佑

　　1984年1月25日，俞大维在《给女作家陈荔荔的一封信》中，提到了一则夏曾佑的轶事：1912年，23岁的陈寅恪（俞大维表兄）慕名拜访父亲陈三立的好友夏曾佑。见陈寅恪学有所成，夏曾佑欣慰之余感慨道："你是我老友之子，我很高兴你懂得很多种文字，有很多书可看。我只能看中国书，但可惜都看完了，现已无书可看了。"陈寅恪听了，虽嘴上不讲，心里却觉得夏曾佑荒唐，中国书籍浩如烟海，即使穷尽毕生之力，也难通万一，哪能都看完了？半个世纪后，已近古稀之年的陈寅恪，向俞大维提起此事，也说："现在我老了，也与夏先生同感。中国书虽多，不过基本几十种而已，其他不过翻来覆去，东抄西抄。"

◎　夏曾佑像

敢说把书读完了的，夏曾佑恐怕是第一人。撇开对大师的敬畏之心，我最想知道，那几十种代表中华文化精华的典籍，具体是什么？可惜夏曾佑和陈寅恪都没有留下书目。翻阅史料，发现这位肄业于紫阳书院的夏曾佑，在政治、文化、教育、史学、诗词等领域都成就斐然。

夏曾佑（1863—1924），字穗卿，号碎佛，也有夏仁和、夏泗州等名字，都是别人称呼或自署，所发文章多用笔名"别士"，浙江杭县人，近代著名文学家、史学家、政论家。

从入仕到淡出

同治二年（1863）十月，夏曾佑出生在杭州一个儒学望族家庭：祖父夏之盛是杭城有名的博学雅士，对诗文颇有研究，与汪康年祖父的兄长汪远孙，都是"东轩吟社"成员，著有《留余堂诗钞》《新安纪行草》等诗集；祖母杨素书也是才女，喜吟咏、善绘画；父亲夏鸾翔是紫阳书院山长项名达的入室弟子，著有《致曲图解》《少广槌凿》等书，与李善兰、戴煦并称"杭州算学三大家"。

家世好学，门风濡染，夏曾佑自幼也十分好学，一岁时父亲病故，也没有影响他的学业，母亲陆氏对他管教甚严，他刚懂事就与表兄汪康年一起受教于汪曾本。那时的夏曾佑读书极为刻苦，不到半夜不辍诵，案头上经常放置的数十本书，有时候一天能读完两三本，还能把书中内容一一复述。夏曾佑苦读但不死读书，有空常去离家不远的天主教堂玩耍，见到昆虫，常观察它们的身体构造、动作，并以此为乐，即使被蜇伤也不在乎。一次，他无意中在教会发现一本天文学译著《谈天》，读得入了迷。一名英国传教士见了，好奇地问："你年纪这么小，看得懂吗？"当听到夏曾佑肯定的回答，传教士大为惊讶，便将书送给了他。

光绪二年（1876），14岁的夏曾佑考上秀才，入学紫阳书院。在这里，他接受了系统的儒学教育，打下了深厚的中学基础。

光绪十四年（1888），夏曾佑参加乡试中举，光绪十六年（1890）会试又中第一名会元，后得中进士，并在光绪十八年（1892）入礼部任六品主事。此时的夏曾佑意气风发，他活跃于京城的新派知识界，凭借一些热门的论政话题，以及革新诗歌界、文界、史界的主张与实践，成为当时的名流。

礼部官员职务清闲，难以有所作为，夏曾佑决意改官。光绪二十二年（1896）夏，他离开礼部，到上海等候外放知县，冬天又改到天津候选。光绪二十五年（1899），经过多年等待的夏曾佑，终于得到了安徽祁门知县一职，开始了为期三年的外官治事生涯。上任之后，他整顿书院，平定教案，政绩卓著。光绪二十八年（1902）四月，夏曾佑任满返沪时，百姓"攀留者如潮涌"，不愿这位"数十年无此"的好官离开。

在祁门的三年，夏曾佑靠着从上海寄去的一些报纸、书信，保持着与朋友们的交流，慢慢淡出了思想界，但这并没有影响朝廷对他的赏识，他先后受命担任直隶州知州、安徽广德与泗州知州、学部二等咨议官等职。光绪三十二年（1906），朝廷还派他与熊希龄、陆宗舆、章宗祥、袁克定等一起随五大臣出洋考察宪政。夏曾佑认为自己不懂外语，又与五大臣不对付，连件像样的衣服都没有，出国纯属丢人，心中打起了退堂鼓，奈何禁不住汪康年等的怂恿，最终还是踏上了去日本的行程。回国后，夏曾佑撰写《刊印宪政初纲缘起》，发表在《东方杂志》临时增刊上。这篇文章被认为是替清政府的假立宪辩护，于是在鲁迅眼中夏曾佑成了如章太炎那般"退却于宁静的学者，用自己所手造的和别人所帮造的墙，和时代隔

第七章、英才萃处是圭璋

279

绝了"[1]。

民国肇造，夏曾佑出任了浙江省教育司司长，不出一个月，老朋友蔡元培特发电报邀请，他又赴北京担任了教育部社会教育司司长。结果，夏曾佑在任上和孔教会的人混到了一起，甚至与陈焕章、王式通等上书请于宪法中规定孔教为国教，导致部下对他极为不满。此时的夏曾佑在鲁迅眼里已经成了老古董，当时鲁迅正在社会教育司任职，是夏曾佑的下属，却对他没有了昔日的尊敬，专门给他起了"老虾公""夏娃"的外号。不过，夏曾佑在社会教育司司长任上也不是一无是处，据其子夏元瑜回忆，夏曾佑曾利用自己丰富的历史知识，从午门上的陈年废物中整理出不少有价值的历史文物，如八旗的盔甲、会试的皇榜，又在河南采购了些出土的古物，办了一个古物陈列所。这也是民国成立后的第一所国立博物馆。

到 1915 年，社会教育司司长不做了，夏曾佑出任京师图书馆馆长。再以后，夏曾佑贫病交加，思想消沉，好友严复的去世更给他巨大打击，以致终日沉湎于酒。有人说，曾经朝气蓬勃，与儿子写信互称"仁兄大人"的夏曾佑在精神上已经死了。到了 1924 年 4 月 18 日晚 8 时，夏曾佑连肉体也停止了呼吸，最后归葬杭州西湖。马叙伦作了挽诗："先生是郑渔仲一流，乃以贫而死乎；后世有杨子云复生，必能读其书矣。"自谓颇称夏曾佑生平。

交往梁启超、严复

夏曾佑在北京担任礼部主事的那几年，与梁启超、杨锐、汪大燮、王修植、谭嗣同等交往密切，文酒之会不辍，他们谈古论今，

1　鲁迅：《关于太炎先生二三事》，见章太炎：《学问与革命》，崇文书局，2019 年，第 186 页。

感愤时事，抒发着书生论政的最高理想。早就通过阅读西学书籍受到思想启蒙的夏曾佑，在与这些锐意改革的维新人士的频繁论学中，收获了声望和友谊，自己也逐渐成了维新积极分子。

夏曾佑与梁启超初识于光绪十八年（1892）春季的北京，一场普通的士人交游宴会，已获进士出身、正主事于礼部的夏曾佑，仅仅记住了入京参加会试的梁启超的名字。多年后，夏曾佑回忆起当时的情景，作《赠任公》一诗相赠梁启超，诗曰：

> 壬辰在京师，广座见吾子。
> 草草致一揖，仅足记姓氏。
> ……

而梁启超也说："我的'外江佬'朋友里头，他算是第一个。初时不过'草草一揖'，了不相关，以后不晓得怎么样便投契起来了。"

两年后，梁启超再次入京，下榻于粉房琉璃街新会馆，与夏曾佑租住的贾家胡同相去不远。两人因论学而密切交往起来，几乎天天见面，见面就谈学问，却常因观点不同，每天总要吵上一两场。一次，夏曾佑因三日没有见到梁启超，居然以戏谑的口吻作了一首诗，说：

> 不见佞人三日了，不知为佞去何方。
> 春光如此不游赏，终日栖栖为底忙？

见面即吵，不见又心中挂念，这简直像极了恋爱中的情侣。

多年的交往，让夏曾佑和梁启超成了惺惺相惜的挚友，连生活上也相互关心。1896 年 12 月，梁启超从广东省探亲回沪，特意到杭州去看望夏曾佑家小，见他们生活较为清贫，便发动友人捐款相助，自己也捐出 20 金寄至杭州，并书信安慰在天津育才馆教书的夏曾佑。百日维新失败后，梁启超出逃日本，夏曾佑从郑永昌处得知消息，冒着私通钦犯的罪名赶至塘沽送行。

夏曾佑与梁启超 30 年的友谊，成就了学术史上的一段佳话。梁启超称夏曾佑是"晚清思想界革命的先驱者"及"少年做学问最有力的一位导师"，高度概括了夏曾佑的学术思想及对他的影响。

与严复的结识，是在光绪二十二年（1896）四月十八日，夏曾佑离京到上海，路过天津拜访王修植的酒宴上。此时的严复，是北洋水师学堂总办，发表了《论世变之亟》《原强》《辟韩》《救亡决论》等文章倡言变法，与有志于西学和维新的夏曾佑志趣相投。两人相见恨晚，很快就一起投入办报救国的实践中了。

光绪二十三年（1897）十月初一，经过一番筹措，夏曾佑和严复等创办的《国闻报》正式刊行，这份报纸主要详细报道本国新闻。十一月十五日，旬刊《国闻汇编》发行，该刊以介绍外国学理为主。这种设置是参照了当时《泰晤士报》的做法。夏曾佑利用《国闻汇编》刊登了《天演论》部分译稿，"物竞天择、适者生存"的进化论学说在维新人士中迅速传播。旬刊停办后，夏曾佑的主要精力又集中到《国闻报》，使之与《时务报》相呼应，成为维新时期最有影响力的两份报纸。

严复是夏曾佑最钦佩的当代智者，共同的办报经历，使夏曾佑有机会从严复那里学习更多的西方科学知识。由此夏曾佑确立了进化论思想以及中外比较的学术视野，撰成《斥师》《论山东曹州教案》《治国经权说》《论中国科举不能变之故》等 9 篇评论文章发表于《国闻报》。文中救亡图存的学术立场，表明夏曾佑已是一名站在维新前沿的思想家与报人。

新文学与新史学

冰期世界太清凉，洪水茫茫下土方。
巴别塔前一挥手，人天从此感参商。

夏曾佑的这首《无题》，无论读多少遍，对我来说都是云里雾里的，后来看了梁启超的解释，总算明白了大意。原来夏曾佑是把《圣经》中"大洪水""巴别塔"典故引入了诗中，从地质学家所谓冰期讲起，说明人间沧海桑田。如今"冰川期""大洪水""巴别塔"是尽人皆知的概念，但在当时，能接触到这些词语，并在一定程度上了解它们背后意义的人肯定不多。我想同时代的人读夏曾佑的诗，恐怕都会觉得莫名其妙吧，难怪梁启超都说夏曾佑的诗里尽是些"光怪陆离的话"。

夏曾佑留下了 200 余首诗，其中很大一部分是这样的新学之诗，在旧体诗里不时夹杂些佛教、儒家、西方宗教经书中的典故，以及一些科学名词，词句颇为怪诞难懂。这些诗作在今天看来有点可笑，但如果将这些诗放到戊戌前后"诗界革命"的背景中，会发现诗中透露出大量文化启蒙和思想解放的信息，令人耳目一新，是可敬的探索。这种写法恰恰符合梁启超所说的"诗界革命"成功作品应具备的三个条件：新意境、新名词、以古人风格入之。也许就是这个原因，夏曾佑不仅是彼时公认的"诗界革命"倡导者之一，还和黄遵宪、蒋智由一起，被梁启超称为近世"诗界三杰"。

戊戌前后，文学界掀起了"小说界革命"，夏曾佑同样是新小说的倡导者，这是夏曾佑对近代文坛的另一大贡献。1897 年 11 月 10 日，《国闻报》分 6 次登载了夏曾佑和严复合写的《本馆附印说部缘起》一文。这篇逾万字的文章，从《三国》《水浒》《长生殿》《西厢》等的情节、人物、性格分析入手，探求地球之大、古今之长，说明小说比经史子集更易流传的原因，因而在近代"小说界革命"中具有标杆的意义。据传，梁启超 1902 年在日本创办《新小说》时，首先想到的就是这篇《本馆附印说部缘起》，说如果没有看到此文，《新小说》的发刊词都无从写起。

1903 年，夏曾佑应张元济之邀，在《绣像小说》6 月第三期发表了《小说原理》一文，进一步阐明了小说的自遣自娱功能。在夏曾佑看来，小说是读者面最广的一种欣赏品，在各种文艺形式中地位特殊，并分析了写作小说的五难。从他认为小说只是"妇女与粗人"才需要的言语中，我多少读出了夏曾佑作为士人的那种优越感。

夏曾佑作为史学家的名气显然是大于他的其他身份的。有人说他凭借半部《中国古代史》奠定了新史学家的地位，此话不假。1903 年至 1905 年，夏曾佑为商务印书馆编写《最新中学教科书中国历史》。这部原计划 5 册的著作，最后夏曾佑只完成了上古史、中古史上（秦汉）、中古史下（魏晋南北朝）3 册，即便如此，此书依旧是近代"第一部有名的新式通史"。夏曾佑在第一册"叙"中，说明了他写作此书的主旨与目标是"知来"，"以供社会之需"，

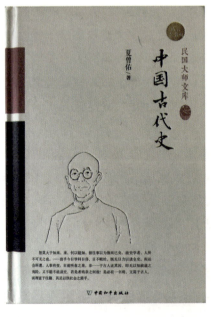

◎　夏曾佑《中国古代史》书影

为此他以"文简于古人，而理富于往籍"自勉。中国历史繁杂，教科书的编写又要求纲目清晰，夏曾佑糅合了进化论和今文经学，以时间为顺序，破天荒地用西方章节体例完成了这本书的编写。

夏曾佑的这本史书，在清末民初的"新史学"运动中影响最为广泛而深远，某种程度上甚至超过了刘师培的《中国历史教科书》。到 1918 年，该书已发行了近 12 万册。1933 年商务印书馆出版"大学丛书"时，该书被更名为《中国古代史》重版。1955 年，北京三联书店又重版此书。2001 年，河北教育出版社将其列入"二十世纪中国史学名著"丛书再版。

第七章、
英才萃处是圭璋

握笔为刀，借诗言志：近代诗杰蒋智由

1903 年 5 月，《革命军》由上海大同书局印行，邹容在《自序》中以烈性的文字酝酿了如虹的战曲，结尾更是呐喊："文字收功日，全球革命潮！"邹容这句饱含激情的口号，引自近代著名诗人蒋智由的新诗代表作《卢骚》：

> 世人皆欲杀，法国一卢骚。
> 民约倡新义，君威扫旧骄。
> 力填平等路，血灌自由苗。
> 文字收功日，全球革命潮。

诗中大意是：世人恨不得将他杀死，那是思想家法国卢骚（今译卢梭）。《民约论》倡导民主自由新义，令君主威风扫地不敢横骄。他奋力开创平等新道路，他鲜血浇灌自由新树苗。他的宣传取得成功日，就是全球革命的高潮。

这首发表于《新民丛报》1902 年 3 月第 3 号的诗作，蒋智由借歌颂卢梭平等、自由思想，抒发自己的革命理想。《革命军》第五章还全文引录了蒋智由的《奴才好》一诗。在"诗界革命"中大展身手的蒋智由，因《革命军》的广为传诵更是名噪一时。

蒋智由（1865—1929），旧名国亮，东渡日本以后更名智由（一作知游），字观云，号愿云、因明子，浙江绍兴人，近代颇有名气的诗人、政治家、教育家。

感于时变主维新

同治四年（1865）十一月初八，蒋智由出生在诸暨紫东乡浒山村。父亲蒋殿魁在经历了二子一女全部夭折的悲痛后，见浒山蒋氏终于再次有了第二十代传人，喜极而泣。没过几年，蒋殿魁就发现这个孩子异于常人，学什么都比别人快，痴迷于书，当村中小儿还在泥地里打滚时，蒋智由就整日缠着他介绍家中书籍了。一转眼，蒋智由10岁了。一日，在村中私塾就读的蒋智由，偶遇塾师潘文濬的四弟潘文震，见了潘手中的《汉书》爱不释手，说自己对这类书很感兴趣，于是潘先生推荐他去读《资治通鉴》。可这些书当时只能到绍兴城里的书店购买，于是年仅10岁的蒋智由独自步行30公里，到绍兴城买来了此书细读。

看到天资聪慧又勤奋好学的儿子，父亲不顾家中清贫，于光绪二年（1876）将蒋智由送到杭州紫阳书院求学。此时的蒋智由不过12岁。

在人才济济的紫阳书院，蒋智由博习经史词章，尤善制艺，参加考课"每试必冠其曹"，在生徒中颇具声名。比他晚几年入学的汤寿潜后来每每提及一起在紫阳的日子，总是以赞许的口气，说蒋智由"志大言大，虽厄于时命，而文章一缕情丝，蟠天际地，自为吾浙传人"[1]。那时的蒋智由，就已经立下"欲救天下，起国家之衰敝"的报国之志，欲握笔为刀，试图劈开混沌阴暗的现实。

光绪六年（1880），16岁的蒋智由成家了，年纪轻轻便完成了人生大事，两年后迎来了他的第一个孩子蒋尊簋。那时的蒋智由恐怕没有想到，儿子未来的成就并不比他逊色。蒋尊簋后来成了杭州求是书院的高才生，到日本陆军士官学校留学，章太炎赞誉蒋尊

---

1 章乃羹：《蒋观云先生小传》，见布谷：《维新潮英——近代诗人蒋智由事辑》，浙江古籍出版社，2016年，第238页。

簋与军事家蒋百里是"浙之二蒋，倾国倾城"，时人又加蔡锷，将三人号为"南方三杰"。

光绪二十二年（1896）夏，蒋智由因宋恕的推荐到天津育才馆当汉文教习。在育才馆教书育人的同时，蒋智由和王寅等几名学者创设了名为"北学馆"的学会，编译了大量时务书籍，他们汇编的《时务通考》，被称为近代中国第一部百科全书。

在育才馆任职的蒋智由参加了第二年的乡试，考中举人，敕授文林郎，山东巡抚孙宝琦保荐蒋智由出任曲阜知县。才中举人，就授知县，这是多少人求也求不来的机会，蒋智由却辞不赴任。估计蒋智由是不想把自己置身风口浪尖之上，毕竟德国才强占了胶州湾，胶济一带民众反抗活动正如火如荼。彼时的中国，维新大潮正以星火燎原之势迅速蔓延，蒋智由一心想追赶潮流，当一名以文为戈的维新志士。

戊戌变法失败后，维新人士在北方的处境十分艰难，同仁们各奔东西。不知何去何从的蒋智由恰好受到汤寿潜邀请，前往湖州南浔浔溪书院担任教职。第一次当先生的蒋智由努力将西方新知引入讲堂，为书院增设了数学、物理、化学等课程，让学生第一次了解了光、电、声等西方科学知识。

目睹舆论在社会上的巨大作用，光绪二十七年（1901）春，蒋智由受诸暨同乡赵祖德的邀请，到上海一起创办了国内第一家文摘报——《选报》，并任主笔。《选报》从创办伊始，便从栏目设置、选题等方面注入了爱国救亡的情绪，所设栏目包括论说、内政纪事、外交纪事、地球各国纪事、所闻录，以及军事小史、文学小史等。蒋智由除亲自撰写时政评文之外，还邀请了蔡元培、蒋百里、杜亚泉、王抚士等名流参与撰文，内容以民众最为关心的民生教育为主，很快吸引了大批的读者。

在办报的同时，蒋智由与蔡元培、黄宗仰等创立了中国教育会，推动爱国女校的成立并出任校长，同时开办了名为"珠树园译书处"的西著编译处。他以莫大的激情编报纸、办教育，用实际行动诠释着他的维新理想。

"诗界革命"谁奴豪

蒋智由本就是诗人，在紫阳书院读书时就以善诗颇具名气。在文化界致力于开启民智、文学革新的"诗界革命"中，他扬其所长，写下了大量脍炙人口的名篇，堪称"诗界革命"的典范。

1899 年，蒋智由以"因明子"为笔名，在《清议报》第 33 期的"诗文辞随录"发表《观世》一诗：

> 积成奴仆性，谄谀竞为生。
> 智种日摧抑，劣败理亦平。

《清议报》是梁启超流亡日本期间，在横滨创办的第一份维新党人机关报，与后来创办的《新民丛报》，成为彼时"诗界革命"的主要阵地。

蒋智由自《观世》发表后，便一发不可收，陆续在《清议报》发表了 46 题 62 首诗作。蒋智由的这些诗，有新内容、新造句，却不失格律诗的气魄，完全契合"诗界革命"的指导思想和精神气度。

蒋智由的诗歌中还有不少礼赞西方先进科学与民主思想的作品，如《呜呜呜呜歌》：

文明度高竞亦烈，强者生存弱者仆。

吁嗟呜呜汽笛鸣，穿电裂石天为惊。

何限虎斗龙争事，中有沉沉变徵声。

丈夫当地涌血性，苍茫独立览河山，不觉英雄壮志生。

诗中，科学的威力已与"救国之思"紧紧联系，蒋智由希望借此唤醒国民沉睡的意识，激起救亡图存的报国之志。

这些诗作，让正在大力倡导"诗界革命"的梁启超眼前一亮，为此产生了一个美丽的误会。那时的梁启超与夏曾佑早就相识，却并未与蒋智由结交，见"因明子"诗风与夏曾佑相仿，梁启超一度以为这是夏的新笔名，因此在澳洲作《广诗中八贤歌》时，注明因明子是夏穗卿（夏曾佑字穗卿），等回到日本，才知是自己想当然，于是修改了注释。在梁启超眼中，蒋智由的新诗"如枯肠得酒，圆满欣美"，夸赞他"诗界革命谁敢豪？因明巨子天所骄"，更是将他与黄遵宪、夏曾佑并称为"近代诗界三杰"。

与梁启超因文字结缘相交后，他们很快成为最意气相投的挚友，蒋智由也出任了《新民丛报》的编辑，带领该报在"诗界革命"中劈波斩浪。蒋智由以"观云"署名，在"诗界潮音集"专栏刊发了21题43首诗作，展现出不同凡响的诗歌创作能力。这些诗作在思想上更为激进，如1903年的这首《醒狮歌》：

狮兮，狮兮！尔前程兮万里，尔后福兮穰穰！

吾不惜敝万舌、茧千指，为汝一歌而再歌兮。

愿见尔之一日复为威名扬志气兮，慰余百年之望眼，消百结之愁肠！

全诗以拿破仑形容中国是睡狮为典故，表达作者愿为睡狮猛醒，重振雄风而接力奋斗的勇气与决心。

蒋智由以笔为刀，以诗歌为武器，传达时代之音，不断渲染和激励着爱国之士的革命激情，成为沉闷的中华大地旷野上的长音。

几度易辙终回归

由于《清议报》在国内被禁，蒋智由也因此被牵连，言论和行动都遭限制。此时，蒋智由长子蒋尊簋已留学日本，并在那里组织留日同乡会，创办了《浙江潮》。蒋尊簋力邀父亲去日本协助办报。蒋智由思虑再三，选择了东渡日本去继续他的维新事业。

初到日本的蒋智由，掩藏起远离家国故土的忧伤之情，很快投入《浙江潮》的撰稿工作中。不久，梁启超便将《新民丛报》托付给蒋智由，自己赴美游历，蒋智由同时担负起《新民丛报》的编辑和撰稿任务。

在《新民丛报》，蒋智由将自己治学的成果刊发到了专栏上。如《神话·历史养成之人物》一文，蒋智由通过系统阐述神话对民众的影响与意义，论证了神话改造国民性和社会是切实可行的：

一国之神话与一国之历史，皆于人心上有莫大之影响……神话、历史者，能造成一国之人才。然神话、历史之所由成，即其一国人天才所发显之处。其神话、历史不足以增长人之兴味，鼓动人之志气，则其国人天才之短可知也……盖人心者，不能无一物以鼓荡之。鼓荡之有力者，恃乎文学，而历史与神话（以近世言之，可易为小说）其重要之首端矣。[1]

---

1 观云：《神话·历史养成之人物》，见马昌仪选编：《中国神话学百年文论选》，陕西师范大学出版社，2013年，第1页。

◎ 《浙江潮》第二期书影

这是学界公认的第一篇有关中国神话的学术专文，蒋智由成为率先引入"神话"学术理论的第一人。梁启超、夏曾佑、鲁迅等正是受此文影响，才相继将神话概念引入文学、历史等领域。

《新民丛报》刊出的蒋智由学术文章近百篇，内容涉及历史、民俗、哲学乃至天文、宗教各领域。这些文章让蒋智由在日本名声大振，大偎重信、板垣退助见其论述，深为推重。如果说《清议报》让我们认识了作为诗人的蒋智由，那么《新民丛报》则向我们展现了一个学贯中西、学富五车的学者。

蒋智由初到日本时，是一位拥护革命的维新人物，参加了光复会，获得了鲁迅的尊敬，双方往来频繁。只是慢慢地，鲁迅发现蒋智由的思想变保守了。一次聚会，蒋智由无意中对鲁迅等人说，清朝的红缨帽有威仪，自己的西式礼帽则无威仪。事后鲁迅便对许寿裳说："观云的思想变了。"为此鲁迅给蒋智由取了个"无威仪"的绰号，讽刺他是官迷。

鲁迅的洞察力何其敏锐，果然，受梁启超的影响，1907年8月，蒋智由加入了政闻社，并出任了该社机关报《政论》的主编，开始鼓吹君主立宪。此时的蒋智由，已经从革命派易辙为立宪保皇派了。

或许是1910年立宪运动的失败，蒋智由开始反思自己维护立宪的行为，重新转向赞同和支持革命。他写下《梅花》一诗，表达自己思想和心境的转换：

> 穷冬凋万木，破寒梅先发。
> 如当守旧时，犯难陈新说。
> 阳春忽以至，四野生光泽。
> 灼灼桃李花，青青杨柳色。
> 造物岂不仁，四运递回斡。
> 玄冥气方骄，句芒已回辙。
> 洒然六合间，和风劝阖阖。
> 及兹散凛威，吾与物俱乐。
> 既乐亦太息，俯仰思宿昔。
> 数枝早梅花，偃蹇斗冰雪。

蒋智由在诗里表露了对清廷的失望，也积极表明自己救国之志不改，继续斗争的决心。

幽居一树度晚年

1919年9月6日，北京《晨报》上突然刊出一则《蒋智由入山明志》的新闻，文章转自9月4日蒋智由刊登在上海《时事新报》上的一则告示：

现以北大开校，蔡先生病，未北上，校长莫定，有拟以智由长大学者，业已驰书决谢，必不往就，坚如铁石。智由以超然之身，发公正之论，必处于不官不党之地，方能副此素志。校长之职，虽异仕途，亦绝不投身其中，致受牵率。日内便拟入山，取古人如有复我，则在汶上之义。暂时有来往信函，或未及收到，恕失答复。毁誉亦不闻问。明此志于天下。[1]

这则告示让已经淡出人们视野多时的蒋智由再一次引起了民众的关注。蒋智由为什么要发这样一则告示？五四运动虽然取得了拒签和约的胜利，但蔡元培为抗议政府镇压逮捕学生，坚辞校长。北大学生和政府在"挽蔡"问题上又展开了斗争，政府有意让蒋智由出任北大校长一职。蒋智由与蔡元培既是老乡，又是志同道合的革命战友，而此前他也收到了蔡元培的书信，告诉他事情的来龙去脉，蒋智由为表明自己绝不就任的态度，于是有了上面这则告示。

告示中"不官不党"一词，其实很好地概括了彼时蒋智由的真实状态。民国成立后，蒋智由归国寓居上海沈庄集镇西园，起初的他仍以一颗热诚之心密切关注时事。宋教仁遇刺案发，蒋智由与沈定一、章太炎等组织弭祸会，在《民立报》上发表《弭祸会公启》，要求袁世凯退位；得知袁世凯称帝，他屡次督促蒋尊簋南归举义。然而，军阀混战、社会动荡的混乱局面，让蒋智由对现实越来越失望，不想再置身政治之中，投身慈善成了他退而求其次的选择。1922年6月5日，蒋智由与杭辛斋、褚辅成等80余人成立了上海全浙公会，蒋智由当选为公会干事。

退回书斋，潜心学问，醉心佛学，人生的最后几年，蒋智由拒绝了长子的陪伴，一个人过起了幽居生活。他作诗《一树》，表达自己的悠然自得：

1　布谷：《维新潮英——近代诗人蒋智由事辑》，浙江古籍出版社，2016年，第180页。

幽居独一树，树老半虫生。

密叶经年少，乔柯出众争。

鸟窥时有下，蝉鸣得闻声。

请谢人间世，天机不外营。

有人说蒋智由晚年的诗趋向保守，我想，他只是褪去了"诗界革命"时的豪气，回归了自然，我们大可不必千方百计地去挖掘这些诗作的时代内涵。请允许一位心怀报国之志奔波一生的诗人，在诗作中享受与大自然的深度交融，展示下自己的真性情。

1929 年，65 岁的蒋智由在上海寓所去世，章太炎有三副挽联悼念，其中一副写道：

卅年与世相浮沉，朝市山林，卷舒由己；

千古论才无准的，黄钟瓦缶，际遇为之。

章太炎算是对蒋智由一生成就作了最为公允的评价，际遇让他勇立潮头，大展身手，际遇也让他回归平淡，几乎被后人遗忘。

贤名传世，革命传家：永嘉先生徐定超

1918 年 1 月 5 日凌晨 3 时，上海招商局所属普济轮，正航行在上海开往温州的海面上，谁知才离开吴淞口至三夹水铜沙海面，便被迎面驶来的英商新丰轮拦腰撞断，船上 200 余人葬身海底，侥幸生还的乘客和船员只有 80 余人。海难发生时，时任浙江通志局提调的徐定超及家人就在船上，危急关头，徐定超立于船头，冷静组织民众逃离，又要求船员先行救助妇女儿童，船长几次请他先下救生船，都被他拒绝了。他说："我年事已高，还是让别人先下船吧！"轮船沉没之际，徐定超和夫人端坐船头，被海浪淹没，不幸罹难。

◎ 1918 年 2 月《少年》杂志刊登的普济轮时事画

◎ 徐定超像

　　放弃近在眼前的求生机会，从容面对死亡，徐定超遇难的情形
与"泰坦尼克号"上那感人的一幕何其相似。

　　徐定超（1845—1918），字超伯，一字班侯，人称班老、班公，
世称"永嘉先生"，浙江永嘉人。据传，徐定超5岁能口诵"五经"
章句数百句，10岁则援笔成文。同治五年（1866），22岁的徐定
超遵父命，跟随温州名儒孙衣言来到杭州，进入紫阳书院求学。光
绪二年（1876），徐定超考中举人，九年（1883）又中进士，如
愿步入了仕途。徐定超任官清廷时，以敢于建言献策名满京畿；新
旧历史激荡之际，他参加同盟会，光复杭州、主政温州，实现了政
治身份的完美切换；新旧民主革命的十字路口，他携带大批族亲子
弟奔赴北京、上海、杭州等地深造，培养他们走上革命之路。徐定
超一生思想前卫，行为前锋，跟随着历史的车轮滚滚前进。

第七章　英才萃处是圭璋

御史楼台高百尺

徐定超入仕后，曾任官户部广东司主事、户部则例馆修纂。其间，许景澄、袁昶、徐用仪等庚子五大臣被杀，朝中人人避之不及，徐定超不顾个人仕途，不但亲赴刑场哭奠收殓，还派三子徐象先护送他们家属离京。及至几人平反，祭于孤山三忠祠，徐定超借岳庙柏树化石，撰文《奠精忠柏》以示纪念。徐定超为官清贫自守，他曾在南苑带领家人开垦荒地六顷，春种秋收，自食其力，在当时京官中极为少见。没几年，徐定超清正廉洁、刚直不阿之名传遍京城。

自 1903 年起，徐定超先后担任过山东、陕西、湖北、河南道监察御史及京畿道掌印御史，他不畏权贵，多次弹劾清廷亲贵权奸和贪官污吏。上海总工程局莫锡纶等巧设苛捐杂税，鱼肉人民的罪行，因徐定超揭露而被严惩。黑龙江巡抚段之贵，强抢民女，掠夺民财，结党营私，被百姓告至徐定超处，但段之贵认为自己有袁世凯作靠山，根本不把徐定超放在眼里。为掌握罪证，徐定超一面假意接受了段之贵的贿赂，一面暗中收集证据奏本朝廷，使段之贵及手下十几人花翎落地，百姓拍手称快。

清末朝政纷更，如乱丝之不理，徐定超身为御史，忠于职守，敢于直陈时政利弊得失。《辛丑条约》后，清政府谋求政治变革，徐定超认为变制不在纷更，首在实事求是，遂上《更定官制办法十条折》，提出"通贤路、遗冗员、均廉俸、专责成、理财政、选新进、省具文事、禁鸦片、定教律、设乡官"等十项具体措施。见列强掠夺我国矿山，徐定超有《兴复滇省铜矿折》，立陈"矿务不修，利权外溢"。1907 年，督办铁路大臣盛宣怀准备将杭甬铁路修筑权拱手出让英国，引发浙江人民保路运动，朝中人人畏惧盛宣怀权势，不敢吭声，唯有徐定超挺身而出，在 11 月 2 日的《浙江忽借英债请饬妥筹补救由》中痛陈利害，说：

国有主权，邻有睦谊，英享我利至久且专，即以交邻言之，亦当稍存退让。今以自主之路业，忽来无理之要求，论其事则近蛇足之添，诛其心实为蜂虿之害。

一周后，徐定超继续上《派员察看铁路借款，妥筹办法折》。1910年8月，浙路总理汤寿潜被朝廷革职，保路风潮再起，徐定超致电北京浙路办事处，请设法挽留汤寿潜，又电告温州府中学堂监督刘绍宽，让他转告各团体联合抗争，还联合朱桂卿、吴士鉴等24人具疏弹劾盛宣怀。这样一番操作下来，终于迫使盛宣怀废止杭甬铁路借款合同，浙江保路运动取得最后胜利。

修德问学沐生徒

徐定超很早就立下教育救国，以医济世的宏愿。同治八年（1869），求学于紫阳书院的徐定超因父亲去世，回到永嘉守制，讲学于温州东山书院。在这所温州最早创立的书院里，徐定超以己所学，悉心讲授，门下弟子数百。到京为官后，徐定超仍念念不忘家乡子弟的教育，捐出微薄薪俸并督促从侄徐象严创办枫林小学，并为正在筹建的楠溪高等小学捐银100元。光绪三十一年（1905），楠溪高等小学开学时，徐定超撰《楠溪高等小学校碑记》，阐述了强国必须以教育为本的思想，他说：

故夫图书典籍、文物声明之事，莫备于我邦，而文胜之弊，苶焉不振。欧美各洲强大之邦，出其所学以治其国，百废俱举，而中学反若逊之者，非学逊之也，人亡而学弊，学弊而政息，徒文不足以自强也。[1]

1　吴明哲编：《温州历代碑刻二集》上册，上海社会科学出版社，2006年，第233页。

徐定超主张兴教劝学，融合中西，他对中学和西学都较为包容。也许正是这个原因，浙江官立两级师范学堂爆发学潮时，朝廷想到了徐定超。

浙江官立两级师范学堂创立于光绪三十四年（1908），1913年改为浙江第一师范学校。这所专门培养中小学教师的学校，是中国最早的六大著名高师之一，和培养了开国领袖毛泽东的湖南第一师范学校并称"南师北师"。

1909年的冬天，浙江官立两级师范学堂上演了一场称为"木瓜之役"的风潮。接替沈钧儒出任学堂监督的夏震武，到任后以遗老自居，束发古装，还想在这个新式学堂推行"谒孔"仪。一日，夏震武通知教务长许寿裳在礼堂摆设孔子牌位，并要求教师按旧官场下级见上级的"庭参"礼仪，身着礼服到礼堂参见他。此举在师范学堂引起了轩然大波，教员们在鲁迅带领下以停课甚至辞职进行抗议，夏震武最后也被迫辞职。因大家觉得夏震武木头木脑，顽固不化，平时都戏称他为"夏木瓜"，这场反对夏震武的斗争，经教员张宗祥提议，就取名为"木瓜之役"。

徐定超上任监督后，立即召回了正在日本留学的前教务处长经亨颐，请他回到岗位，安抚了鲁迅等人，接着聘请马叙伦、夏丏尊到校，自己也兼教国文，传授医学，亲临病室开方用药，待学生如亲人，获得了师生的认可。徐定超在校两年，浙江两级师范学堂士习学风蒸蒸日上。

如果不是辛亥革命，说不定徐定超会一直在这里享受这种教书育人的日子呢。他曾把自己的这种志向和心绪写到了学生毕业时的特写大照上：

壮无意于仕，而仕屡跌。老未离于学，而学不进。得失忘怀，唯运是任。有时为曼倩（东方朔）诙谐，有时为伯淳（程颢）佳兴，信予心之自适合今，世人那得窥其蹊径。[1]

　　宣统三年（1911），上海同盟会会员为方便以合法名义进行革命活动，在各地组织尚武会。6月30日，浙江国民尚武会在两级师范学堂成立，徐定超亲任会长。辛亥革命后，徐定超赴温州稳定局势，把学校交到了经亨颐手上。经亨颐传承徐定超的治校方略，倡导文武并重和人格教育，逐渐把这所学堂打造成浙江传播进步思想、培育革命人才的重要阵地。

◎　宣统三年（1911）浙江两级师范学堂温州同乡合影（第一排左五为徐定超）

　　同从事教育实现救国理想一样，徐定超把习医与振兴中华联系在一起。徐定超少时在家乡私塾就读时，塾师李廷材喜读医书，还妙手仁心，常为乡人免费治病，这在他幼小的心中留下深刻印象。

　　　　1　陈继达主编：《监察御史徐定超》，学林出版社，1997年，第11页。

入京为官时，士人行医正兴，其中不乏吴廷栋、孙家鼐、陆润庠等兼通医术的名儒或高官，早就心仪医术的徐定超受此风气影响也开始习医。光绪十八年（1892），徐定超患病，下荆赤白，他根据所读医书，给自己开方，结果药到病除，谁知后来他又屡次发病，服同样的药方，竟毫无效果，病一直拖到了第二年秋天。就在他束手无策之时，偶然间得到一老妪送他几粒发汗药丸，服后立马痊愈。徐定超感慨"乃知此事之无穷"，由此更加发奋勤学，并常向京城各中西名医请教，医术精进，在京医界名噪一时。他先后担任京师大学堂下附设医学堂总教习及京师医学堂总教习，同时还被中医界推选为京师神州医药会社社长。

多年的临床实践，大量的治疗案例，让徐定超对中西医关系有了深入认识。他在 1906 年 4 月完成的《伤寒论讲义》序言中，大声疾呼：

> 医以卫生命、起沉疴，自天子王侯以下，一遇疾病，无不惟医是赖，故欧美各国之医士，精心研究，日新月异而岁不同，期于穷极性命之微而后已。日本之人亦兼采中西，蒸蒸日上。今之论日本者，至以此事为强国之始基，何其盛也！[1]

在徐定超看来，学医贵在理论与实践结合，中医和西医各有所长，应相互借鉴。但实践中的中西医汇通并非易事，因此在向朝廷呈奏的《中西医派不同宜分办学堂折》中，他对当时中西医并举的教育模式提出质疑，认为中西医医派确有不同，建议分堂办学，"宜延聘各国良医，广购历年经验医方图说，以设专科"。

———— 1 徐定超：《伤寒论讲义自序》，见陈继达主编：《监察御史徐定超》，学林出版社，1997 年，第 78 页。

革命风节犹凛然

虽是清廷高官，徐定超却有强烈的革命思想，亦有革命的实际行动。经陈叔通介绍，徐定超暗中加入光复会，又转入同盟会，担任了浙江国民尚武会会长。杭州光复前夕，浙江各界人士一致认为徐定超德高望重，主张革命又处事老成持重，力推他出任浙江军政府都督，徐定超推辞不就，并力荐汤寿潜为都督。因为此时，他心中记挂的，是家乡温州的政局。

温州光复后，几派势力争夺军政分府执掌权，新旧士绅冲突不断，温州各界人士希望徐定超回去主持大局。徐定超感于桑梓父老之情谊，应允回温。

宣统三年（1911）九月二十七日，温州招商局码头人山人海，道路壅塞不通，到处都是前往迎接徐定超的人，然而，他们扑了个空。徐定超为了能冷静观察温州局势，没有乘坐原定的广济轮，故意推迟行期，二十九日才到达。打探到消息的军政分府各部门，又齐集码头，用绿呢大轿前去迎接。谁知徐定超上岸后，坚辞不受，要求改乘二人肩舆，绕道东门进城。当日下午，徐定超出任温州军政分府都督。徐定超完全没有想到，自己一介谏官，有朝一日会就任军职，于是作了一首颇有自谦与幽默之感的五律：

> 守土非吾责，乡评辱谬推。
> 况当凶岁后，更乏济时才。
> 去已芦鸿杳，迎随竹马来。
> 自惭老不死，傀儡尚登台。

徐定超在温州军政分府都督任上平定米价，裁减兵员，打击不法商人，剿灭土匪，维护社会安定，深得民心。1912年3月，温州军政分府撤销，徐定超改任永嘉县知事。

第七章
英才萃处是圭璋

就在这年农历八月十四日，台风暴雨骤至，温、处两属十三县，连遭袭击，泛滥成灾。彼时徐定超刚卸任，忧心如焚，他不顾年事已高，与从侄徐象严、三子徐象先，在郡之东门设救生局，半日间救灾民千余人，为疾病者施医药，为无家可归者暂设住宿。民众感念徐定超恩德，纷纷称他为"生佛"。

徐定超对子女教育是高度重视的，他常感慨"不患儿等不能为官，唯患儿等不能为人"，并作《戒训子孙歌》，教导子女为人处世的基本规则与操守：

> 壮敬日以强，服劳本天职。
> 安肆日以偷，在床但燕息。
> 人禽争几何，舜跖分劳逸。
> 劳者善心生，逸者独饱食。
> 爱汝必劳汝，非好为呵责。
> 昔贤轻权利，以喜言生殖。
> 渊明好读书，子荆善在室。
> 半缕知艰难，一钱不轻掷。
> 懿行必躬行，嘉言勤抄摘。
> 日引而月长，豁然增知识。
> 取友必以端，崇德必努力。
> 尺璧不足珍，分阴良可惜。
> 闭户求放心，开卷庶有益。
> 臧谷虽亡羊，补牢犹可及。

徐定超希望子孙养成热爱劳动、勤俭节约、珍惜时间、用功读书的好习惯，并告诫他们要重视自己的道德修养，择友时一定要选择品行端正的人。良好的家风，让徐定超的三个儿子成为品行端正、饱读诗书之士。而徐定超乐于接受新思想，投身革命，践行革命主张的行为，更是感召其子女及一大批学生、姻亲、同僚友人走上革命道路。受徐定超影响，他的两个儿子分别参加了光复会和同盟会。

徐定超内侄胡公冕，受其影响入职浙江第一师范学校，成为新文化运动中"一师风潮"的领袖，1921年加入中国共产党，第二年出席了共产国际在莫斯科召开的远东各国共产党及民族革命团体第一次大会，国共合作期间随周恩来参与创建黄埔军校，后成为工农红军第十三军军长。表侄谢文锦，曾在上海《新青年》杂志工作，发表的《列宁与农民》一文，被毛泽东列入广州农讲所教材。受徐定超提携的还有其内侄胡卜熊、胡惠民，表侄郑恻尘，外甥金省真，以及亲友晚辈胡识因、戴宝椿、谢雪轩、徐定标，他们后来都成为早期温州建党建军的重要成员。

如今，温州民众为纪念徐定超修建了徐公祠、御史祠以及徐定超纪念馆，走在枫林镇街头巷尾，常有百姓谈论"定超"的丰功伟绩。

第七章、英才萃处是圭璋

泽沾桑梓，为国效力：一代廉吏吴品珩

　　建筑之乡东阳，吴宁街道西金泽巷，有一座由四幢大小不等的宅院加上一个后花园组成的民居，建筑风格与东阳传统民居不同，其南面第一幢房子是一座洋房，有东西南北对称的"骑马楼"，楼上的木栏杆全都是罗马柱。据传此楼为意大利建筑设计师参与设计而成，后面的四合院门额上嵌有一石，上题"逸园"两字，这里是吴品珩在民国后的居所。吴品珩在北京当过总理各国事务衙门章京，接触过许多外国人，应该对西方建筑艺术有一定了解，而客居京城多年，令他对北京四合院更是了如指掌，他便在东阳这个南方小县城里建造出这样一座中西合璧、南北交融的混搭建筑。

　　吴品珩（1856—1928），谱名世箬，乳名祖俭，字佩葱，又字韵玱，号逸园，又号纬仓，晚号定农，浙江东阳巍山白坦村人，

◎　吴品珩像

后迁居吴宁城西。光绪十二年（1886），吴品珩参加殿试，总成绩排名为第16名，成为东阳人在元、明、清三朝600余年中殿试名次最高的进士。吴品珩在清末历官刑部主事、总理各国事务衙门章京、外务部员外郎、江西司主事、安徽按察使、安徽布政使等职，民国后任浙江政务厅厅长、护理浙江巡按使（相当于省长）等职。他为政清廉，判案严明，被誉为"廉吏"。晚年的吴品珩，关心桑梓，热心公益，为后人所传颂。

乱世中坚守清廉

同治元年（1862），年仅7岁的吴品珩经历了人生第一次劫难，在太平军战乱中被人所掳，受尽惊吓，所幸后来被家人赎回。这件事在吴品珩幼小的心灵中留下了深刻印象，他立志长大要有所作为，保一方平安。第二年，东阳局势渐趋稳定，父亲吴志澄开始为吴品珩延师课读。

光绪二年（1876），21岁的吴品珩负笈杭城，入学紫阳书院。他在书院日夜苦读，很快文名大噪，时人常闻紫阳书院有生徒吴品珩"人俊，字美"，一手行楷遒劲秀雅。吴品珩的科举之路也颇为顺畅，光绪十二年（1886）中进士，被任命为刑部贵州司主事。吴品珩在刑部一干就是五年，练就了一双火眼金睛，在复杂错乱的案卷中发现疑点，抽丝剥茧，还原真相，对他来说已非难事。正当他想大展身手之时，朝廷却任命他去大清会典馆担任协修，不愿编修志书的吴品珩只好参加总理衙门章京考试，并在几十名参考官员中脱颖而出。考中章京后，吴品珩专管英股，凡通商各埠的关税均在其管辖之内。与各国打交道，又负责处理关税事务，吴品珩得到了人们眼中的肥缺，想为自己谋取私利简直易如反掌，但他不仅清廉自律，且处处维护国家利益。

光绪三十四年（1908），吴品珩任外务部左参议，加二品衔，又任湖北荆宜兵备道道员兼监督荆州钞关、宜昌沙市两税关（鸦片战争后在通商口岸设立的海关）。刚到任，吴品珩就收到了当地知府送来的1000两白银，吴品珩以为对方行贿，十分震怒，经对方解释，始知这是惯例。原来，荆州的万城堤（荆江大堤）保障着长江沿岸十几个州县的安全，每年需动用公款修筑堤坝，循例从中抽出1000两白银送给荆宜道道员。吴品珩听后，说："道员得了这千两银子，长江大堤就少了千两银子的工程款，这是陋规，我不能接受。"于是下令将此款追加于堤防工程。在荆州，吴品珩裁撤道署杂规银3万多两，着手整顿了荆州钞关，多年积弊在他手里一扫而光。钞关是在内河航线上设立的征收船税的机构。荆州钞关由道员委派人员征收，办事以"关书"为据，随意性很大，导致舞弊贪污之风弥漫。吴品珩整顿关书，严肃税收纪律，中饱行为自此得以遏制。

晚清官场，贪赃枉法、媚洋惧外成风，能坚持清正廉洁已是不易，能妥善处理教案则更难了，而吴品珩恰恰两者都做到了。

荆州当时有天主教堂，比利时神父马修德袒护教民，历任关长和道员都怕他三分。吴品珩到任后，马上遇到了教堂和百姓的土地纠纷。荆州公安县陆逊湖，因淤没而为陆地，于是有人将其地卖给教堂，而原主则向知县上告，知县将教堂持有的地契注销，因马修德屡次施压，前任道员又下令追还地契给教堂，导致双方纷争不断，到后来即使派兵弹压，也无济于事。吴品珩亲自审理此案，划120亩归教堂，竖立界石，并说明此后因淤塞而增加的土地，与教堂无关；又另划120亩给原主，并追还重卖部分的地价。双方从此再无异议。

经过此案，马修德对吴品珩颇为佩服，又听说他曾在外务部任职，对其十分尊敬，当张家炎案发时，马修德居然站到了吴品珩一边支持他。张家炎是枝江县教民，强占田产，强霸民女，被官府缉拿后因马修德作保，被强行释放，气焰十分嚣张。吴品珩接收此案后，亲至教堂，对马修德以诚相告，说动他不再包庇张家炎。张家炎被捉拿归案后，吴品珩当日庭审，说："我今日审问的是百姓，并不审问教民，你不得自称教民。况且你的所作所为，已完全违背了教规，哪里还算什么教民？而且既为犯案，即属于民事案件，和教堂无关。"张家炎一听，顿时泄了气，还没有刑讯就一一招认了罪行。

武昌起义爆发后，时任安徽布政使的吴品珩，因理财有方，新成立的安徽咨议局竭力挽留他主持安徽财政，恰逢吴品珩哮喘病发作，他力辞回浙。民国后，吴品珩被选为浙江省首届省议会议员，受浙江巡按使屈映光之邀出任浙江政务厅厅长，但政局不宁，吴品珩心生退意，遂于 1915 年解职返乡了。

重桑梓家训传世

家训，对今天的我们来说，恐怕也不陌生，谁家的长辈没有几句管教子女或晚辈的警言训诫？而古人更是以家训教诫后辈为人处世。吴品珩给子女留下了一条颇为特别的家训，即"为桑梓尽义务，即是为国家效力，如果力能胜任，就义不容辞"。意思是说，为家乡尽义务，就是为整个国家贡献自己的力量。

在吴品珩看来，救助家乡、纂修家谱等行为，可凝聚人心，是爱国士绅振兴国家、抵御外侮的现实途径。他在《岘西杜氏重修宗谱序》中，依据自己"日困于与国交涉之龃龉"，深切感到以家族为纽带，团结四万万同胞，中华民族才能一往无前，他说：

有骨肉天性之爱以为之精神，有宗庙谱牒之制以为之模式，斯则拜自然教之发达，可以环地球而独多者已。……由家族推之一国，以共守此相助相友、患难相急之宗旨，设遇事变，集四万万孝子悌弟于黄龙旗下以应敌，虽耶和华之神力，亚力山大之武功，将无以御之矣。

古代文人游子往往家乡情结特别浓郁，而将效力家乡与救亡图存联系起来，吴品珩可谓见解独到。他自己的一生，就是在重视桑梓之情，为家乡尽心尽力中度过的。

同治初年，左宗棠任浙江巡抚时，曾有减收浮粮（以粮食成色及损耗名义额外征收之钱粮）的惯例。到同治六年（1867），东阳知县胡日宣见收税以制钱（铜币）为多，需运至兰溪兑成银圆再从水路解送藩库，借机每 1000 文加征贴解费（以钱折银过程中的损耗及运费）40 文，每 1 两银共加收 84 文。吴品珩在廖寿丰处任幕僚时，听闻同乡李福简、龚启芝提出浮粮早已改为征收银圆，但贴解费却收了 30 年一直没有废除，于是多方努力，终使东阳钱粮浮收贴解费 3000 多串得以革除，民众负担减轻了不少。

浮粮收取，向有定额，而东阳一县数额一直较其他七县为少，金华知府继良想以改收实物为现钱名义，统一所属八县浮粮定额，实际是想增加东阳的税额。吴品珩得知此事后，极力援引历史事实，屡屡向浙江巡抚陈说其利弊，最终获廖寿丰支持，不但没有增加东阳的定额，反而将钱数在原有基础上减去一半，并成为永久性制度，家乡百姓对其感激不尽。

吴品珩因热心公益，在任时常捐俸助赈，获钦赐"乐善好施"匾额。晚年返乡后，吴品珩特捐款抚养族中孤儿，东城南门外有育婴堂，他也捐助经费。1922 年，东阳遭遇百年一遇的特大洪灾，田庐淹没，哀鸿遍野。已过花甲之年的吴品珩顾不上自己年老体弱，立即赶赴省城杭州，恳请政府救灾济急，自己也利用人脉积极募捐赈灾，得同榜探花冯煦帮助后，最终取得了华洋义赈会、江苏义赈会、浙江筹赈会等慈善机构的巨款支持，解决了东阳灾民的燃眉之急。见灾后东阳物价飞涨，人心不稳，吴品珩又在城内倡导绅商垫资开设平粜机构，并号召县内各地开设。事后全县民众感念吴品珩的付出，特送上"泽沾桑梓"匾额以表谢意。

勤写日记存趣史

晚清不少文人士大夫有写日记的习惯，他们借日记收集资料，记录日常人生见闻，进行道德自省，如曾国藩终其一生都有通过写日记进行自我反省和自我批评的习惯，他本人也因日记内容，被人们奉为道德楷模和人生导师。号称晚清四大日记的翁同龢《翁同龢日记》、王闿运《湘绮楼日记》、李慈铭《越缦堂日记》、叶昌炽《缘督庐日记》，以及一些高官显贵的日记，都记录了各种朝野纷争和政治秘闻，如今成为了解晚清微观历史的珍贵史料。

吴品珩也有记日记的好习惯，数十年如一日，今有《亦园日记》《逸园日记》《定农日记》存世。现在，部分日记被私人收藏。日记收藏者徐松涛介绍，日记中有大量戊戌政变时在京的所见所闻，以及金华地方历史文化方面的内容。

如关于"戊戌政变"，《逸园日记》记载：

光绪二十四年（1898）八月初六日（农历），康有为事发，慈圣训政，拿康广仁于狱；

八月初九日，拿张樵堂、徐致靖、杨锐、刘光第、谭嗣同、林旭、杨深秀于狱；

八月十三日，弃谭嗣同、林旭、杨深秀、康广仁、杨锐、刘光第于西市。

若所载无误，从吴品珩这几条记录中，我们可以读到一些与其他史料记载的不同信息："戊戌六君子"不是同一天被捕和行刑的，当时一起被捕的还有张樵堂和徐致靖，而这两人并没有出现在被杀者名单中，这让我有点不解。后来查阅了张樵堂和徐致靖的情况，才知道他们都是二品的实缺侍郎，据说慈禧对他们的痛恨程度还在六君子之上，却因为李鸿章转托慈禧的第一红人荣禄和外国人求情得以保全性命。

在《亦园日记》中，则有光绪三十二年（1906）旅京的东阳、义乌学子举办运动会的记载：

二月初一日，晴，午后以东义学社开运动会，即在屋后坦地搭棚款待来宾。约黄子执往观，申回寓。

徐松涛说，同一天的日记中，吴品珩还记述了几个儿女都身患重病的情况。此种情况之下，吴品珩仍能抽身前往观看运动会，足见他对体育运动的重视。据考证，中国最早的校际运动会应该是光绪二十五年（1899）由天津北洋大学总办王少泉和总教习丁嘉立（英国人）倡议举办的，当时邀请水师学堂、电报学堂、武备学堂等校参加，主要项目为游戏、田径等，带有军事特色。光绪三十三年（1907），江南80多所学校在南京联合举办运动会，被称为"宁垣学界第一次联合运动会"，又称"江南第一次联合运动会"。

《定农日记》，吴品珩从1918年6月23日开始一直写到了1928年3月19日，直到逝世前三天才辍笔。4万多字的《定农日记》记录内容主要涉及东阳本地的社会、文化、人事、民俗等方面，是了解东阳地方文化的珍贵史料。

特别有意思的是，通过吴品珩的日记，可以知道从光绪二十三年（1897）到二十四年（1898），吴品珩正入廖寿丰幕中，为给金华举人讲学，曾四次往返杭州与金华之间。有人竟然从这段日记中，不但得知吴品珩喜欢乘坐一种由义乌人经营的"芦坞船"，还计算出从杭州逆水到金华需六天时间，而金华到杭州因是顺水，只需三天，这是不是另辟蹊径算航程呢?

　　吴品珩独爱菊花，归乡后曾集 600 余佳种，亲自浇灌侍弄，自得其乐。甘隐百花后，不争虚名头，菊花高幽的品性恰是吴品珩一生清廉自律的象征。

半由天赋，半由勤勉：几何大家方克猷

　　光绪七年（1881）某日，浙西於潜县衙，知县、祭酒正焦急地等待着一位朱颜绿鬓少年郎的到来。就在不久前的童子试中，年仅 12 岁的方克猷，以第一名考取秀才，两人见他小小年纪，文章便以我驭题，为文势如春云出岫，气象峥嵘，大为震惊，于是决定再当面考考他的才学。待父亲携方克猷到来，知县见其父方际云一目失明，便戏出上联"独木不成林"（"木"与"目"谐音），方克猷不假思索，应声而答"一月照天下"，知县点头称善。眼珠一转，知县又出了一地名联"方元鼓打到更楼，太阳来哉"，因方克猷是於潜方元村人，方元、更楼、太阳是於潜城西二十里内的地名，此上联可谓别出心裁。谁知方克猷略一思考，随即吟出下联"藻溪鱼跳过横塘，化龙去矣"，联中藻溪、横塘、化龙是於潜城东方向道路沿线地名。时间这样短，又对得如此工整绝妙，且意境更胜一筹，在场众人无不夸赞。

◎　方克猷像

方克猷（1870—1907），字子壮，号凤池，浙江临安於潜方元村人，晚清著名爱国数学家。

少年神童进士郎

"浙右通衢风物纵横三百里，汉时古邑文章上下两千年"，这诗句，描绘的是拥有 2000 年历史的於潜地灵人杰，有着深厚的人文积淀。丰富的人文资源，孕育出一个个走出大山的青年才俊，方克猷的表现，让人们开始期盼他可以为於潜书写新的传奇。

同治九年（1870），方克猷出生于一个书香门第家庭，曾祖方永山、祖父方蔚然都是县学生员（秀才），父亲方际云为恩贡生。方克猷的童年和少年，可以说是在一片喝彩声中度过的。他 7 岁时由父亲亲自授书，即能一目十行，过目成诵，12 岁童试第一后，更被十里八乡传为神童。心存疑虑，想要考考他的大有人在，而方克猷从来都是风轻云淡，从容应对。一日，县里重修关帝庙，戏台上需要一副对联，秀才们一致推荐新中秀才的方克猷撰写。方克猷提起笔来，一挥而就"此吴地也不以孙权立庙，尔蜀人矣何须曹操封侯"，令人叹服。又一年，中秋赏月时有人出上联"月月月明，八月月明月皎洁"，在场的方克猷脱口而出"更更更鼓，五更更鼓更凄凉"。一次次，大家见根本考不倒他，也就歇了心思。

光绪十一年（1885），16 岁的方克猷来到杭州，入学紫阳书院。在这里，方克猷日日临窗苦读，天赋加上勤勉，令他在这所满是青年才俊的知名书院中依旧出类拔萃。我在《紫阳书院课艺八集》中找到了两篇方克猷的文章，一篇是《问知，子曰"知人"，樊迟未达，子曰"举直错诸枉，能使枉者"》，另一篇是《善政民畏之》。在后文中，方克猷提到："世之为政者，动欲以操切之治治民，彼盖谓民之无良也。夫果民之无良，则宜其有苟免之心，而不复有性天之感。"可见，他对孟子善政不如善教的言论，文成法立，有自己独到的见解。

当时的杭州，是江浙一带的数学中心，项名达、徐有壬、戴煦、李善兰、夏鸾翔等数学家几乎代表了当时国内数学的最高水平。而紫阳书院因项名达、朱鸿等算学大家主讲于此，师生研习数学之风在杭城四大书院中也最为浓郁。方克猷在紫阳书院学的虽然还是应试的四书五经，却也接触了大量他喜爱的数学知识，这为他日后的数学研究奠定了基础。

来到杭州的这一年，方克猷考选贡生，七试皆名列第一，中拔贡，得到学使刘叔陶的赏识。光绪十四年（1888），19岁的方克猷乡试中举。据传，他在应考文章中，用到了几何语言，引起了主考官李文田的关注。李文田是咸丰九年（1859）探花，授翰林院编修，不仅书法堪为一绝，对数学也颇有研究，在乡试场上遇到知音，李文田十分高兴，感慨道："这是几何学家呀，不承想让我在科场上遇到了。"

光绪十六年（1890），方克猷赴京参加会试，中二甲，赐进士出身，成为於潜最后一位科举进士。

柳永《望海潮》最后两句"异日图将好景，归去凤池夸"，富丽奢华的凤阁龙楼，那是权力中枢，是无数科举入仕学子心中向往之地。方克猷少年得志，踌躇满志，正如他的字——凤池，欲以己所学，报效国家，鸣佩清响。

忧国思振志难酬

方克猷最早担任的官职是刑部主事，谁知未及施展抱负，便因母丁忧回乡守丧三年。光绪二十二年（1896）方克猷回到京城，27 岁的他在 195 名竞争者中脱颖而出，考取了总理各国事务衙门章京，同时被录取的还有张元济、汪大燮、蒋廷黻等一批在近代中国政治、文化界如雷贯耳式的人物。可惜刚上任章京，又遭父丧，再次归里丁忧三年。

丁忧乡间六年，方克猷潜心研究西学、数学、外文，逐渐从传统的士人成为学贯中西的大家。虽身居天目山深处，外界的消息仍在源源不断地传来。百日维新失败，戊戌六君子被杀，义和团运动兴起。赞成维新变法，曾与康有为、梁启超志同道合的方克猷心急如焚，却无可奈何。

光绪二十六年（1900），方克猷再次进京，这才算是真正投入了总理衙门的工作。虽然在总理衙门负责军务电报，可方克猷发现情况完全变了，慈禧带着光绪皇帝西逃，朝廷处于无主状态，朝臣们都在看洋人的脸色办事，整个王朝风雨飘摇。现实让方克猷陷入了困惑与彷徨，振兴国势，路在何方？

接下来发生的两件事，则让方克猷对这个病入膏肓的王朝彻底失望了。光绪二十六年（1900），他作为随员参与了庆亲王奕劻和李鸿章与八国的和谈，个中屈辱，恐怕只有他自己知道，而许景澄、袁昶、徐用仪等因直谏导致被杀，更让方克猷痛心疾首。这几位与他是总理衙门的同事，也是浙江老乡，平日里惺惺相惜，转眼，人头落地，方克猷只能以书写挽联的方式，表达惋惜与悲愤。他在给袁昶的挽联中写道：

> 碧血丹心，大节早符湖上梦；
> 素车白马，归魂应趁浙江潮。

睁眼吧，这个腐败的政府已经没落，变革的思想在方克猷心里扎根发芽。他常以元末明初的宋濂、刘基为例，说他们都是进士，但以国为重，辅佐义军为忠诚爱国之举，后世反而认为他们是贤才。那时的方克猷，只想寻找革命的机会。当回乡扫墓，遇到兴中会成员唐才常派史坚如到江浙一带联络各会党，他不再犹豫，以伍凤池的化名参加了浙江革命会党，后又加入同盟会，并和四川、湖南革命会党联系，密谋革命。

有了目标，方克猷重新找到了奋斗的动力。光绪二十七年（1901），方克猷考取出使德国随员，随醇亲王载沣赴德国谈判。光绪二十八年（1902），方克猷被保送热河理刑司，兼都统衙门办事司员。热河在康熙、雍正两朝为秋狝之地，方圆千里林木甚茂，然而咸丰以后因逐渐放垦，满蒙杂处，盗贼潜匿，治安混乱。方克猷到任后，细心体察民情，谨慎处事，都统锡文诚见他有治才，便推荐他为热河练军营务处会办、陆军中学堂总办。后来方克猷还因功被保荐为刑部员外郎、授代法部举叙司主事等职。

受到朝廷重用的方克猷，有了很好的身份掩护，每遇革命党人被捕，便设法营救。光绪三十二年（1906），同盟会会员、著名报人杭辛斋因言入狱了。肄业于京师同文馆的海宁人杭辛斋，因屡次上书条陈变法图强，被光绪帝授为内阁中书、面谕军机章京行走，但他告诉光绪帝自己不愿做官，只想为国家做一点实实在在的事情，于是皇帝赠他"言满天下"象牙章一枚以示尊崇。那实实在在的事，便是办报。从光绪二十一年（1895）始，杭辛斋先后办过天津《直报》《国闻报》《中华报》和《京话日报》。1906年9月，《京话日报》因揭露军机大臣瞿鸿禨纵容卫兵抢掠行凶，《中华报》也因刊登了题为《保皇党之结果》一文，竟一齐遭到查封，杭辛斋也被抓，关押进刑部大牢。方克猷利用人脉，上下奔走，为其减刑，将处罚降为"解浙江原籍禁锢"，后王国维等借路权运动为之申诉，杭辛斋终获自由。

秘密参加革命让方克猷看到了希望，但忧愤之情却常难平息。光绪三十一年（1905），见日俄为争夺中国东北，在辽河以东开战，在此肆意残杀中国人民，劫掠财物，焚毁房屋，方克猷恨清廷无能，国势不振，赋七律《辽警》二首，抒发心中郁闷，其一曰：

休将鼠斗穴中看，须省池鱼避火难。
不是玩他胡骑射，如何欺我汉衣冠。
秦人竟以连环戏，赵国何时奉璧还。
木拐赐儿前鉴在，至今凭眺更心酸。

在另一首诗中，方克猷慨叹"试问谁谙交涉策，从教一鼓扫狼烟"。时政如此，壮志难酬，终于，1907年，38岁的方克猷忧郁成疾，在北京离世，后归葬方元村。如今，方元村后山方克猷夫妇墓前，有一墓碑，刻有杭州吴士鉴撰写的《墓志铭》。吴士鉴是榜眼，曾任官翰林院编修、江西学政、光绪侍读侍讲，与方克猷乡试同科，又同为官京城，对方克猷颇为了解。《墓志铭》最后几句写道：

系潜山之嶔崎，亘千百年而一泄其奇，学则丰而志则赉，曾不能大其设施，抱遗书而长逝，其庶乎畴人之大师。

笃嗜测算留遗著

方克猷自幼喜爱数学，在京为官又直接接触西学和洋务，对中西数学，尤其对测算曲线、抛物线等内容极有研究。据载，方克猷笃嗜测算，为母丁忧期间，曾亲临阡陌，测绘其先祖田亩为实验。那时的他，对"三角八线"已有深入钻研，但还存在很多问题无法解决。特别是"病各尖锥之积数可知，而此各尖锥上所成之曲线之性情不可知。克猷悟其理，所著'曲线考'，其论割圆法，亦分为四象限……证明其闲曲线性情，不啻为西人所谓诸乘抛物线，其形状可知，即其性情亦可知。不独形为有法之形，即线亦为有法之线"[1]。方克猷将研究成果著成《曲线考》2卷，以及《尖锥曲线考》《八线法衍》《诸乘对数说》《四元术赘》各1卷，五种专著合刻为《方子壮数学》。

李文田在《方子壮数学》序跋中评价方克猷在几何学上的成就，说他"气锐心精，能名其家"。

彼时的几何学，在人们眼中与富国强兵密切相关，方克猷为官为政，振兴国家无门，转而求诸数学，也不失为报效国家的另一门径。同时代的数学家、李善兰的学生席淦也夸赞方克猷此书将他生平之疑，豁然解开，甚至连任教于京师同文馆的西方几何学家欧理斐也悉心折服。席淦对方克猷未能成印的《圆锥曲线说》《尖锥术解》《尖锥术衍》《三角公式》《勾股公式》《火器真诀衍》等著作，也一一拜读，认为这些成果皆立法精密，兼中西两家之长，称方克猷为"几何大宗"。

人们曾感慨，方克猷学术尚未彰显于世，便英年早逝，著作也没有广泛流传。所幸的是，2019年，因方克猷孙女、93岁高龄的方玫卿女士捐赠，《天目山房算学》《方子壮所著书》《说贴杂存》等方克猷珍贵手稿得以保存于临安博物馆。

1　李榕等：《杭州府志》卷一百四十七，民国十一年刻本。

投身教育，功在浙大：求是总理陆懋勋

　　清末民初，杭州梅花碑有一家颇具规模和影响的旧书经营店，名"抱经堂书局"，店主朱遂翔与北京通学斋书店经理孙殿起，为古旧书业的南北翘楚，人称"南朱北孙"。朱遂翔常说自己的成功得益于幸运，他在《杭州旧书业回忆录》中回忆了从陆懋勋家收购珍贵典籍的经过：一日，有人跑到抱经堂书局，找人去家中收购书籍，等店员到其家中，才发现主人是陆懋勋的儿子。陆懋勋之子是纨绔子弟，从不赚钱谋生，还吸食大烟，陆懋勋去世后，没有了经济来源，于是想到出售陆懋勋生前收藏书籍度日。平日里连书都不爱读的他，自然不可能知道家藏书籍的珍贵，他要求店员不得开箱选书，必须整箱收购。店员不知箱内书籍情况，不敢贸然出价，趁主人在床上吞云吐雾之际，偷偷打开其中一个箱子，匆匆一瞥，里面竟是各县志书，随口出价两元一箱，并当即付款 140 元将所有书籍收走。等搬书时，遇到了陆家佣人、轿夫的勒索，要求支付所卖书款的 20%，即 30 元给他们，才肯放行。在书籍搬至书店过程中，恰被杭城报社记者得知，于是将此事刊登报端。就在人们感慨陆懋勋儿子的愚昧与败家行为时，杭州著名藏书家杨见心与孙康侯，向朱遂翔抗议，要求公开评议书价，以示公允，并将损失弥补给陆氏。最终，朱遂翔将所收书籍中的《武林文献内外编》原稿 32 本赠予孙康侯，《杭州府志》原稿 1 部赠给杨见心，事情才得以平息。

　　对藏书家来说，藏不数代、代不数人的例子实在太多，买书人常有卖书孙，但如此贱卖，真不多见。低价收购了陆懋勋的藏书，对朱遂翔而言是幸运的，但对于省吃俭用，苦心搜集了一辈子的陆懋勋来说，确为家门不幸。

◎ 陆懋勋像

　　陆懋勋（1868—？　），字冕侪、勉侪，号潜庐、屺潜，浙江仁和人，光绪二十四年（1898）进士，著有《蠡测类存》《历代户口考略》《钱币考》等。陆懋勋出任过求是书院的监督和总理，浙江高等学堂监督，浙江巡按使署秘书、署理，江苏审判厅厅长等职。在清末新旧交替、思想激荡的风云里，陆懋勋一心投身教育，于艰难中苦苦支撑求是书院，是浙江大学初创时期的重要奠基人。

保守与激进之间

　　也许是家中出了不肖子孙，作为杭州本地人，又对近代杭州教育颇有功绩的陆懋勋，史料中竟没有留下多少记载，甚至连去世时间都无从知道。无意中翻阅当代著名书画鉴赏家于建华的《无住庵谈字论画》，书中记有作者曾在书画拍卖会拍得陆懋勋书法作品"陋室铭"。"陋室铭"全文分别写在两张玉版宣上，并有落款："时在辛酉秋日新凉渐至……"辛酉是1921年，当时陆懋勋54岁，尚在世。而陆懋勋《不恔求斋文存》卷首有张寿镛题识，内有"至癸亥，余再计（主）浙计，而君逝矣"之语，癸亥为1923年。由此估计陆懋勋应在1921—1923年去世。至于陆懋勋的家世及成长经历，浙江大学编修校史时，对这位为校服务六年多的关键人物也知之甚少，还登报寻找其后人征集线索。

从《清代朱卷集成》中，我倒是找到了陆懋勋参加科考时的基本信息，其父名陆召南，字子鸿，号仪甫，同治九年（1870）副贡，"湖舫文会"成员，著有《潜庐精抄》。丁申、丁丙在《杭郡诗三辑》中对陆召南稍有介绍，夸赞他"天德沈厚，语言朴直，见人之急，以为己任"。陆召南曾掌管杭州宗文义塾（杭州第十中学前身）长达七年，对学生课业要求极严，但对他们生活却十分关心，说："彼孤寒也，孰抚字之，使彼不堪，吾心何安？"患病后，陆召南自知时日无多，便将义塾所余钱款悉数取出，交给下任。

陆召南去世时，陆懋勋和兄长陆佐勋尚年幼，但母亲对他们寄予厚望，不顾家中贫困，送他们入学紫阳书院。陆懋勋就读紫阳书院的具体时间，未见记载，但《紫阳书院课艺六集》和《紫阳书院课艺八集》中收录了他的课艺：《紫阳书院课艺六集》收录文章1篇，题为《子曰古之学者为己》；《紫阳书院课艺八集》收录文章3篇，分别为《子贡问师与商也》《他日归则有馈其兄生鹅者》《天子适诸侯曰巡狩》，另有试帖诗一首《赋得天教看尽浙西山，得西字》。从课艺集编印时间看，《紫阳书院课艺六集》收录的是光绪八年（1882）至十一年（1885）课艺，《紫阳书院课艺八集》收录光绪十五（1889）至十七年（1891）课艺，那么，陆懋勋至少在光绪八年到十七年曾就读于紫阳书院。

此外，《紫阳书院课艺六集》和《紫阳书院课艺八集》中也收录了陆佐勋的5篇课艺。能入选课艺集，课艺质量自是上乘，应是获得膏火奖励的。其实，这也是兄弟二人终日苦读的原因之一，多年来，他们就是靠每次考课成绩名列前茅所得膏火奉养家中母亲的。

可母亲常偷偷将他们的膏火钱攒下来，作为嘉奖返还二人，并一再嘱托他们以此钱购买书籍。正是母亲提供了最早的藏书启动资金，陆懋勋日积月累，所购书籍数量颇为可观，还专门让人以黄桦木制成书箱用来存放。

在紫阳书院求学时，陆懋勋推崇中庸之道，他在《子贡问师与商也》一文中写道："学问以中庸为极，则锐厉与拘谨皆有一阒未达之嫌。"陆懋勋认为中庸是处理矛盾与冲突的良方，他想以中庸的态度，兼容中学与西学、新学与旧学；对待时局，陆懋勋亦是如此，他对朝廷的腐败无能深感痛苦无奈，但没有宣扬变法，与孙中山的民主革命思想也保持一定距离，却又不反对革命，只想投身于教育。他的《浙江高等学堂缘起》一文也反映了他的这种想法："光绪甲午，朝廷以朝鲜之役受东邻侮，士大夫撄心发愤，以求自强之道。知列雄之养其力，韬其锋，一试而不可御者，实惟其教育之周于国民，自普通以逮专门，精密而竺挚，万众一心，弗得弗措。盖国民之精神成于社会之智识，基诸学校之教育，教育者，图强之嚆矢也。"[1]

光绪二十三年（1897），陆懋勋和廖寿丰、林启、陈汉第一起创立了求是书院，并以举人身份出任监院。作为传统知识分子，陆懋勋不可免俗地走上了科举之路，光绪二十四年（1898），他入京参加会试，考中二甲第二名进士，授翰林院编修。仕途已经开启，前途一片锦绣，陆懋勋却做了一个让人意外的决定，他自愿放弃官职回浙，以在籍翰林身份继续掌管求是书院。按照朝廷规定，在籍翰林三年后需回京集中学习，光绪二十七年（1901），陆懋勋已在求是书院任职三年，到了必须入京的时间了。离职前，陆懋勋放心不下书院事宜，与人说道："求是书院关浙江一省人才之消长……

1　陆懋勋：《浙江高等学堂缘起》，见朱有瓛主编：《中国近代学制史料（第二辑上册）》，华东师范大学出版社，1987年，第585页。

若一时无人肩其事，则已成之局势将堕废，良可惜也。"光绪三十年（1904），陆懋勋学习期满，但他仍不想留在翰林院，此时求是书院已改名为浙江高等学堂，新任浙江巡抚聂缉椝奏请朝廷让陆懋勋就任学堂监督，陆懋勋便借机离京回杭就任。直到光绪三十二年（1906），朝廷任命陆懋勋为江苏候补道，他才离开浙江高等学堂。

从求是书院到浙江高等学堂，从监院、总理到监督，陆懋勋放弃翰林院编修一职，三次入职于此，足见他投身新教育，救国图强的志向十分坚定，但作为科举正途出身的旧式知识分子，他或多或少受旧学思想影响，他的中庸之道也曾经引起部分思想激进的师生不满，蒋百里就是其中之一。

蒋百里（1882—1938），名方震，百里是他的字，浙江海宁硖石人，近代著名的军事理论家和军事教育家。

蒋百里在求是书院求学时，曾因为练习书法的事与陆懋勋发生过冲突。

陆懋勋诗书颇具水平，杭州郭庄就留有他的书联：

述德启崇楣，闲开花木清娱，犹寓郊祁行雁乐；
濒湖寻胜境，大好峰峦缭绕，合将人地卧龙名。

陆懋勋的书法也算一绝，流畅而不失厚重，笔法灵活清劲，颇有王羲之的意蕴。任求是书院总理期间，陆懋勋对学生的书法要求极严，命令他们练习楷书，每月至少交卷一次，由他亲自评定甲乙。蒋百里对此十分反感，认为那是让学生做写字匠，于是故意抄了一份求是章程上交，其中的"是"字被他特意错写作"字"，用以刺讽陆懋勋管理求是书院，不求"是"而求"字"，引起同学哗然大笑。陆懋勋见众人确实不乐意练习书法，也就停止了该课程。

有人把这个故事作为陆懋勋思想保守的例证，我倒是在事件中感受到了他的宽容。1900 年，维新派唐才常在两湖谋划起义，失败殉难，蒋百里为他作凭吊诗，最后两句"君为苍生流血去，我从君后唱歌来"，书院内外一时争诵，蒋百里因诗句中明显表露出对革命的同情，为朝廷所不容，自然也无法在求是书院继续学业了。当时求是书院流传陆懋勋拟开除蒋百里，因监院陈汉第努力，把蒋百里送至日本留学去了。由于陆懋勋流传下来的资料甚少，如今我们无从得知他当时的想法，但可以肯定的是，陆懋勋虽不赞成蒋百里的革命态度，却并未向上告发，并默许陈汉第送其至日本。显然，陆懋勋对革命既不支持，也不干预，他关心的，只是学生的安危。具有强烈革命思想的学生史寿白在《求是书院掌故》中回忆："1901年某日，获悉被清政府通缉的著名革命派人士章太炎秘密从日本回国暂住余杭老家，余只身去余杭访章太炎先生，归后（陆懋勋）招余训勉曰：'对政府措置有所不满，正可贡献善策，徐图改革，切勿误入歧途，祸身祸国，慎之慎之。'"尽管史寿白并不同意陆的观点，但还是颇受感动，认为陆懋勋"言辞委婉诚恳，感人至深"[1]。

晚清时期的杭州藏龙卧虎，诸多革命党人和思想文化名流频繁往来，求是书院作为北洋大学堂和上海南洋公学之后，全国第三所中西大学堂，是进步青年最热衷的选择，吸引了诸多跨越两个时代的有为青年。其实，求是书院从创建伊始，就一直处于矛盾的旋涡之中，校内充满了保守与革命，科举与学校，中学与西学，传统观念与求新思想的斗争，而陆懋勋的中庸之道，恰恰是平衡各种矛盾和派系斗争的关键。

1　史寿白:《求是书院掌故》,《国立浙江大学校刊》复刊第 11 期,
1940 年 9 月 23 日。

艰难的总理之路

光绪二十三年（1897）求是书院创立时，浙江省的守旧势力和传统观念明显占据主导地位，用陆懋勋在《浙江高等学堂缘起》中的话来讲，就是"吾浙人民爱国之心向郁勃不可以遏，秀颖之士尝胆习苦，冥求西文西学，以蕲尺寸之效。其时风气闷窒，艰于师资。墨守旧习者，复诋诽之，摈击之，有志者皇皇无所托"。新式学校命名为求是书院，本就是新旧势力妥协的结果。

陆懋勋就任求是书院总理期间，经受了一系列严峻考验。先是百日维新带来的冲击。变法期间，朝廷废八股，兴学校，教授新学知识的学校被学子追捧，浙江省内各地赴杭州报考求是书院的学生络绎不绝，陆懋勋和监院陈汉第忙于筹划购买土地，扩建校舍，可好景不长，仅仅三个多月，变法失败，一切政策恢复原状，新生纷

◎ 求是书院老照片

纷要求退学，留下的不到十之一二，这令学校管理层忧心忡忡。如此困境下，陆懋勋反而是那个最淡然之人，他四处奔走劝说，鼓励学生留下来，但也坦然接受学生的退学，说留下来的"此辈认识国事，力求新学的学生"，才是学校中坚。受陆懋勋激励，全院师生齐心协力，顺利渡过了难关。

还没来得及松口气，浙江省和杭州府人事频繁变迁，让身为求是书院第一负责人的陆懋勋深感"草昧权舆，流俗骇诟，表里荆棘，揭柱为难"。求是书院开办后，巡抚廖寿丰亲自主持学生的会课（考），评定优劣奖惩，杭州知府林启不仅亲任该校总办，还为学生讲授国文课，竭力支持书院发展。但光绪二十四年（1898），廖寿丰调离浙江，光绪二十六年（1900），林启又病逝，求是书院失去了两大核心人物的支持，仅靠陆懋勋和陈汉第苦苦支撑。至光绪三十二年（1906）陆懋勋离职，八年间浙江巡抚就更换七任，陆懋勋苦于应付，特别是接任廖寿丰的刘树堂，对求是书院十分漠视。连翰林院都不想待的陆懋勋，为获取政府对书院的支持，只得周旋于官场之中。

陆懋勋任职期间，求是书院稳步前进，他制定了详细的院规，促进求是书院在教学、管理等方面工作日渐正规化、制度化；他培育了求是书院刻苦钻研、勤奋学习的学风；他和林启等开创了浙省赴日留学的先声。陆懋勋对自己在求是书院的工作颇为满意，说：

懋勋于是综计先后谬膺斯任六年于兹矣。浙中山川秀灵，人才钟毓，而学术一新，翘材负异者，踵屦而入扶桑之域，继且游学欧美，肩项相望。迄今成名发业，内而理财经武培拥国力，外而佐折冲于坛坫之间者，皆震烁人目，则咸溯源于求是教育之验。[1]

1　陆懋勋：《浙江高等学堂缘起》，见朱有瓛主编：《中国近代学制史料（第二辑上册）》，华东师范大学出版社，1987年，第586页。

就任浙江高等学堂监督时，陆懋勋为办好高等学堂，还统筹考虑全省的教育事业。他关注到当时浙江省尚无师范学校，认为"教育基于小学，欲广兴小学必多储教材（师资）"，于是在高等学堂内设立师范科与师范讲习所，经费由高等学堂调拨，这是浙江师范生有实习场所的开始。陆懋勋又创办附属"浙江高等小学堂"，每年招生50名，成为浙江省规模最大的小学；在城区择地创建浙江高等学堂附属初等小学堂10所，为高等小学堂提供生源。经陆懋勋努力，浙江高等学堂建立了完整而正规的教育体系，堪称全省典范。

民国后，陆懋勋就任过浙江巡按使署秘书、署理，江苏审判厅厅长等职。1916年，陆懋勋曾受浙江巡按使屈映光聘请，续修《杭州府志》，撰成原稿32册藏于家中，可惜被儿子贱卖。他把自己最辉煌的岁月献给了中国教育，却没能教好自己的儿子，这是不是他人生的一大遗憾呢？

时务致称，铁路见贤：布衣都督汤寿潜

　　1915 年春末的一天，青年学子曹聚仁初到杭州，偶遇先父极为敬仰的汤寿潜。他怎么也想象不到，这位名满天下的大人物，居然身穿一套土布短褂，戴了一顶箬帽，脚上一双蒲鞋，手上拿了一把纸伞，看上去像个十足的庄稼人。被汤寿潜这身造型"雷倒"的可不只曹聚仁，著名作家包天笑，也有过这样的经历：某日，坐二等车厢的他，突然想去三等车厢看看，居然在那里发现汤寿潜厕身于许多贩夫走卒之中，缩在壁角看报，十分不解。在包天笑看来，民国那样等级分明的社会，如汤寿潜这等极具名望之人，怎么会蜷伏在底层民众才坐的车厢？后来与朋友提及此事，朋友莞尔一笑，说："他生性如此，亦不足怪。"熟知汤寿潜的人当然见怪不怪，可其他人就不同了。一次，身为铁路局督办的汤寿潜从松江乘船去上海龙华巡视工程，官舱里一个商人看他一副乡下老农打扮，很是瞧不上，还疑心他偷了自己的东西，冷语讥讽。哪知船一到岸，成千上万的人都来欢迎这个"土老帽"，富商才知他就是汤寿潜，立即吓得长跪在地不敢起来。

　　不讲究穿着，不在乎排场，汤寿潜手握重金却始终清廉自律。就任安徽青阳知县时，汤寿潜从不贪污索贿，见一些衙役因家中人口众多或生病，生计困难，还以自己薪俸和部分《危言》稿酬接济，仅三个多月就赔上了白银 300 多两，最后还是靠《危言》版权费充作路费才得以返乡。经营浙江铁路时，汤寿潜担任总理之职，不受薪金、不支公费、芒鞋徒步，后袁世凯通过全浙铁路公司拨发 20 万银圆作为汤寿潜经营公司四年多的补偿，但汤寿潜将全部钱款悉数捐赠浙江教育会，用于兴建浙江公共图书馆。如汤寿潜这般坦荡君子，不仅立名于当时，也为后世所敬仰。

◎ 汤寿潜像

汤寿潜（1856—1917），原名震，字蛰先（仙），浙江萧山人，我国近代著名的政治活动家、教育家和实业家，辛亥革命后的浙江首任都督。

主立宪撰写《危言》

汤寿潜6岁就读私塾时就有大志向。一日，先生讲授《论语·为政篇》，他突然请教先生："孔子年十五始志学耶？"先生回答说："十五以前有小学功夫，十五则志于大学耳。"寿潜进而问："某今年甫六岁，亦以读大学竟矣，视孔子何如？"先生思之再三，道："六岁儿虽强词夺理，其志则非常人也。"可见，那时的汤寿潜就敢与圣贤相比，立志干成一番事业。对于普通的耕读之家，汤氏子弟从小是要干农活的，而父亲汤沛恩见汤寿潜有如此志向，又聪明好学，因此特意允许他不用下地，专心读书。

汤寿潜果然没有让父亲失望，光绪元年至十二年（1875—

1886），汤寿潜来到杭州，先后求学于诂经精舍、敷文书院和紫阳书院。那时的汤寿潜，不仅对水利、财政、交通等问题留心研究，在八股文和试帖诗上也颇下了一番功夫，《紫阳书院课艺六集》中收录有汤寿潜所作《赋得菊为重阳冒雨开》一首，诗曰：

> 未绽篱边菊，重阳约恐差。
> 怜渠偏冒雨，为我特开花。
> 枝嫩经风亚，根疏圻上斜。
> 屐声陶令径，芳信放翁家。
> 天意圆佳节，人情感物华。
> 蝶衣都带湿，羯鼓不须挝。
> 看合轻携笠，期如准及瓜。
> 淋漓撑傲骨，韩圃晚香夸。

这首五言八律诗，以花字为韵，自然规律和季节变化在诗中描述得十分细致。

光绪十二年（1886），汤寿潜离开杭州，开始了游幕生活，并借机观察诸多社会问题。光绪十六年（1890），他将多年研究所得，撰汇成《危言》一书。该书 4 卷 40 篇，以《迁鼎》开篇，力图变法革新之意十分明显。鼎在古代是政权的标志，"迁鼎"即迁都，汤寿潜认为变革图强，必遭旧都旧势力反对，遂以迁都关中作为变法先着，并在其他篇目中建议施行精减冗员、改革科举、推广学校、修筑铁路、兴修水利等措施，如：《亲藩》篇要求天潢贵胄学习时务要略和外国语言，并派往各国游历；《尊相》篇主张设宰相掌权，而宰相则由选举产生；《议院》篇介绍英、德、美、奥之议院制而谋变通，将现有官员分隶两院；末篇《变法》，则为全书之总结，也是其各种想法与举措之落脚点。

《危言》是全面宣扬君主立宪、倡导维新变法的专著，其内容直接影响后来康有为等人"公车上书"所提的维新主张。此书一出，朝野争相传阅，好评如潮。陆学源在为书作序时，亦肯定说"以算在握，如鉴在悬"；张謇称该书"有疏通致远之用"；陈遹声赞其"所言具有本末，与嚣嚣者绝殊"；孙宝瑄看罢后也赞叹书中内容"辟中朝士大夫数百年之蒙蔽"。

《危言》一书让汤寿潜本人获得了超高人气，奠定了他作为"中国早期资产阶级维新思想家"的地位，时人甚至将他比作晚清著名思想家、《校邠庐抗议》的作者冯桂芬。朝廷也按捺不住，开始关注汤寿潜，光绪帝师、文澜阁大学士孙家鼐甚至把书推荐给光绪帝御览，并要求印刷数千份发给各级官员。《危言》曾多次再版，光绪十八年（1892）再刊时，增为50篇；光绪二十一年（1895）复以石印再版。四年之后，郑观应的《盛世危言》出版，又四年，邵作舟的《邵氏危言》面世，和汤寿潜的《危言》合称"危言三部曲"。

光绪二十一年（1895），汤寿潜编写了《危言》的"姊妹篇"《理财百策》2卷。汤寿潜在书中以比《危言》更为激烈的言辞，从政治、经济、教育、军事、社会生活各方面探讨如何开源节流、整顿税收，解决政府财政问题。不过，《理财百策》并未公开出版，书稿一直由汤氏后代保存。

光绪二十五年（1899），汤寿潜为"便读者""拯时"和"去讹漏之病"，把马端临的《文献通考》，嵇璜、刘墉等纂修的《续文献通考》和《清文献通考》编辑成《三通考辑要》30卷，由上海图书集成局铅印出版。该书虽是学术研究之作，但在人才培养、宣传变法方面也颇受时人肯定，俞樾称赞该书"载籍极博"，袁昶认为此书值得后世变法者借鉴，连刘锦藻也承认，正是阅读了《三通考辑要》，他才得以熟悉政书体例，从而写出《清续文献通考》。

如果说《危言》《理财百策》《三通考辑要》表明了汤寿潜倡导维新、变法救国的主张，那么自加入北京"强学会"开始的一系列活动，则是他追求君主立宪的实践。为实现君主立宪，汤寿潜考证了中国古代的所谓"宪"，写成《宪法古义》一书，提出"宪法为中国所固有""管子曾以宪法治齐"等观点。光绪二十六年（1900），得知清廷宣布"预备仿行宪政"，汤寿潜大受鼓舞，随即与张謇在上海成立预备立宪公会，并被推为副会长，从而成为与张謇齐名的清末立宪派的领袖，史称"南汤北张"。预备立宪公会两次上书朝廷，建议迅速召开国会，并在两年内实现"君主立宪"，全国各地纷纷响应，签字上书，赴京请愿，一时竟成"极千古未有之奇观"。此后，汤寿潜作为浙江咨议局局长，代表浙省民众向朝廷条陈《代拟浙人国会请愿书》《代拟条陈疏》《为宪政维新沥陈管见事》等。直至1911年皇族内阁出台，对立宪抱着极大热情的汤寿潜倍感失望，但仍与张謇等联名致电摄政王，要求改组内阁。然而等待回复的汤寿潜，最终等到的是武昌首义的消息。君主立宪走到了尽头，等待他的，是革命与共和。

兴教育实用为务

光绪十八年（1892），汤寿潜考中进士，同榜的还有蔡元培、张元济、叶德辉、唐文治等。然而，有医国之志的汤寿潜，只被授予翰林院庶吉士，任国史馆协修，根本没有参政资格。三年后，汤寿潜终于等来了出任安徽青阳知县的机会，但上任仅三个月，一心想把青阳县治理成大清国模范县的汤寿潜，就发现他在各种潜规则和陷阱面前无处容身，更谈不上实现理想抱负了。见医国之志将成泡影，于是他辞去官职，转而投身教育救国。

光绪二十一年（1895）起，汤寿潜先后担任了金华丽正书院、湖州南浔浔溪书院和上海龙门书院山长。在丽正书院，汤寿潜推行"求实用之学"，并总结数年执教经验，编成《婺学治事文编》。在浔溪书院，汤寿潜大刀阔斧地进行了课程改革，他另筹经费，在院中常课外开设经、史等时务之课，不久又增开声、光、电、化等西学课程，于是书院学风丕变。光绪二十九年（1903），汤寿潜在好友张謇、张元济的力荐下出任上海龙门书院山长，随即把书院改建成近代师范学校。

作为近代教育救国论的积极倡导者，汤寿潜在反思甲午战败时，就意识到"救时之要端在育才"，中国之所以弱小是因为人才缺乏，人才缺乏的原因是教育制度腐朽陈旧，因而"欲开民智，必建学堂；欲图本富，必兴工艺"[1]。后来，汤寿潜协办、独办、筹办了四所师范学校，提出"教育为文明之导师""师范为文明之母"，成为名重一时的"师范教育论"的有力推行者。

汤寿潜亦十分重视小学教育，1904 年，他创设龙门师范附属小学堂，这是他创办的第一所近代新式小学。汤寿潜把小学堂分为初级小学堂和高等小学堂，各四年毕业，在教学内容中增加修身、体操、唱歌、国画、手工、史地及英文等课程。民国初年，汤寿潜按照新式学制在自己家乡创办了山阴县天乐乡大汤坞、欢潭两所完全小学。

多年的实践，让汤寿潜在教育改革上颇有见地和主张。他曾受两江总督刘坤一委托，拟定初、高级小学以及中学课程学制；受任学部咨议官时，提出"振兴教育草案"；还先后两次审阅学部颁发的《国民必读读本》，并就实业教育致函学部，就新政中有关留学、学制问题提出了自己的见解。

在汤寿潜眼中，只有大开民智，速提民气，才可早日实现宪政，对他来说，投身教育，即是参与变法和救国。

1　汤寿潜：《理财百策·供给》，见政协浙江省萧山市委员会文史工作委员会编：《汤寿潜史料专辑》，1993 年，第 347 页。

办实业路潮争权

若论汤寿潜一生中最重要的成就，非领导浙江保路运动莫属。

自光绪二年（1876）英国人修建了中国最早的一条铁路——上海吴淞铁路后，列强就开始染指中国铁路。他们视争夺铁路为夺取势力范围的关键，纷纷以直接投资或借款筑路等方式，把各铁路修筑权纳入囊中，从而引发了各地民众拒款保路风潮。汤寿潜牵头的浙江保路运动以持续时间长、发动范围广和威慑力强而轰动全国。

光绪二十三年（1897），英国向清政府提出要修建苏杭甬铁路，并于第二年由英商怡和洋行与清政府签订了《苏杭甬铁路草约》。中国的路权，凭什么交给外国人？江浙各界人士愤愤不平，拒绝承认合同。如何才能让浙江铁路权不落入英美人手中？主张实业救国的汤寿潜，联合夏曾佑、张元济、严厚信等一批在上海的浙籍士绅商人，提出浙人自办铁路，并于 1905 年 7 月成立了"浙江全省铁路公司"（简称"浙路公司"）。清政府为民情所迫，同意收回自办铁路，批准汤寿潜为公司总理，并授予四品京卿。同时，江苏方面也成立了铁路公司，与浙路公司协造苏杭甬铁路。

汤寿潜此举无疑把自己推到了风口浪尖，他一面承受着来自清政府和英方的重重压力，一面又得动员工商各界公开募股。1906年 5 月，浙路公司筹资 400 多万元，1907 年初已达 2300 万元，几为英国借款的两倍。据传，当时杭州的挑夫、上海的名伶、绍兴的饼师，甚至寺院的僧人、拱宸桥的妓女，莫不以认购路股为荣。

1906 年 11 月，沪杭段铁路在上海和杭州同时开工，苏杭甬铁路建设正式启动。11 月 14 日凌晨，杭城百姓冒着清冽的冷风，等候在凤山门外罗木营。9 点钟光景，汤寿潜按时到来，只见他二话不说，搓搓手，带头举起一把铁锹掘了一抔土，宣告：江墅铁路开工了。江墅铁路是杭州的第一条铁路，也是浙江的第一条铁路，更是大长中国人志气的铁路。

　　老百姓口中，原先江墅铁路的走向并不是如今的样子，汤寿潜原先设想路线是经拱宸桥绕城而过，站址在艮山门。1907年春节，女婿马一浮到汤寿潜处拜年时，看到车站工程图，说："这个设计方案是给日本人造铁路，将车站设在艮山门不妥，有一线通往拱宸桥，而拱墅一带是日本的租界，此举不是有利于日本人吗？"于是，汤寿潜决定把火车中心站建在杭城内，这样更有利于杭城经济和旅游的发展。延伸的铁路支线伸向钱塘江的最狭处，也有利于今后与萧山、绍兴、宁波等地铁路接轨。

◎　江墅铁路遗址公园大门

◎ 江墅铁路纪念碑

然而自建铁路，工程巨大，既无经验，又缺人才，对年逾半百的汤寿潜来说，难度可想而知。他表示，要以"愚公之愚""惟死以报"造好铁路。他主持制定了《奏准商办全浙铁路有限公司章程》，具体规定了企业、行政、财务管理，征地，招股和监督等制度；他带头遵守公司章程，每月考勤；他保证工料出入、营业收支等一切账目清晰无误。那时很多人以为"铁路为利薮，挥股本如泥沙"，汤寿潜负责浙路公司可大捞特捞，可他"甘于自苦"，连薪水都不领，来回沪杭也从不报销路费，亲戚、门生亦必不用，以防私弊。汤寿潜以自己无私的行动树立了榜样，保证了公司制度的落实和工程的顺利进行。

为培养修建铁路的专业人才，汤寿潜一面派学生去日本铁路学堂学习，一面自创铁路学堂。1906 年 8 月，位于杭州谢麻子巷（后迁九曲桥）的杭州铁路学堂开办了，汤寿潜亲任监督，用浙路公司拨款的 14000 元和学费 4000 元，招生 220 名，学习建筑和机器两个专业。1908 年，铁路学堂改为浙江高等工业学堂，学制三年，直至 1912 年停办。

因兴修铁路，还产生了一个附属产品，即浙江兴业银行。彼时民间认购铁路股款达 2300 万元，分存于沪杭 30 多家钱庄，支取十分不便，资金安全也是问题。于是从日本学习经济学回国的蒋抑卮提议，成立自己的铁路银行。汤寿潜对此建议十分赞赏，决定取"振兴实业"之义，成立兴业银行。1907 年 5 月，浙江兴业银行试营业，浙人商办银行自此开始。1914 年，银行收归国有后，开始在杭州羊坝头兴建大楼，并于 1923 年建成，不过此时因业务需要，兴业银行总行迁至上海，杭州的兴业银行成了分行。

1909 年，沪杭铁路正式通车。这条全长 164 公里的铁路，总费用 618 万元，每公里造价只有沪宁铁路（英商出资承建）的三分之一。如果对比一下同时期的其他铁路建设的情况，发现：川路公司前后 8 年间所费 1000 多万元，仅建成铁路数公里；粤路公司从

1906 年到 1908 年耗资 800 万元，筑路仅 45 公里。浙路公司修筑铁路质量之优、造价之省、速度之快，堪称全国民办铁路之最。如今看来，一个知识分子，对国事关心，参与到如此"忘我"程度，令人钦佩！

顺时势就任都督

1911 年 11 月 5 日，杭州光复，但在浙江都督的人选上，同盟会与光复会暗中较劲，最后干脆决定推选一个与双方均无瓜葛的名士出任。此时的汤寿潜，因在浙省立宪运动和路权斗争中的贡献，已被浙人视为爱国和公信的代表，就这样成了担任都督的理想人选。

汤寿潜是一直主张拥护君主立宪的，深受传统观念熏陶的他，即使对清政府彻底失望之际，也不赞成暴力革命，按理是不愿出任都督一职的。确实，他多次婉拒，说革命派"何以强人"，还言及"与卿等异趣，以若所为亦不与也"，道不同不相为谋之意，十分明显。也许那时的他，只想默默地做一名合格的看客，而非倾情投入的演员。但他毕竟放不下曾一力支持他的浙江民众，当说客讲到杭州军民与旗营严重对峙，保路运动中支持汤寿潜的旗营参领贵林放言，汤寿潜若不出面，旗人要与杭州玉石俱焚时，他坐不住了，最终还是从上海赴杭就任了首任浙江都督。

自辞去青阳知县一职，汤寿潜早就立下志愿："不恤一身，为拯民，不取其位。"他辞却官职达 13 次之多，但不得不为官时，定要尽心尽力当个好官。同意出任浙江都督后，汤寿潜对自己期许甚高，他在致友人赵凤昌的信中说：

此次返杭，明知火坑，以杭有旗城，可四五千丁。若一相搏杀，伤必相当。坐见万人将流血，乌能无动？且旧政府已倾，新政府未建，则吾曹同为无国之民，冀力与杭旗和平解决。凡旗城各处，均望风而下，是得免流血，又不止杭地。[1]

汤寿潜希望自己能平息杭城汉人与旗人的相互仇杀，为全国其他城市的光复作出榜样。

一到杭州，汤寿潜就以都督名义与贵林谈判，双方签字和平解决旗营问题，在杭旗兵率军投降，浙江省内其他府县清军得知消息，也放弃抵抗，从而避免了流血事件。随后，汤寿潜宣布免征全省钱粮、厘金一年以减轻百姓负担；派人慰问在杭外国人，争取他们对革命的支持。一系列措施下来，浙江政局迅速稳定。随即，汤寿潜又派朱瑞、吕公望率浙军三千，前往援助南京光复，并致电外省清方军政首脑进行劝降，筹划各省联合政权。此时的汤寿潜，已顺应时势，积极拥护共和。

然而，不到两个月，汤寿潜就发现浙江都督一职，看上去高大上，实则徒具虚名，他手里既无军权，也无财权，单凭声望根本无法指挥浙江军政府，发布的命令也往往是墨迹未干，便成了一张废纸。短暂的迷茫和郁闷之后，汤寿潜觉得既然权力被架空，又有人对自己的位置虎视眈眈，没必要继续"打酱油"了，于是以"老病无用世之心，又无发难之烈"请辞离任了。

修水利造福乡梓

离任回乡的汤寿潜，一心致力于家乡的水利建设。汤寿潜青年时期就对水利特别感兴趣，一个重要的原因，就是他所在的天乐乡

1　汤寿潜：《致赵凤昌函》，见上海社会科学院历史研究所编：《辛亥革命在上海史料选辑》，上海人民出版社，2011年，第949页。

大汤坞村，毗邻浦阳江，旧时浦阳江洪灾不断，素有"小黄河"之称，当地民众在水患中吃尽了苦头。汤寿潜翻阅了当地近400年的史料，发现水患主要由截流修筑麻溪坝引起，于是仔细研究了明人刘宗周的《麻溪坝水利图议》和《沉冤纪略》，分析保坝、废坝的不同后果，希望有朝一日能为家乡解决难题。后来他奔走南北各地时，一有机会，就调查水利，途中"每尖宿（打尖住宿）时必觅老民与河工，与上下其议论"，即使被人厌烦亦在所不顾。

光绪十二年（1886）七月，汤寿潜经人推荐，去拜见山东巡抚张曜。正遇张曜外出，汤寿潜在与幕僚闲谈时，得知张曜正督办河工，以分流法治理黄河，不以为然。于是，对水利颇有研究的汤寿潜，特意写了《分河》一文请幕僚转交张曜。张曜读了文中治河"探源之策三、救急之策三、持久之策三"，如获至宝，马上请汤寿潜入幕。此后，汤寿潜接连又写了《东河》和《北河》等文章，详细分析了治河之法。张曜见采用汤法治河效果极佳，便写信将经验介绍给河南巡抚倪豹琴，用于治理郑州河工。

晚年退隐家乡后，汤寿潜一直住在临浦五间房，早年的梦想依旧清晰：为家乡百姓解决麻溪坝问题。多年的人生阅历，主持浙路的经验，使他终于设计出了一套两全其美的方案，即改坝为桥。接下来就是利用自己的声望和人脉实地解决问题了。

1911年8月，汤寿潜会同麻溪坝外天乐乡自治会，向浙江省议会提出"废麻溪坝案"；1912年11月，又上呈"废麻溪坝"（改坝为桥）陈情书，以获取政府支持。同时，为打消当地民众的疑虑，汤寿潜说服乡绅汤侯，发表《告坝内父老书》。1914年，麻溪坝成功改坝为桥，困扰民众400多年的水患彻底解决。为感谢汤寿潜所做的一切，时人特作《忆汤寿潜》一诗：

乱世纷纭自超然，不为飞仙为蛰仙。
麻溪改坝回天乐，水祸根除四百年。

1917 年 6 月，汤寿潜病逝于萧山家中，好友滕春煊想把位于桐庐阳山畈的私产田地赠送给其家人作为墓地。但清廉一世的汤寿潜临终留下遗言"竞利固属小人，贪名亦非佳士"，于是家人拒绝了滕春煊的好意，用市价买下了阳山畈的墓地。

第八章

书香依旧是紫阳

顺应潮流，走向学堂
门庭犹在，书声依旧

历史的车轮一进入 20 世纪，中国教育就迎来了一次除旧布新的大变革。光绪二十七年（1901），清政府明令推行书院改制政策，全国各地掀起了书院改学堂的热潮，杭州的书院闻风而动，先后有 17 所书院成功改制。紫阳书院在经历近 200 年的风雨沧桑后，亦结束了历史使命，于光绪二十八年（1902）改办成杭州第一所官办小学——仁和县学堂，实现了传统教育向现代教育的转变。从清末至民国，从民国到新中国，这所一直坚持原址办学的小学堂几易其名，最终演绎成现在的紫阳小学。如今，在这里读书的，早已不是昔日求取功名的生徒，而是紫阳小学一群天真活泼的孩子。紫阳书院流淌的人文血脉，蕴含的基本精神，在紫阳小学的校园中流传，激励着师生们志存高远，勤奋笃学。

顺应潮流，走向学堂

　　光绪二十七年（1901）八月初二，清政府一道谕令下达各省，要求书院都改为学堂，除京师已设大学堂切实整顿外，指示所有书院"于省城均改设大学堂，各府及直隶州均改设中学堂，各州县均改设小学堂"[1]。紫阳书院为仁和县属书院，得到消息的山长王同，见改制已是定势，遂采取积极主动的姿态，上报知县萧治辉，希望按照规定，早日将书院改为小学堂。

　　朝廷想改书院为学堂，对大家来说已经不是新鲜事了。早在洋务运动时期，郑观应就在《盛世危言》中提出过这样的建议：各地书院"莫若仍其制而扩充之，仿照泰西程式，稍为变通"。这里的"泰西"，指的就是西欧国家，"仿照泰西程式"，即把书院变通成西式学堂。只是郑观应改制书院的想法，直到光绪二十年（1894）《盛世危言》刊行才被世人知晓。

　　参照西方学堂改革书院的思路，杭城的官民最早是从汤寿潜那里了解的。光绪十六年（1890），汤寿潜在《危言》一书中，倡议仿效西方教育"厘整书院"：

　　夫二十三行省书院何啻以千计，一书院储才者数十人，千书院可储才者数万人，而群索其骏，而类拔其尤，将取之不胜取，用之不胜用，虽驱驾风霆、踵达夷长不难矣。[2]

1　《改书院为学堂上谕》，见陈谷嘉、邓洪波主编：《中国书院史资料》下册，浙江教育出版社，1998年，第2489页。
2　汤震：《危言·书院》，见陈谷嘉、邓洪波主编：《中国书院史资料》下册，浙江教育出版社，1998年，第1963页。

汤寿潜在《危言·书院》中提出，中国贫困受欺的根源在于人才贫困，而人才贫困的根源又在于弊病百出的人才培养制度。因此，必须按照西式学堂改革书院，培养符合时代需要的新式人才。

同样主张变革书院的还有宋恕，他在《六斋卑议》中认为在八股取士制度下，培育人才的书院皆成了八股取士制度的附庸，成了禁锢人才、误人聪明的工具，并提出仿效西方建立师范、外文等学校和进行普及教育等改革倡议。

汤寿潜和宋恕曾是诂经精舍的高才生，也是浙江颇具影响力的维新思想家，他们的言论，必然会影响到杭城官民对书院改学堂的认同。

光绪二十四年（1898），改制书院的设想因为百日维新的到来进入了实质性轨道。这年的五月二十二日（公历 7 月 10 日），光绪帝下诏启动书院改学堂方案，要求全国几千所书院在两个月内改为兼习中学和西学的新式学堂。其实杭州改书院为学堂的项目，在一年前就已经启动。时任浙江巡抚的廖寿丰和杭州知府林启都是颇具超前眼光的开明官员，到任后见杭州各书院空谈义理，沉溺词章，已经无法适应教育救国的时代需要，于是由林启起草了一份奏折，经廖寿丰修改后上呈朝廷，这就是《奏为浙江省城专设书院兼课中西实学恭折》。廖寿丰在奏折中说道：

> 查浙江杭州省城旧有敷文、崇文、紫阳、学海、诂经、东城书院六所，今方以制艺取士，势难骤为更张，另设则无此经费。惟有酌筹改并，因势倡导，择庠序有志之士，奖进而培植之，庶趋向端而成就易……[1]

1　张鉴：《诂经精舍志初稿》，见王国平主编：《西湖文献集成》第 20 册，杭州出版社，2004 年，第 705 页。

廖寿丰在奏折中向皇帝陈述了培养实学人才的重要性，介绍了欧美各国的办学方式，认为有必要在杭州建立一所施行西式教育的新学校。然而要改变杭州城里原有的紫阳、敷文等六所书院的教学内容和教学模式难度实在太大，另设一所新式学堂则每年至少需要5000两白银，这笔开支政府无处筹集，只能开源节流，裁减六所书院原先拨款，改并成兼课中西实学的求是书院。

光绪二十三年（1897）正月，求是书院几经周折，得以创立。当光绪帝改书院为学堂诏令下达后，廖寿丰随即在求是书院设立筹备处，落实紫阳等书院的改制事项。然而诏令的要求本就过于激进，没有充分的酝酿和准备，就想在短期内把几所书院改办成学堂，谈何容易？随着百日维新的结束，正穷于应付的杭州书院改制计划也只能草草收场。

光绪二十七年（1901），书院改制作为朝廷"新政"的重要内容在全国迅速推广，杭州各级官员不甘落后，第一时间制定各书院改制方案，并上报朝廷。光绪二十八年（1902）正月初七，浙江巡抚任道镕在奏折中这样规划杭州书院改学堂的计划：

以求是书院改为省城大学堂，养正书院改为杭州府中学堂；又以崇文、紫阳两书院改设钱塘、仁和两县小学堂，整旧从新，另立规制。现因经费支绌，学生额数，大学堂先定一百二十名，中学堂一百名，小学堂五十名，均取身家清白、年岁合格者，由地方绅董保送考选充定，于来年正月间一律开办。[1]

奏折中设计了未来杭州完整的初、中、高现代教育体系，求是书院将改为省级大学堂，紫阳、崇文书院分别改为仁和县小学堂和

---

1 《浙抚任道镕奏陈改设学堂办理情形折》，见陈谷嘉、邓洪波主编：《中国书院史资料》下册，浙江教育出版社，1998年，第 2497 页。

钱塘县小学堂，养正书院（正式名为养正学塾）改为杭州府属中学堂。

按照计划，所有书院将在光绪二十九年（1903）正月完成改制，紫阳书院在山长王同和知县萧治辉的努力下，在1902年就率先改办成小学堂并对外招生。

萧治辉，字蕴斋，广西临桂人，举人，在浙江各地任职逾20年，分别担任过黄岩、富阳、金华、临海、於潜、仁和、钱塘知县，以及杭州同知、定海厅同知等职。萧治辉虽是举人出身，但精于吏治，断案如神，官声极佳。据传，萧治辉断案时总是保持亲切随和的形象，既不坐堂，也不冠带，而是手持一柄烟管，于笑谈问答之间化解双方纠纷。在当地百姓心中，他不像是威严的知县，更像是一位调解矛盾的"老娘舅"，其体恤民情之心可见一斑。光绪《富阳县志》就记载：富阳"洋涨沙"乡，因水患严重，民众聚集县衙要求赈济，当地官员采取强硬措施，请杭州府派兵镇压，搞得百姓四处逃散。萧治辉到任后，亲赴乡间调查，发现民众的确生活难以维系，于是发告示召集百姓回乡，并严厉约束差役，称"取其一草一木者，罪无赦"，一场即将爆发的社会危机迅速化解。

萧治辉极为重视文教，曾组织编纂《仁和县志稿》，对紫阳书院改制一事也十分积极。光绪二十八年（1902）五月二十八日，经过紧张的筹措，仁和县学堂成立了。学堂继承了紫阳书院的校舍和师资，由原山长王同出任第一任总理（堂长），萧治辉还将每年官方提供给书院的6200余元经费也原封不动地下拨至新学堂。杭州最早的官办小学堂就这样在全国书院改制潮流中诞生了。

门庭犹在，书声依旧

经过 20 世纪初的改制，书院从制度层面退出了历史舞台，新式学堂纷纷成立。但一个新的问题摆在了地方官员和学堂负责人面前，那就是如何实现朝廷要求的"讲求实学，成德达才"培养目标，这在当时几乎是一个无章可循的难题。不少书院只是换了一块学堂的招牌，继续实施着旧书院的一切。直到光绪三十年（1904）《奏定学堂章程》公布后，情况才得以改观。

《奏定学堂章程》，又称"癸卯学制"，这是中国历史上第一个由朝廷正式颁布，并在全国范围内实际推行的学制。学制主系列分为初等教育、中等教育和高等教育，其中初等教育分为蒙学堂四年、初等小学堂五年和高等小学堂四年，并要求设置讲经、中文、算术、历史、地理、格致等课程。无论从学习时间还是课程设置等方面看，"癸卯学制"已比较接近近代学科体制，在清末为新式学堂的发展提供了较为科学的指导。

此时的仁和县学堂，因王同去世，总理一职改由其长子王寿抟担任。

王寿抟（1857—1925），字子庆，号南庵，光绪二十三年（1897）举人，曾任官江西奉新知县，光绪十四年（1888）至十七年（1891）还担任过文澜阁书库董事。

新成立的仁和县学堂，为了鼓励学子们入学，不仅学费全免，每人每月还有两元四角的膳食补助。首批 133 名学生招齐后，王寿抟根据学制要求，在小学堂推行班级授课制，将学生分成四个班级，并规定完成四年学业，考试合格即可毕业。按《奏定学堂章程》要求，教师须由师范学堂毕业生充当，但当时很难找到符合条件的教师，也就变通办理了，连课程的开设也受师资条件的限制，只设立了国文、算学、英语课。不过，管理和后勤人员倒是远比紫阳书院时多，包括总稽察、内稽察、外稽察、收支、庶务共 5 名驻堂办事人员和 14 名杂役仆人。

清末民初，正是中学与西学、新学与旧学汇合交错的时期，教育变革十分频繁，仁和县学堂也经历了多次变迁。光绪三十二年（1906）六月，由崇文书院改办的钱塘县学堂迁入太庙巷，与仁和县学堂合并成仁钱县学堂。谁知仅半年时间，因完善杭州初等、高等小学堂体系的需求，光绪三十三年（1907）正月，仁钱县学堂又重新分成两所，原钱塘县学堂迁离，留在原地办学的仁和县学堂，更名为仁和县高等小学堂，并由藩司每年拨款 5000 元作为办学经费。

为更好地解决生源问题，光绪三十四年（1908）开始，仁和县高等小学堂按政府要求，接办了仁和县初等小学堂。初等小学堂分两个区：第一区在欢乐巷（后迁瑞石亭），有甲乙两个教学班，学生共 56 名，经费每年 650 元；第二区在保安桥（后移至严衙），有学生 27 名，经费 600 元。

此后半个多世纪的岁月里，因政权更替，教育制度变革，学堂经历了多次改并，校名也几经变更。民国成立后，临时政府教育部公布了《普通教育暂行办法》，规定学堂一律改称学校，彼时仁和、钱塘两县已合并为杭县，因此仁和县高等小学堂便改称为杭县县立第一高等小学校。1923 年 8 月，该校与杭县第一国民学校（原仁和县第一初等小学堂）合并，成立杭县县立第一小学校。1927 年 8 月，杭州市国民政府接管学校后，又改称杭州市立城区第一小学校。1931 年春，政府要求原来按数字排列命名的各小学，均改为以地名命名，于是学校又改为太庙巷小学。抗战期间，杭州各学校多迁避他乡，太庙巷小学也停办，校舍、校具遭严重破坏，仅留西院部分，情况凄惨。学校还一度成为银行家金润泉先生领导的慈善机构，杭州市红十字会安置伤病员的所在地和沦陷时期逃难百姓的避难所。抗战胜利后学校才恢复教学，改名为太庙巷中心国民学校。

从书院到学堂，孙衣言的后人一直关注着学校的变革。1907年11月某日，刚刚出任浙江教育总会副会长的孙诒让就来到了仁和县高等小学堂。孙诒让之父孙衣言就任紫阳书院时，孙诒让曾随父居于院内。如今，孙诒让已是花甲之年，故地重游，倍感亲切。他驻足在景徽堂门口良久，回忆着父亲一手戒尺，一手书卷，吟咏着章句的样子。回想自己在书院点校《白虎通校补》和《广韵姓氏刊误》的日日夜夜，他感慨不已：

> 弱冠趋庭梦影中，先人讲席久尘封。
> 卅年剩有孤儿泪，重到吴山作寓公。

他更对当前新教育满怀期望，希望能有所作为：

> 学界飞腾万少年，故乡兰芷更翘然。
> 镜中短鬓都成雪，合向西湖酌冷泉。

1936年11月，孙诒让之子孙延钊，携带家中所存几十册紫阳书院课艺集到杭州参加浙江文献展览会，见陈列的《杭州府志·学校门》中，有敷文、崇文书院和诂经精舍的介绍，而唯独没有紫阳书院的相关内容。此时同乡张崟刚编写了《诂经精舍志》，于是孙延钊决定以展览会上所见王同的《杭州三书院纪略》和丁丙的《武林坊巷志》为依据，撰写紫阳书院志书。为此，他于第二年4月，约上杭县督学吴崖青，专程前往太庙巷小学参观。时任校长的郑兆麟向他们一一介绍流传的紫阳书院十二景、十六景，又详细介绍书院发展成太庙巷小学的历史。孙延钊在学校山上教室旁的石壁上，发现了祖父孙衣言所撰《紫阳书院景徽堂记》碑，摩挲良久，兴奋之余，手拓数纸。后来，孙延钊写成《浙江紫阳书院掌故征存录》，对紫阳书院的创设、沿革、人物、艺文等一一介绍，并发表于《浙江省通志馆馆刊》。紫阳书院在改制30多年后，终于有了专门的资料记载其历史。

新中国成立后，太庙巷小学改名为杭州市上城区第四中心小学。1952年鼓楼以南划归江干区，学校也于次年改称为江干区第一中心小学。1958年，邻近的白马庙巷小学与之合并，诞生了如今的紫阳小学。

从紫阳书院到紫阳小学，弦歌未辍，校址不变，这在中国教育发展史上是不多见的。更巧合的是，书院重回读书人视野并呈燎原复兴之势时，紫阳书院的珍贵文物面世了。2001年春，紫阳小学翻建新校舍时，在紫阳书院原址发掘出一只刻有"紫阳书院"四字

◎ 紫阳山上的紫阳书院刻石

的祭祀石香炉，为全国所罕见，引起了中央电视台和省市有关媒体的关注，湖南大学岳麓书院的邓洪波教授还专程前来考察。300多年前的这所书院由此再次引起了人们的热议，紫阳书院文化也在2008年被列入上城区第二批非物质文化遗产名录。

如今，除了紫阳山上一块当年的"紫阳书院"刻石，以不变的姿态，一如既往地述说当年书院的兴盛，漫步在紫阳小学，到处可见紫阳书院的遗迹，感受紫阳书院的遗风。"观澜楼""景徽堂""凌虚阁"等古名，均用来命名紫阳小学新建的教学楼等建筑。景徽堂东面的围墙上，悬挂着一块块整齐有序的诗匾，形成了长7米、高2米的"藏诗墙"，墙上刻有99首古诗，都是紫阳书院存续期间流传的佳作，吸引着师生驻足观赏。而为了推动书院文化与校园文化的深度融合，紫阳小学将99首藏诗中的12首，编成朗朗上口的曲目吟唱，并纳入"古韵新唱"拓展课程。师生共同上演的穿越情

◎ 紫阳小学藏诗墙

景剧"茶香紫阳山"，以"为老师奉上一盏清茶"为引子，以茶为媒介，让紫阳书院山长龚自珍来到紫阳小学，与同学们共享博大精深的茶文化，培养学生用心品茶、用心生活的人生态度。

我们已经不可能寻访到历史上真正的紫阳书院了，但谁又能否定我们已经找到它了呢?

紫
阳
书
院

第九章
紫阳书院问朱子

一代大儒，情系书院
同名同源，奇特一景

明正德十四年（1519），徽州知府张芹在歙县紫阳山上新建了一座紫阳书院。张芹，就是那个弹劾了当朝首辅李东阳而被天下人知晓的张御史，后来他还出任过杭州知府和浙江海道副使。彼时，歙县城中已有一处紫阳书院，因南宋理宗皇帝亲洒宸翰、颁赐匾额而名扬天下，怎么还要再建一座？一时间，人们一头雾水，不明就里。原来，张芹认为紫阳书院的院址不在紫阳山，义不相称，从而缺了些文脉，只有在紫阳山上建紫阳书院，才是"兹山兹院，名斯称，神斯妥"，得以实现书院于其山、称其名。于是，歙县便出现了紫阳书院"两院并兴"的局面。

歙县一地竟有两处紫阳书院，倒也是有些奇特。其实，书院史上更为奇特的现象，就是自南宋至清末全国出现了几十所为纪念和祭祀朱熹，以"紫阳"命名的书院。

一代大儒，情系书院

南宋理学大儒朱熹，一生都与书院有解不开的情缘。

说起朱熹与书院结缘，还得追溯到其父朱松那里。朱松在任官时，就曾创办和讲学于书院：他在福建南平政和县县尉任上，创办了云根书院、星溪书院；在泉州安海石井镇就任监税官时，讲二程理学于鳌头精舍。

建炎四年九月十四日（1130 年 10 月 17 日），朱松正寓居在南剑州尤溪的南溪书院授徒讲学。据传，这天南溪书院前的文山与背后的公山同时起火，火势各成篆书"文""公"二字，朱松看到这场奇火，兴奋地说："天降祥瑞，必有所印，此喜火祥兆也！"结果，第二天中午朱熹出生了，朱松便根据这场火，将"喜"与"火"二字组合，为孩子取名"熹"。

出生于南溪书院的朱熹，也在这里度过了一段美好的童年。朱松讲学之余，常带朱熹在院中游玩。一日，朱松牵着朱熹的手在书院散步，抬头望见湛蓝的天，顺口告诉朱熹说："此天也。"可朱熹却问了一句令朱松意想不到的话："天之上又是何物？"这是一个朱松从未想过的问题，他震惊之下，却也无言以对。可见，年幼的朱熹已是一个具有强烈求知欲的人。后来，"朱熹问天"之事被载入《宋史》本传，而如今在尤溪，这依然是大人们热衷于向小孩讲述的故事。

朱松去世后，少年朱熹奉父遗命，赴崇安五夫里投奔朱松同门好友刘子翚、刘勉之、胡宪等人，跟随几人从学于五夫里的屏山书院、兴贤书院、崇安水帘讲堂、建阳刘氏端樟书院。

朱熹所处的时代，佛道盛行，儒学独尊地位被打破，官学教育有名无实，这让以"传道济民，敦励民风"为己任的朱熹忧心忡忡。于是朱熹便以书院为传播其理学思想的基地，或创建、修复书院，或与书院师生讲论学术，或受聘到书院讲学，或为书院撰记、题诗、题额，与他相关的书院逾60所，遍及福建、安徽、浙江、江西、湖南等地。

绍兴二十三年（1153）七月，朱熹任福建泉州同安主簿，协助知县管理簿书、赋税和教育。朱熹到任后不久即创办了同安"教思堂"和金门燕南书院。"教思堂"分设志道、据德、依仁、游艺四斋，并祭祀北宋丞相同安人苏颂。朱熹去世后，"教思堂"被改建为朱文公祠，到元至正年间，由惠宗皇帝亲自命名为大同书院。燕南书院设于厦门对面的金门岛，朱熹在此弘扬礼教，培育人才。仅南宋年间，燕南书院就有六位生徒考中进士，一时金门被誉为"海滨邹鲁"。乾隆四十五年（1780），岛上居民感念朱熹，集资在原书院内建立"朱子祠"。

乾道五年（1169）九月，朱熹母亲祝夫人病逝。第二年，朱熹葬母于福建南平建阳寒泉坞，在墓旁构筑寒泉精舍读书守孝，开始了长达十年隐居寒泉、遁迹云谷的日子。尽管精舍规模狭小、条件简陋，朱熹却在此著述论道、以文会友，过得颇为惬意，他曾作诗"静有山水乐，而无身世忧。著书俟来哲，补过希前修"描述自己的生活。淳熙二年（1175）四月，与朱熹、张栻并称为"东南三贤"的浙江学者吕祖谦，不远千里来访，与朱熹一起研读了"四君子之全书"，两人取书中精华，共同呕心沥血，精心地选录诠释，编成了儒学巨著《近思录》。此外，朱熹在这里，先后完成了《资治通鉴纲目》《伊洛渊源录》《论语集注》《孟子集注》《论语或问》《孟子或问》等20余本著作，也培养了许升、范念德、黄干、刘清之等20余位门人。

淳熙二年（1175）七月，朱熹因寒泉精舍与故居五夫潭溪相距百余里，往来不便，在路途中间的崇泰里庐峰之巅云谷，构建了三间草堂，作为栖息著述讲学之所，取名"晦庵"。弟子蔡元定、刘爚、刘炳、廖德明、刘纯叟、吴公济等也相继至此就学。蔡元定还在崇泰里的西山建"西山精舍"，与"晦庵草堂"遥相对望。"精舍"与"草堂"都建了灯台，晚上悬灯相望，若灯明则无事，灯暗则说明学问有疑难，次日往来切磋研讨。灯火可以这样用，倒也是别有新意。云谷晦庵于元季倾圮，明成化十七年（1481），朱熹九世孙朱格重建草堂并更名为"云谷书院"。

淳熙九年（1182）七月，朱熹在浙江提举任上弹劾贪官唐仲友，遭朝廷奸臣排挤，无奈辞官归隐武夷山五曲隐屏峰。他亲自规划和营建了"武夷精舍"，在此著述讲学八年，时人称精舍为"武夷之巨观"。绍熙三年（1192），朱熹举家迁至建阳，在考亭建"竹林精舍"，聚众讲学。寒泉、云谷、武夷等各处弟子又追随朱熹就学于此，四方学子也负笈而来，门人多达 214 人，形成历史上著名的"考亭学派"。朱熹扩建竹林精舍并更名为"沧州精舍"。朱熹在此度过了人生最后的时光，完成了《孟子要略》《韩文考异》《书集传》《楚辞集注》等著作，最后殁于精舍。淳祐四年（1244），宋理宗将精舍改名"考亭书院"并御书匾额；康熙四十四年（1705），康熙御书"大儒世泽"匾额，又赐以"诚意正心，阐邹鲁之实学；主敬穷理，绍濂洛之心传"对联，考亭书院一时名重天下。可惜，盛极一时的书院后来毁于大火，遗址如今已建成水库。

朱熹不仅创建了六所书院，"四大书院"中的白鹿洞书院和岳麓书院，也因他而得以复兴。在白鹿洞书院，朱熹建院舍、置学田、聚图书、立学规，请吕祖谦撰写《白鹿洞书院记》，自己则留下著名的《白鹿洞书院讲义》，使沉寂多年的白鹿洞书院被时人赞为"天下书院之首"。在岳麓书院，朱熹与张栻在长达两个月的时间里共研太极之理，论道《中庸之义》，曾三个昼夜不歇，闻者咸来，"一时舆马之众，饮池水立涸"，前来听者众多，所骑的马把山门前饮水池中的水都喝干了。后来朱熹出任湖南安抚使，知潭州，为岳麓书院扩建屋舍，招募名师，把《四书集注》作为教材，把《白鹿洞规条》作为学规，亲自讲学书院，听者云集。岳麓书院"道林三百众，书院一千徒"之名由此而来。

朱熹讲学或撰记、题诗、题额的书院更是不胜枚举。朱熹与心学大师陆九龄、陆九渊在江西铅山县鹅湖寺辩论学术，造就了鹅湖书院；朱熹讲学福建泉州安海鳌头精舍，精舍扩建为石井书院，安海也被称为"闽学开宗"之地。可以说，朱熹行迹所至，必会关照当地书院，仅浙江一省，朱熹就讲学于绍兴稽山书院、上虞月林书院、嵊县鹿门书院、永康五峰书院、浦江月泉书堂、衢州梅岩精舍、东阳石门书院；开化听雨轩（包山书院）、衢州明正书院、江山逸平书院（南塘书院）、建德丽泽书院、淳安双桂书院（瀛山书院），均为朱熹"过化之区"；在黄岩杜家村与杜氏诸学者讲论学问，有了樊川书院；访仙居，与堂主蒋应雷共建鉴玉堂书院；其他如湖州长春书院、临海溪山第一书院、乐清艺堂书院（宗晦书院）、平阳会邱书院、青田石门书院、缙云独峰书院、松阳明善书院，皆与朱熹息息相关。

我想，在书院发展史上，能与如此众多书院结下不解之缘的，朱熹当属第一人。他生于书院，长于书院，最后殁于书院，一生与书院相伴，书院是他研究学术、潜心著述的场所，也是他传播理学、培养人才的基地。一代理学大儒，亦是书院大师！

第
九
章
、
紫
阳
书
院
问
朱
子

同名同源，奇特一景

朱熹去世后，为传播其理学思想，纪念他在书院建设中厥功甚伟，一大批书院应运而生，这些书院无论规模大小，人数多寡，都崇祀朱子，皆以"紫阳"命名。那么，全国到底有多少所紫阳书院？白新良在《中国古代书院发展史》中所记为 27 所；朱汉民《中国书院史》中提及的有 28 所；张劲松对南宋至清末的紫阳书院作了专门统计，确定历史上以"紫阳"命名的书院不少于 37 所。这些书院，从时间分布看，多建于明清时期，其中明朝有 11 所，清朝所建 20 所；从地域分布看，则以浙江、福建最多，各有 10 所，其次为江西，共有 6 所，另外安徽、湖南各有 2 所，河南、陕西、贵州、江苏、湖北、山西各 1 所。[1]

为何紫阳书院多集中在浙江、福建、江西几省，这恐怕与朱熹生前行迹及朱子文化传播有一定关系。学者吴景贤很早就关注到这点，他说："紫阳学术，既为世所重，故后世之创立书院，遂多以祠祀紫阳先贤，阐扬紫阳之学为其宗旨，凡朱子诵习游过之地，无不立有书院以标榜之。此种现象，尤以皖闽苏浙，最为显著。"[2]这种说法是符合实际情况的。以浙江为例，朱熹在浙江有三次任官经历，其间与浙江学者交往甚密。他在兰溪访范浚，过衢州访张嵲，游江山见诗人李处权，上湖州谒尹焞门人徐度，经台州到黄岩访谢伋，在婺州与吕祖谦讲论学问，还巡历至仙居、缙云、处州、松阳、遂昌、常山、桐庐、兰溪等地；因而朱子在浙江门人众多，学术传

---

1 张劲松：《论紫阳书院的分布》，《地方文化研究》，2017 年第 1 期。

2 吴景贤：《紫阳书院沿革考》，《学风》，1934 年第 7 期。

播很广，紫阳书院也数量较多，除杭州紫阳书院外，尚有丽水紫阳书院、黄岩紫阳书院、舟山紫阳书院、义乌紫阳书院、松阳紫阳书院、建德紫阳书院、兰溪紫阳书院等。

仔细了解这些紫阳书院，你会发现，它们的名称多有变化：杭州紫阳书院曾名紫阳别墅；婺源紫阳书院曾名晦庵书院；汉口紫阳书院，立项动工时其实定名为新安书院；朱熹创办的武夷精舍，在他去世后才易名紫阳书院。你还会发现，这三十几所紫阳书院，基本涵盖了中国书院的主流形态，如：杭州、苏州、徽州紫阳书院，均以讲学会文为主；黄岩、松阳、漳州紫阳书院，则基本没有教学活动，主要是祭祀朱子的祠宇；樟树、镇远紫阳书院，不仅是儒家讲堂，也是道家宫观，体现了中国书院文化儒、道、释相融的特色；景德镇、兰溪、汉口紫阳书院，都是客寓他乡的徽商所建，实现了书院与会馆的合体。这些紫阳书院的存在，恰恰真实反映了中国书院文化的丰富与多样。

且与读者说说最有代表性的几所紫阳书院。

朱子故里，创建最早：徽州紫阳书院

虽然 21 岁才回到歙县祭祖，一生也仅三次回到徽州，但朱熹一直念念不忘父母之乡，徽州人也始终以朱熹为荣。朱熹去世后，徽州人便将他祀之于学。先是嘉定元年（1208），郡太守在学宫内建成晦庵祠堂，彼时"伪学逆党之禁"尚未松弛，此举可谓冒天下之大不韪，徽州人尊崇朱熹之心可见一斑。嘉定七年（1214），郡守赵师端又在郡学讲堂之北建朱文公祠。到淳祐六年（1246），郡守韩补，在城南门外临河并面向紫阳山的地方，特建书院以祀朱熹，得到了宋理宗御书"紫阳书院"匾额。这是历史上第一所紫阳书院，也是徽州地区规模最大的书院，史称徽州紫阳书院。

有了理宗皇帝御题"紫阳书院"匾额，紫阳书院很快被视为徽州理学的中心。特别是咸淳五年（1269）宋度宗下诏，定朱熹故里为"阙里"，要求按照祭祀孔子的规格祭祀朱熹后，紫阳书院地位也水涨船高，大批朱熹门人和推崇朱子之学的学者讲学其间。尽管南宋灭亡后，紫阳书院也随之消亡，但崇敬朱熹的徽州人很快于元初在城南门内重建了书院，吸引了汪一龙、曹泾等名士到院讲学。

明朝，官方更是高度重视紫阳书院，不但由郡守兼管，地方官员还常常亲自前往授课，尤其是正德年间的两位知府熊桂和张芹，在徽州紫阳书院发展中起过重要作用。正德五年（1510），熊桂就任徽州知府，见紫阳书院规模过小，便买下旁边佛寺用地，历时两年，重建书院，命人把宋理宗的"紫阳书院"题字、白鹿洞学规，都刻石砌于书院屋壁。重建后的紫阳书院焕然一新，熊桂又亲自主讲，肄业生徒几十人，生徒中唐皋还考中了状元。前面提到的张芹则成就了紫阳书院"两院并兴"的佳话。

彼时，紫阳书院已形成了完整的讲会和塾讲制度。所谓讲会，即由两位及以上的学者共同讲学论道；塾讲，则是紫阳讲会的补充，由徽州六邑塾师，在每年学塾放假时轮流到紫阳书院参与讲会，以提高理学造诣和教学水平。紫阳书院通过《紫阳规约》《紫阳讲堂会约》，把讲会和塾讲制度正规化和常态化，将徽州各书院、义学、私塾联结成一个理学教育网络。明朝实行讲会的书院，基本是传播王阳明心学思想的，徽州紫阳书院算是一个特例。即使抨击朱熹"即物穷理"思想，批判众多书院一味传播程朱理学的王阳明，也对徽州紫阳书院赞誉有加，还为书院作有《紫阳书院集序》。

清朝，徽州紫阳书院迎来了历史上最辉煌的时期。康熙、乾隆先后御题"学达性天""道脉薪传"两匾额。乾隆五十二年（1787），邑人曹文埴因年老辞官返乡，见城内的紫阳书院年久失修，一片残垣颓壁，便组织绅商重建书院。曹文埴是雄村人，乾隆二十五年（1760）进士，曾在翰林院给皇子讲课，还历任刑部、兵部、工部、户部侍郎，担任过《四库全书》总编。由他出面，自然是一呼百应，徽商们纷纷捐资，其中著名徽州盐商鲍志道，个人就捐银 3000 两。

乾隆五十五年（1790），重建后的紫阳书院焕然一新，规模远超从前，曹文埴将其命名为"古紫阳书院"。乾隆五十九年（1794），鲍志道再次捐银 8000 两，由徽州府官员借贷给扬州商人，按每月收一分利息，每年得银 960 两，分两次拨给紫阳两院。于是徽州紫阳再现两院并兴局面。

有了充足的经费，书院重振徽州习儒讲学之风，桐城派散文大家姚鼐、婺源学者江永、浙江淳安学者方桀如，以及唐仲实、胡肃、施璜等学者都曾主讲于此。直到太平军战乱，紫阳两书院均遭兵燹，此后筹工局拨款重修了古紫阳书院，两紫阳也合并为一。

光绪三十三年（1907），徽州紫阳书院完成了它 660 余年的

◎ 乾隆五十五年曹文埴等
重建古紫阳书院所立石坊

发展历程，被改为校士馆，后来在原址上办起了紫阳师范学堂，如今又成了歙县中学。岁月流转间，山门坊、三元坊、下马碑、泮水桥、文公泉等历史建筑，依然守望在书院原址，而守正创新、兴文重教、化育乡风的书院精神则融入徽州文化的血脉得以代代传承。

盐商所建，合体会馆：汉口紫阳书院

对在外经商的徽州人而言，朱熹是地域与乡土认同的文化名片，书院是他们联系客居异地徽州官员、士人、商贾的纽带，于是他们颇有创意地在寓居之地建起紫阳书院，作为子弟读书之处和联络桑梓情谊的场所，实现了书院和会馆的联合，浙江兰溪紫阳书院（亦称新安会馆）、江西景德镇紫阳书院（也称婺源会馆）皆是如此，而最出名的，自然是汉口紫阳书院了。

汉口紫阳书院，始称新安书院，也称新安文会、文公书院、徽州会馆，位于循礼坊，在汉口蔚为巨观。它实际上是一个宏伟壮丽的庞大建筑群，有尊道堂、六水讲堂、主敬堂、愿学轩、宴射轩、致一斋、近圣居、御书楼、藏书阁、魁星阁、文昌阁、玉皇殿、朱子祠、报功祠、始建祠、准提庵、紫阳坊等。这些建筑位于徽商云集的新安街北端，街上专门建有几十栋房屋用来出租，取其租金作为书院祭祀经费，南面汉江边还有独立的新安码头。如此宏大的书院建筑，还建在城市中心汉正街附近，足见当时汉口徽商的财力与地位。确实，它是徽商在侨寓地所建规模最为宏大的一所书院，乾隆时期徽州学者王恩注，行走在徽商寓居的各个城市，说："我徽士侨居远方，所在建祠以祀朱子，而唯汉镇最巨。"

汉口紫阳书院主要建筑中，以藏书阁、御书楼和魁星阁最为出名。

御书楼，建在寝室之上，气势高雄，楼内供奉有康熙皇帝亲笔御书的"朱子六言诗"御碑，诗文曰：

春晓云山烟树，炎天雨瑿风林。
江阁月临静夜，溪桥雪拥寒襟。

诗是康熙四十一年（1702）十二月二十四日皇帝赐给湖北学政潘宗洛的，四十五年（1706）三月初一刻碑立于楼上。汉口紫阳书院自从有了这块御碑，在地方官心目中的地位就不一样了，此后历任湖广总督，湖北巡抚、藩台、臬台、学台，汉阳知府、知县等大小官员，到任第一件事就是坐船过汉口到新安书院御书楼拜康熙皇帝的御书碑，并给书院生徒讲学。

藏书阁作为"良士之苗畲"，装潢华丽，为时人所称道。徽人查景墦在《紫阳书院藏书阁序》中描述道：

一登斯阁，见夫玉轴牙签、青箱缥帙，煌煌乎大观也。迨徘徊其中，抽甲乙之编，检丙丁之籍，循循乎伊然与圣贤相酬酢，即俨与夫子相晤对，谁谓积简成编不足以启人之奋发而可弁髦视之哉！[1]

可见，所藏经、史、子、集甚丰，编排合理。

魁星阁更是大有名气，与武昌黄鹤楼、汉阳晴川阁隔江斗艳，为当时武汉三镇三大名楼。阁内有兵部尚书、休宁人汪承霈所书联句：

左把鹤楼，右揽晴川，溯十载汉渚经游，枌社簪缨崇道脉；
瑞霭斗魁，祥凝东壁，三千里楚江星耀，天都人士颂奎垣。

1 董桂敷辑：《汉口紫阳书院志略》卷七《汉口紫阳书院藏书阁序》，嘉庆十一年刻本。

嘉庆五年（1800）前后，汉口紫阳书院内增设了两座水龙，《汉口紫阳书院志略》中详细记载了当时增设情况及如何使用的说明。从介绍看，这是汉口最早的消防水龙之一，紫阳书院承担了水龙的管理职能和经费支出，还有对消防人员的奖惩制度的制定。

汉口紫阳书院众多的建筑，修建用时之长，工程之浩繁，耗资之巨大，过程之曲折颇为罕见，甚至还引发了长达百年的官司。

康熙七年（1668），汉口徽商在所购"准提庵"边上，增建了"三元殿"，合称"新安公所"（又名新安文会），作为汉口徽商议事的公所和供佛停棺的寄厝之地。至于后来为何扩建成了紫阳书院，《汉口紫阳书院志略》中记载：

汉口为七省通衢，士商云集之所，琳宫、梵宇不知凡几。独吾郡首建书院，尊崇正学，礼教攸关。入其门者，安得不为提撕警觉使之循序而进乎？

建立书院的初衷，竟是为了和山陕会馆比拼。因为山西、陕西士商合伙在汉口修建了会馆并供奉关帝，一时吸引武汉三镇香火，令其他商帮瞩目。自认为是汉口商界老大的徽商最先看不下去了，于是决定修建紫阳书院，在承担会馆作用之外，还讲授朱子之学，并祭祀朱熹，以彰显汉口徽商的文化自信。

为把山陕会馆比下去，徽商一上来就是大手笔。康熙三十四年（1695），他们高价收购了新安公所周边民居，并经政府批准开始动工兴建。这一建就是12年，到康熙四十六年（1707）第一批建筑才完工，建筑面积已近万平方米。其后书院多次扩建，到嘉庆九年（1804）才有了后来的规模。

百余年的修建，费用均由徽商自筹而成，其间多次经费告罄，陷入危机，书院执事者不得不发布《劝输文》《劝输启》《乐输文》

动员徽商捐款，为筹措资金可谓焦心劳思。更麻烦的是，汉口紫阳书院的创建过程一直伴随着争讼，其中最大的两次：一次发生在书院初建时，因当地居民不愿按协议搬迁而引发；另一次是雍正初年，书院拓展新安巷和开辟新安码头时，才发现大量属于徽商的地产早就被非法侵占，官司打了整整六年。这种情况一直到乾隆五十三年（1788）年毕沅出任湖广总督才彻底结束。毕沅虽出生江苏太仓，却也是徽商后裔，他上任后，不但亲自到紫阳书院祭拜朱熹、为书院募捐，还要求书院在招收徽商子弟外，也让汉口贫苦百姓家子弟就读，并让书院增加义学、义舍、水龙等服务当地民众，解决了徽商和当地百姓的矛盾。

然而，嘉庆十一年（1806）以后汉口紫阳书院的情况，却鲜为人知，也许是汉口徽商经营逐渐衰落，书院也走了下坡路。我只在当地方志中找到简单的记录，说嘉庆年间，徽州人程煌将汉口紫阳书院移建于北街，并改名为"甑山书院"。

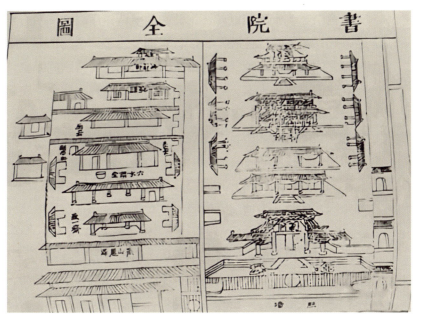

◎ 汉口紫阳书院

2006 年，汉口紫阳书院被列为武汉市优秀历史建筑，只是，曾经是汉口宏伟地标的书院建筑，只剩下残墙，书院代表性建筑魁星阁，还在冥冥之中翘首以盼，何时能像黄鹤楼、晴川阁那样得以重建。

朱熹亲创，圣贤学府：武夷紫阳书院

武夷紫阳书院，初名武夷精舍，南宋末才改为紫阳书院，明朝时称作武夷书院，是一众紫阳书院中唯一一所由朱熹亲自创设的书院。

朱熹早年与亲友共游武夷胜境，即沉醉于九曲溪、隐屏峰胜景，萌生过"眷焉此家山"的念头，及至淳熙十年（1183），他的梦想终于成真了。这年四月，历经宦海波折的朱熹返回武夷，在五曲隐屏峰下构建了武夷精舍。精舍落成之日，朱熹心中大喜，遂作《武夷精舍杂咏》十二首以感怀。他在为组诗作序时说"四方士友，来者甚重，莫不叹其佳胜"，接着详细描述了精舍的布局：隐屏峰下两麓之间有三间房屋，名为仁智堂。堂的左右有两间卧室，左为自己居住的，名隐求室，右边是接待朋友的，名止宿寮。左麓之外，有一处幽胜的山坞，坞口垒石为门，称石门坞。坞内另有一排房屋，作为学者的群居之所，名为观善斋。石门西边，又有一间房屋，供道流居住，名为寒栖馆。观善斋前有两座亭子，名晚对亭和铁笛亭。在寒栖馆处，则绕着一圈篱笆。截断两麓之间的空隙，当中安着一扇柴门，挂有武夷精舍的横匾。

好友们也为朱熹达成心中所想而欣喜，纷纷作诗题记为他庆贺。建宁知府韩元吉有《武夷精舍记》，称赞此地"山势幽清，奇石佳木，拱排映带"；陆游咏《寄题朱元晦武夷精舍四首》，以"我老正须闲处著，白云一半肯分无"之语，表达对朱子山中之乐的向往；

门人蔡沈也作《寄朱晦翁》，赞美武夷精舍和朱子的生活情趣。

武夷精舍名为精舍，实际只能算是茅舍，所有房屋都是朱熹带领弟子，用木石和茅草亲手建成。时赵汝愚出任福建军帅，得知朱熹构筑精舍，想拨款并派人帮助修建，朱熹断然拒绝，希望赵汝愚不要因私损公，更不希望精舍带上官方色彩。然而，即使是几间茅草屋，因为有了朱熹，便有了思想，有了书声，便与众不同了。

彼时的朱熹，虽只有54岁，却一身疾病，心脏病时时发作，浑身关节肿痛，两眼也已昏花，几乎目不能视，但他把读书、讲学融入品茗、琴歌、酒赋和悠游山水之中，读书穷理，乐在其中，教书育人，泽被天下。八年时间，朱熹完成了《易学启蒙》《孝经刊误》《小学》《大学章句》《中庸章句》的撰写；培养了蔡元定、刘火仑、黄干、詹体仁、真德秀、李闳祖、叶味道等知名门生百余人，故张栻说"当今道在武夷"。

朱熹去世后，武夷精舍经多次修葺增建，成了雄伟壮观的建筑群。书院的讲学之风也一直薪火相传，清康熙帝为了弘扬朱熹治学精神，还特赐过御笔"学达性天"匾额。

武夷紫阳书院，数百年来一直是文人学士游览朝圣之所。1999年，在武夷山申报《世界文化和自然遗产名录》时，当地政府在书院遗址按原貌进行了重建，向世人再现朱熹武夷山讲学授徒和传播理学的情景。

一副名联，一座祭祠：漳州紫阳书院

南宋绍熙元年（1190）四月二十四日，61岁的朱熹到福建漳州出任知州。次年四月二十九日，由于长子朱塾在浙江金华突然病逝，朱熹辞归离开。在漳州的一年零六天，朱熹勤政为民，办学兴教，培养了李唐咨、林易简、施允寿、陈淳等十几位漳州籍弟子。连他的《四书章句集注》，都是在漳州刊印而成的。因此，当地人十分自豪地称漳州是"紫阳过化、海滨邹鲁"。

朱熹记得，上一次到漳州，还是绍兴二十六年（1156）的事了。那年，朱熹任泉州同安主簿兼管县学的好友漳州教授陈知柔邀请他到漳州游玩。朱熹将两人畅谈办学理想之心得，撰成《漳州教授厅壁记》。

此次来任，朱熹想在漳州有所作为，上任伊始，就躬亲施教，定期到州、县学讲学，还特创"受成斋"，教诸生练习骑射，《漳州府志》记载：

> 每旬之二日，必领官属下州学，视诸生，讲小学，为正其义。六日下县学，亦如之。又创受成斋，教养武生，新射圃时督之射。又择士有行义、知廉耻者，列学职为诸生倡。[1]

公务之余，朱熹足迹踏遍漳州芝山、云洞岩、白云岩等风景优美、文人雅集游踪之地，所到之处，传学解经。朱熹离任后，官民在其讲学处多建有书院和朱子祠以纪念他对漳州的教化之功。

与朱熹颇有关联的，是漳州的芝山书院。在漳期间，朱熹曾登临芝山，欲在芝山临漳台设立书院，只是还没来得及实施就离任了。宝庆元年（1225），知州危稹按照朱子遗意，仿白鹿洞书院规制建龙江书院于临漳台下；淳祐六年（1246），知州方来在龙江书院东面建屋三楹，称道源堂，用来祭祀朱熹，并以弟子北溪先生陈淳配享。明清时期，龙江书院多次重建。康熙五十三年（1714），

---

1 沈定均：《光绪漳州府志》卷24《宦绩·朱熹》，光绪三年芝山书院刻本。

知府魏荔彤在芝山新建了仰文书院。仰文书院后来与龙江书院合并，称为芝山书院，清末改为漳州府中学堂，如今成了福建省漳州第一中学。

为纪念朱熹，漳州曾出现了几所紫阳书院。云霄县紫阳书院，始建于乾隆三十八年（1773），因书院也是云霄历任长官的官邸或临时住所，这里也成了鉴湖女侠秋瑾的出生地。光绪四年（1878）八月，秋瑾祖父秋嘉禾任云霄同知，秋瑾父母作为官眷亦来到云霄，并在次年生下秋瑾。此外，南靖、高新区至今还保留着以紫阳命名的书院。不过，公认的漳州紫阳书院，应该是位于白云岩的紫阳书院（朱子祠）。

白云岩，地处漳州城南龙海市颜厝镇白云山北麓，唐朝杨虔诚在此建有白岩寺。据《漳州府志》记载，朱熹游白云岩，曾讲授《大学·诚意》章，见这里山林幽静，视野开阔，白云袅绕，远隔龙江极目北望，是立精舍的理想之地，便萌生了筑书院之心。但山高林深，建书院谈何容易。民间传说，朱熹"使飞瓦"筑成书院：那年端午前夕，朱熹正为民众看龙舟，人满为患，容易压垮芗江旧桥发愁。怎么分流百姓？朱熹灵机一动，想到了一条一举两得的妙计。他令人放出传言，端午那日他将表演飞瓦。得知消息的百姓十分好奇，是日男女老幼，倾街空巷前往观看。朱熹事先让人将瓦片搬至白云岩下，要求想看飞瓦的百姓，需带瓦上岩。等到了山上，百姓见没有飞瓦，不解地问朱熹，朱熹说："我的瓦本在岩下，现在不是已经飞上来了吗？"白云岩上的书院就这样建成了。朱熹为书院手书"与造物游"堂额，以及楹联一副悬于厅堂：

地位清高，日月每从肩上过；
门庭开豁，江山常在掌中看。

朱熹离开漳州后，人们把白云岩书院称作紫阳书院，并一直保持着讲学之风。明末崇祯年间，著名学者黄道周曾在此主讲，他手书的"白云深处"匾额如今还悬挂在朱子祠大雄宝殿。清初，书院在风雨中坍塌了，直到康熙年间，邑人唐朝彝致仕归乡，在白云岩之西偏建朱子祠祀奉朱熹，仍名紫阳书院。乾隆十一年（1746），当地乡绅以朱子祠位于白云寺之西偏，有亵先贤，移建寺前。据光绪《漳州府志》所载，人们在朱熹讲经处建百草亭，亭内立朱子手捧经书石像，并有"紫阳夫子解经处"碑；祠前另有砚池，传说为当年朱熹洗砚之处。

南宋以来的白云岩紫阳书院，到清朝已是专门祭祀朱熹的朱子祠了，这所因朱熹一副名联而存续几百年的书院，在漳州众多朱子祠中有着特殊地位，是漳州紫阳书院的代表。

洞天福地，儒道相融：镇远紫阳书院

贵州苗乡古城镇远，城东舞阳河畔，有一座突兀挺拔的中和山，山腰有中元洞、青龙洞、紫阳洞等天然洞穴，称"入黔第一洞天"。自明以来，这里吸引了道家飘然而来，建起了真武观、玄妙观等洞天福地。佛徒也捧钵而至，于是有了中山寺、青龙寺等庙宇。儒家也在紫阳洞创立了纪念朱熹、传播理学的基地，逐渐成了贵州最大的一组古建筑群，因以青龙洞最为出名，故总称"青龙洞古建筑群"，1988年被评为"全国重点文物保护单位"，现在也是著名的旅游胜地。

古建筑群中的紫阳洞，即紫阳书院，由镇远知府黄希英创建。黄希英，字如英，福建莆田人，弘治十八年（1505）进士，曾担任江西上饶知县、南直隶上海知县等职。黄希英每任官一处，皆致力于修学堂、建文庙，传播儒家思想。适逢朝廷改土归流，见黄希英政绩颇佳，便提调他为镇远知府。从上饶到镇远，黄希英乘船由沅江到舞阳河逆流而上，一路体察民情，观赏美景，吟诗作画，数

月时间才抵达镇远。上任后黄希英很快发现，此地虽景色宜人，佛、道兴盛，但文教相对落后，他这知府，恐怕是任重道远。

嘉靖九年（1530），黄希英在紫阳洞建成朝元阁和朱文公祠，不久即改称紫阳书院。据乾隆《镇远府志》所载，万历五年（1577）提学凌琯、十三年（1585）巡按毛在均对书院进行了扩建。在此之前，张居正毁禁天下书院，镇远紫阳书院由于位置偏远得以保全。毛在认为是朱熹之神"注意于斯"，于是特作《镇远紫阳书院记》，说朱熹"游学四方，足迹遍天下，天下宗之，无问古今，所在肖像以祀"，坚信书院虽遭劫，程朱理学却逆而不坠。明末紫阳书院倾圮，康熙十三年（1674）又得以重建，到乾隆年间陆续建成黔东南颇具规模的儒家文化传习中心。乾隆以后，紫阳书院毁于大火，现存主要建筑是晚清时重修而成的。

虽然镇远紫阳书院是为祭祀朱熹而建，但在后来扩建过程中，逐渐演变成道教场所，其主体建筑包括山门、圣人殿、老君殿、考祠、三角亭等，均为多层重檐歇山建筑，底层为吊脚或架空结构。山门建于紫阳洞口石台南侧两座独立小石山之间的夹缝里，门楣上有石额横书"紫阳洞"三字；门两侧有楹联"沅水无双福地；黔山第一洞天"；山门前北侧石壁上还刻有"蓬莱仙境"四字，并有"沧海归人题"落款。圣人殿顶层供奉朱子神位；老君殿顶层供奉老子像，中层供祀雷神，因其顶层高于山前舞阳河面近60米，为整片青龙洞古建筑群的次高点，由此可以凭栏远眺镇远风光；考祠顶层供奉尧、舜、禹像，中层有为纪念朱熹而设的考堂。

从镇远紫阳书院建筑设置可知，它是儒家讲堂，也是道家宫观，拥有双重身份，这估计与青龙洞一带儒、道、释相互渗透、共处一体有关，充分体现了书院文化发展中儒道相互影响、相互交融的特点。

清官创建，状元摇篮：苏州紫阳书院

清朝文学家汪琬曾夸赞苏州有两样特产，一是梨园子弟，一是状元。据不完全统计，清朝苏州状元，占了全国状元总数的四分之一，这是科举史上的传奇，而书写这一传奇的关键，便是苏州紫阳书院。

追溯苏州的人才培养，不得不提到北宋著名政治家范仲淹。景祐元年（1034），范仲淹出任苏州知州，他买下钱镠营造的南园一角，捐地办学，向仁宗皇帝请求，由朝廷划拨学田五亩，作为日常运营经费，建立了苏州历史上最早的公办学校——苏州府学。府学开办后，范仲淹特意请来著名教育家胡瑗担任教授。胡瑗在府学大胆推行"分斋授课"之法，将学校分"经义""治世"两斋，经义斋教授四书五经，治世斋学习处理政务。这种独特的教学方法被后世称为"安定教法"（胡瑗人称安定先生），又名"苏湖教法"（在苏州和湖州府学实行）。"安定教法"为苏州府学培养了众多人才，其中有五位帝师、六位宰相，江南才子唐伯虎、思想家顾炎武都是府学毕业生。

康熙五十二年（1713），江苏巡抚、知名理学家张伯行创办紫阳书院之时，不仅将院址定在了府学内的尊经阁之后，也继承了苏州府学一贯坚持的教学方法和理念。他根据胡瑗分斋授课之法，撰写《紫阳书院示诸生》，对生徒提出八项学习要求，希望诸生继承苏州府学勤学务实之风。

苏州紫阳书院开办后，很快成为读书人心目中的圣地。除当地士子外，浙江、福建、江西、山东等地学人亦负笈求学，因为书院的创办者张伯行，可是康熙皇帝赞誉的"天下第一清官"。

张伯行（1651—1725），字孝先，号恕斋，晚号敬庵，河南仪封人。张伯行任职苏州时，对两江总督噶礼虐吏害民、贪污等行

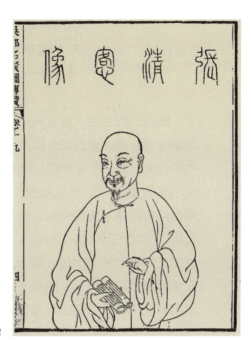

◎ 张伯行像

为多次弹劾。噶礼仗着自己在朝中有人撑腰，反过来告张伯行的状。两人互参案调查了一年，最终康熙帝认定张伯行在理，于是将噶礼撤职。康熙皇帝在这个裁决中说张伯行乃"天下第一清官"，百姓得知大感高兴。据传，有数万人赶往北京畅春园，向皇帝谢恩，并许愿每人减少一年寿命，让皇帝万万岁。

　　紫阳书院创设之时，朝廷正在大力巩固理学地位，朱熹被升至十哲之次，《御纂朱子全书》也刚告成。张伯行建紫阳书院，思想和行动上都与朝廷保持了高度一致，加上他为官清正被皇帝赏识，因而紫阳书院也一直被皇帝高度关注。康熙帝赐御书"学道还淳"匾额；雍正时将书院定位为省会书院，获赐帑金千两；乾隆帝赐"白鹿遗规"匾，六次南巡到苏州，都驾临紫阳书院，并题字作诗，以示嘉勉。如这首《过紫阳书院示诸生》，是乾隆二十七年（1762）皇帝第三次下江南所作：

　　　　　　士惟首四民，名在副其真。

道重继濂洛，地宁拘歆闿。

研精味经训，晰理守彝伦。

莫慢虚车饰，吾方企化淳。

继张伯行之后，雍正元年（1723），鄂尔泰就任江苏布政使，对紫阳书院重加整葺，改宋学为汉学，谈经济，以储人才。道光年间，书院追随洋务，增设地理、算术、天文等课程。咸丰十年（1860），太平军攻陷苏州，书院被毁。同治十三年（1874），巡抚张树声耗费巨资在原址重建书院。清末书院改制，苏州紫阳书院曾改名校士馆。光绪三十年（1904），书院停办，随后与诸校合并，渐渐成了江苏省苏州中学校。如今，紫阳书院院舍已经没有了，但张伯行《紫阳书院碑记》、乾隆《紫阳书院诗》、江苏学政曹秀先《中丞明公校士紫阳书院记》等石碑还在苏州中学校内。

紫阳书院拥有超强阵容的师资，27任山长，全部是进士出身的学界名流，其中彭启丰、石韫玉为状元，邹福保、冯桂芬为榜眼，清朝诗学家沈德潜、乾嘉名家钱大昕、朴学大师俞樾、近代改良家翁心存等著名学者也都出任过书院山长。

苏州紫阳书院培养的学生也极为出色。生徒考取进士的有20多人，其中有5位状元，分别是彭启丰、钱棨、石韫玉、吴钟骏和陆润庠。特别是钱棨，还是清朝第一个三元及第，也就是说，他在乡试、会试、殿试中均名列第一。自隋朝开科举，全国连中三元的仅14人，钱棨就是其中之一，这在被誉为"状元之乡"的苏州也很少见，当地百姓以其为荣。连古稀之年的乾隆也十分欣喜，认为这是太平盛世的大喜事，亲作《御制三元诗》，激动之情溢于言表，诗曰：

龙虎传胪唱，太和晓日暾。

国朝经百载，春榜得三元！

文运风云壮，清时礼乐蕃。

载咨申四义，敷奏近千言。
诓止求端楷，所期进说论。
王曾如可继，违弼我心存。

　　紫阳书院所出人才，不仅仅是这五位状元，还有太多的大学者都是从这所书院走出来的。如沈德潜掌院时，学员王鸣盛、钱大昕、王艇等七人学问渊博，成绩优异。钱大昕主院务时，李锐的算术、夏文焘的地理、钮树玉的说文、张燕昌的金石、陈稽亭的史学、费士矶的经术都学有所成，顾广圻、顾苑、潘世恩、董国华等十余人更是通才。

　　从紫阳书院到苏州中学校，不管如何变迁，这里充满的总是激荡的思想、高立的精神和求知的欲望。一代代学子从这里走出去，让苏州文脉代代相传。

主要参考书目

1. 布谷：《维新潮英——近代诗人蒋智由事辑》，浙江古籍出版社，2016年。

2. 陈谷嘉、邓洪波主编：《中国书院史资料》，浙江教育出版社，1998年。

3. 邓洪波：《中国书院史（增订版）》，武汉大学出版社，2013年。

4. 邓洪波编著：《中国书院学规》，湖南大学出版社，2000年。

5. 丁丙：《武林坊巷志》，浙江古籍出版社，2018年。

6. 方彦寿：《朱熹书院与门人考》，华东师范大学出版社，2000年。

7. 龚笃清：《中国八股文史·清代卷》，岳麓书社，2017年。

8. 顾廷龙主编：《清代朱卷集成》，台成文社，1992年。

9. 顾志兴：《浙江藏书史》，杭州出版社，2006年。

10. 李邦国：《朱熹和白鹿洞书院》，湖北教育出版社，1989年。

11. 李兵：《书院与科举关系研究》，华中师范大学出版社，2005年。

12. 李琳琦：《徽商与明清徽州教育》，湖北教育出版社，2003年。

13. 柳肃、柳思勉：《礼乐相成：书院建筑述略》，海天出版社，2021年。

14. 鲁小俊：《清代书院课艺总集叙录》，武汉大学出版社，2015年。

15. 陆以湉：《冷庐医话》，山西科学技术出版社，1993年。

16. 陆以湉：《冷庐杂识》，上海古籍出版社，2012年。

17. 孙衣言：《孙衣言集》，浙江古籍出版社，2017年。

18. 王国平主编：《杭州文献集成》，浙江古籍出版社，2017年。

19. 王国平主编：《西湖文献集成》，杭州出版社，2004 年。

20. 韦力：《书院寻踪》，上海人民出版社，2020 年。

21. 徐雁平：《清代东南书院与学术及文学》，安徽教育出版社，2007 年。

22. 许景澄著，朱家英整理：《许景澄集》，浙江古籍出版社，2015 年。

23. 杨镜如主编：《紫阳书院志1713—1904》，苏州大学出版社，2006 年。

24. 姚继荣：《清代历史笔记论丛》，民族出版社，2014 年。

25. 钟毓龙：《说杭州》，浙江古籍出版社，2016 年。

主要参考书目